AF252361

Le Monopole des Assurances

Contre la Concurrence

PAR

le Docteur Ch. LEVASSORT

> Mutuelles et Primes fixes font du commerce avec l'Assurance. — Elles vendent très cher leur garantie. — On est rarement bien assuré. — Trop de procès. — Abus des commissions et courtages. — L'État doit organiser l'assurance. — Avantages pour l'assuré. — Création d'établissements régionaux autonomes. — Sans augmenter les primes, l'État aura un bénéfice de 135 millions.

PARIS

MARCHAL ET BILLARD

MARCHAL ET GODDE, Successeurs

ÉDITEURS, LIBRAIRES DE LA COUR DE CASSATION

27, Place Dauphine, 27

—

1910

L'ASSURANCE PAR L'ÉTAT

a

Le Monopole des Assurances

PAR

le Docteur Ch. LEVASSORT

> Mutuelles et Primes fixes font du commerce avec l'Assurance. — Elles vendent très cher leur garantie. — On est rarement bien assuré. — Trop de procès. — Abus des commissions et courtages. — L'État doit organiser l'assurance. — Avantages pour l'assuré. — Création d'établissements régionaux autonomes. — Sans augmenter les primes, l'État aura un bénéfice de 135 millions.

PARIS

MARCHAL ET BILLARD

MARCHAL ET GODDE, Successeurs

ÉDITEURS, LIBRAIRES DE LA COUR DE CASSATION

27, Place Dauphine, 27

—

1910

AVANT-PROPOS

On sera probablement étonné de voir un médecin consacrer un volume à la question du *Monopole des Assurances*, sujet qui est fort éloigné de ses études habituelles ; aussi me paraît-il nécessaire d'indiquer brièvement comment j'ai été amené, d'abord à m'occuper du mécanisme des assurances, ensuite comment j'ai songé à en étudier la réforme.

La législation des accidents du travail a contraint le corps médical presque tout entier à se familiariser avec la pratique de l'assurance, quelle que soit la répugnance, manifestée par la plupart d'entre nous, à nous occuper d'autre chose que de médecine. Bon gré, mal gré, il nous a fallu connaître les droits de l'ouvrier, ceux du patron, le rôle de l'assureur et comment tous ces éléments jouaient avec les faits d'ordre technique que nous étions appelés à constater, tels que la réduction de capacité professionnelle, la date de consolidation de la blessure, etc... Quelques-uns d'entre nous s'assimilèrent très rapidement ces questions et surent faciliter le travail d'initiation de leurs confrères. Qu'on me permette de les remercier en passant.

Pour mon compte personnel, chargé par un de nos périodiques médicaux de commenter le tarif Dubief[1] afin d'en préciser les avantages ou d'en relever les lacu-

---

1. C'est ainsi que l'on désigne habituellement le tarif officiel des honoraires médicaux et des dépenses pharmaceutiques.

nes et les défauts, j'ai été très ému du projet de loi déposé par le sénateur Petitjean sur les restrictions à apporter à l'exercice du libre choix du médecin par les victimes d'accident et surpris de le voir soutenir, dans son exposé des motifs, que dans ces dernières années les honoraires médicaux avaient augmenté dans d'incroyables proportions. Il m'a semblé que son argumentation n'était pas irréprochable et que sa thèse n'était pas solidement assise sur des faits et sur des chiffres exacts.

J'ai entrepris quelques recherches dans les statistiques officielles, et j'ai constaté que leurs indications étaient imprévues et discordantes. C'est ainsi qu'il est impossible de trouver le nombre exact des accidents dont le règlement a été effectué par les Sociétés, impossible aussi de connaître nettement le montant des honoraires médicaux payés pour ces accidents. Et combien d'autres lacunes ! Pourquoi ? L'administration possède cependant un service de contrôle des Sociétés d'assurances. Ne voit-il pas que l'intérêt des Compagnies est de ne faire connaître de leurs opérations que ce qui leur plaît ?

Malgré les défectuosités des comptes-rendus officiels, j'ai pu montrer, par certains rapprochements indiscutables, que le coût moyen des frais médicaux et pharmaceutiques par accident ne s'était pas du tout accru, et que l'affirmation de M. Petitjean reposait sur des chiffres qui n'étaient point comparables. Dans une autre étude j'ai fait voir que, dans les mêmes conditions, ces frais étaient plus élevés en Allemagne qu'en France.

Ces divers travaux m'ont amené à pénétrer plus avant dans l'étude de l'assurance. J'ai été frappé de ce fait que les Compagnies, qui se plaignent si fort du risque « Accidents-Loi », ont vu leur prospérité s'accroître très

notablement depuis que la loi a reçu son plein effet. J'ai
noté que les valeurs d'assurance étaient très rémunératrices dans la grande majorité des cas, que leur plus-
value était considérable et qu'elles avaient dans certaines
circonstances doublé ou triplé la fortune de leurs heureux détenteurs.

Ne peut-on concevoir l'assurance sans cet intermédiaire coûteux qu'est le financier ? Telle est la question
qui m'a fait passer de l'assurance contre les accidents
du travail à l'assurance en général. Elle m'a paru trouver une réponse fort satisfaisante dans l'Assurance par
l'État. J'ai constaté que cette solution préoccupait
depuis longtemps nos législateurs, et qu'en projet chez
nous, cette réforme était réalisée à l'Étranger, au
moins pour quelques catégories de risques.

Maintenant la question est tout à fait à l'ordre du
jour, et ce n'est plus seulement de l'initiative parlementaire que viennent les propositions de monopole, le gouvernement lui-même s'y associe et par la
bouche autorisée du Ministre des Finances, il le considère comme inéluctable. Redouté par les uns, désiré
par les autres, il est dans la logique des choses que le
monopole s'établisse; c'est en quelque sorte fatal, et
tout ce qu'on pourra faire pour en retarder la réalisation sera de la mauvaise besogne sociale. Il est beaucoup plus sage d'étudier suivant quelles modalités on
devra transformer l'assurance actuelle et comment
devra être organisé le Monopole de demain.

Le problème de cette organisation n'est pas sans
présenter quelques difficultés, mais elle ne m'ont point
paru insurmontables, et si d'aucuns s'étonnent que j'aie
cru devoir les aborder, je dirai qu'elles constituaient
précisément l'attrait qui m'a soutenu jusqu'à la fin.

Je ne suis animé ni par l'esprit de parti, ni par la haine ; j'ai voulu simplement exposer au grand public une question tout à fait d'actualité et qui doit vivement le passionner : avoir l'assurance moins chère, avoir l'assurance plus sûre, ne pas se trouver exposé à être déchu de ses droits parce qu'on n'aura pas eu la science d'un juriste ou la finesse d'un agent de Compagnie, voilà autant de points qui ne laissent aucun de nous indifférents.

En terminant cet exposé, je manquerais à mon devoir si je n'adressais un remerciement à tous ceux qui m'ont aidé de leurs idées et de leurs conseils. Sans eux, je n'aurais pu mener à bien ma tâche. Dès qu'on a su que je m'occupais du monopole, de divers côtés me sont venus des documents, si nombreux que je n'ai pu les utiliser tous. Mes correspondants voudront bien m'en excuser. J'ai dit les circonstances qui avaient amené la conception de cet ouvrage, j'ai dit les mobiles qui m'avaient guidé en l'écrivant, que les lecteurs soient indulgents pour l'auteur, qui, après cette échappée d'école buissonnière a hâte de retourner à ses malades.

D^r CH. LEVASSORT.

L'ASSURANCE PAR L'ÉTAT

CHAPITRE I

Assurance privée et assurance sociale

Comment il faut comprendre l'assurance par l'État. — Les sociétés qui pratiquent actuellement l'assurance sont des entreprises commerciales. — Elles vendent une garantie chère et peu sûre. — Ce sont des machines à procès. — L'assurance doit être une œuvre de prévoyance sociale. — Elle doit être organisée par l'État sans être exploitée comme un monopole fiscal. — Mouvement général en faveur de l'assurance par l'État.

Comment il faut comprendre l'assurance par l'État. — L'assurance par l'État ! Voilà une réforme qui effraye bien des gens, qui pensent que l'État a un rôle déjà assez lourd dont il ne s'acquitte pas à la perfection.

C'est qu'on croit, sans doute, qu'il est question, dans un tel système, de confier à l'autorité gouvernementale le soin de recueillir les primes à la façon des impôts et de régler les indemnités par la voie administrative habituelle. On voit ainsi l'assurance devenir un service public au même titre que la police, la Douane, l'Enseignement, voire la Défense nationale, et être soumise aux règles administratives si savamment compliquées de ces administrations paperassières. On voit les contestations en matière d'assurance devenir des conflits administratifs, réglés par des tribunaux administratifs, et l'État triompher, plus qu'à son droit, grâce au principe d'autorité qu'il applique si fréquemment dans ses rapports avec les citoyens pris en particulier.

Ce serait là vraiment une conception dangereuse, mais hâtons-nous de dire que ce n'est pas la nôtre, et nous ne pensons pas non plus que ce soit celle de la plupart des personnes qui réclament l'assurance par l'État. Il ne saurait être question de faire de l'assurance une régie financière ou un monopole, comme le service des Postes ou celui du Tabac et des Allumettes. Si dans un intérêt public l'État a assumé le service des correspondances, si dans un intérêt fiscal il a accaparé des commerces qui sont libres dans presque tous les autres pays, ce n'est pas pour des motifs du même ordre que nous lui demandons d'intervenir dans le commerce de l'assurance et de supprimer la liberté dont il jouit. Nous réclamons cette intervention pour que l'assurance devienne moins chère et meilleure comme qualité, pour qu'elle puisse grandir, se développer, donner tout ce qu'on attend d'elle et que nous ne saurions obtenir, si l'État se bornait à ajouter, aux multiples fonctions dont il a la charge, cette nouvelle fonction, sans rien changer aux errements administratifs habituels.

Que demandons-nous alors? Simplement que l'État organise l'assurance. Qu'il supprime toutes les sociétés financières, qui exploitent aujourd'hui, pour en tirer bénéfice, cette forme si utile de la prévoyance, qu'il les remplace par des associations désintéressées des assurés eux-mêmes, et que ceux-ci, dans des mutualités autonomes, surveillant directement leurs intérêts et régissant leurs destinées, dans les limites que la loi aura tracées, puissent se garantir réciproquement en dehors d'inutiles intermédiaires.

Nous ne sommes pas des adversaires de l'assurance. Elle a rendu, même avec son fonctionnement actuel si critiquable, d'énormes services dans toutes les classes de la société. Son rôle doit s'étendre de plus en plus dans toutes les branches de l'activité humaine, et sans la croire capable, comme quelques-uns, de résoudre toutes les questions sociales, nous estimons qu'elle peut pallier bien des événements malheureux qui viennent accabler les hommes, le travailleur aussi bien que l'homme riche. C'est précisément parce que nous apprécions ce qu'elle a été dans le passé, que nous voulons accroître, dans l'avenir, et sa force et son pouvoir d'extension en la réformant, en la transformant. A cette heure de son histoire, ce changement est nécessaire parce que son rôle va grandissant. Aujourd'hui c'est la réparation des accidents du travail qui a besoin d'elle, demain elle devra pallier les désastres de la maladie, problème déjà résolu dans les pays voisins, puis viendront les retraites de vieillesse, le chômage, etc. D'institution privée elle doit devenir une institution sociale.

C'est une métamorphose inéluctable. On pourra peut-être, pour défendre des intérêts financiers, en retarder la date, mais on ne pourra l'éviter.

Les sociétés qui pratiquent actuellement l'assurance sont des entreprises commerciales. — Le principe de l'assurance est simple. Plusieurs personnes, en nombre aussi grand que possible, susceptibles d'être atteintes par un événement fâcheux, se concertent et décident d'en supporter en commun les conséquences, si l'une d'entre elles vient à être frappée. Le dommage va donc se répartir sur plusieurs têtes, au lieu de porter sur une seule : il est par là plus supportable, dans bien des cas presque insensible. L'assurance a donc son fondement dans une association mutuelle, dont tous les membres se garantissent les uns les autres contre tout événement dommageable : assurance et mutualité sont synonymes.

Cependant on fait dans la pratique une distinction entre une société d'assurance et une mutualité. Cette distinction a peut-être une valeur juridique, mais elle n'en présente aucune en ce qui concerne le mécanisme financier. Une société capitaliste, comme une mutualité, ne peut couvrir les risques qu'elle assume que parce qu'elle réunit un nombre assez grand d'intéressés et que dans l'ensemble une compensation s'établit entre les assurés frappés et ceux qui ne le sont pas. C'est la loi des moyennes, la loi des grands nombres. Le nombre des sinistrés varie peu, lorsque le nombre des associés est grand. Par là on peut apprécier avec sûreté l'étendue des indemnités que la société aura à payer et ce qu'il en coûtera à chacun.

Ainsi toute la vertu de l'assurance réside dans l'association des risques, et on peut se demander comment les intéressés n'ont pas spontanément formé les groupements nécessaires, sans passer par l'intermédiaire de l'assureur. En fait, il existe bien des associations mutuelles où la mise en commun des risques est faite par les assurés enx-mêmes, mais ces associations sont peu nombreuses et on peut dire exceptionnelles. En général, le groupement des risques ne peut se faire spontanément parce que les intéressés ne se connaissent pas. Ils ont besoin de s'adresser à un intermédiaire qui leur sert de trait d'union. Cet intermédiaire, c'est l'entrepreneur d'assurance, sous forme de société à capital-actions ou de société mutuelle. Cet intermédiaire cherche à faire payer son rôle le plus cher possible. Il considère que sa fonction est d'ordre commercial et, comme tous les commerçants, il poursuit le plus grand bénéfice.

On s'étonnera peut-être de ce que nous mettons sur le même pied les sociétés à capital-actions et les sociétés mutuelles, celles-ci semblant être par définition des groupements purement mutualistes avec exclusion de l'idée de gain. En fait, le plus grand nombre des sociétés mutuelles ne répond nullement à l'idée qu'on peut s'en faire d'après la théorie. Derrière elles en effet, sous une forme dissimulée le plus souvent, s'abrite une *société de gestion* qui, grâce à d'habiles dispositions statutaires, vient recueillir les bénéfices de la mutualité à peu près dans les mêmes conditions que quand il s'agit d'une société à capital-actions. Comme celles-ci, elles recherchent les affaires par l'intermédiaire de courtiers, et si finalement les deux sortes de sociétés présentent au point de vue de leur nature juridique des différences, on peut dire que, pour l'assuré, il n'en existe aucune.

Ainsi, du fait que ceux qui ont besoin de se garantir mutuellement s'ignorent ou doivent passer par un intermédiaire, pour constituer leur association, il en résulte que l'assurance devient une chose commerciale, c'est-à-dire une chose qui sera exploitée pour produire un bénéfice.

Elles vendent une garantie chère et peu sûre. — Quelles sont les conséquences de cette exploitation commerciale de l'assurance ?

Ce sont : *la cherté* et *l'insécurité.*

L'assurance est chère parce qu'il faut couvrir non seulement les dépenses nécessitées par le règlement des indemnités, mais encore rémunérer le capital-actions, et quelquefois le capital-obligations ; pourvoir aux traitements des Directeurs de Sociétés financières et du Conseil d'Administration, traitements qui sont le plus souvent fort élevés et peut-être hors de proportion avec les services rendus ; payer aux intermédiaires de toutes sortes, agents, courtiers, des commissions fort élevées et bien inutiles puisqu'elles ont seulement pour objet d'attirer un assuré vers une Société plutôt que vers une autre ; pourvoir enfin à tous les frais d'administration et de publicité, d'autant plus onéreux que la concurrence est plus vive.

Chose importante à noter, la concurrence en matière d'assurance ne tend nullement à abaisser les prix. Il est fort aisé d'en comprendre la raison. Tandis qu'en matière industrielle le producteur, pour agrandir le champ de ses débouchés, cherche par d'incessants perfectionnements dans son outillage à produire à plus bas prix, tandis que le commerçant s'ingénie pour le même résultat à effectuer des achats aux lieux où il a les marchandises à meilleur compte, l'assureur ne peut, lui, par son activité propre, modifier en rien la valeur intrinsèque de la garantie qu'il met en vente. Comment pourrait-il, en effet, modifier la mortalité, agir sur le nombre des incendies, réduire les accidents ? Que font donc les Compagnies concurrentes ? Elles stimulent le zèle de leurs agents en élevant le taux de leurs commissions, en leur faisant aussi des avances qu'elles sont exposées à perdre. Tout cet effort de concurrence se traduit finalement par une augmentation du coût de l'assurance. Ce phénomène est surtout marquant dans l'assurance contre l'incendie, et un membre de l'Institut, M. Cheysson, a pu dire que cette assurance coûte aussi cher que les désastres qu'elle doit réparer.

Du moins, cette garantie que l'assuré paie très cher est-elle de tout repos ? Non, une double insécurité la menace. La première tient aux conditions du contrat, la seconde à la solidité financière de la Société.

Lorsqu'on contracte une assurance, on signe ce qu'on appelle une police. Cette police est la longue énumération des obligations de l'assuré. Si celui-ci contrevient à l'une d'entre elles, il encourt une pénalité qui est généralement la déchéance. C'est-à-dire que l'assureur se réserve le droit de ne pas payer d'indemnité s'il peut établir qu'une des dispositions du contrat n'a pas été exécutée. La lecture des contrats est longue et difficile. Quel est celui qui a lu attentivement une police d'assurances contre l'incendie? On signe un contrat sans savoir exactement à quoi on s'engage, on sait seulement que toutes les Compagnies ont des dispositions analogues et qu'il ne servirait à rien de discuter. Or, il va de soi que la teneur du contrat est entièrement favorable à la Compagnie.

La loi en effet ignore l'assurance. Quelques chapitres ont été consacrés par le Code à l'assurance maritime, mais les assurances terrestres, fort peu développées d'ailleurs à l'époque de la rédaction du Code Napoléon, n'ont pas retenu l'attention du législateur. Le contrat d'assurances est donc soumis simplement aux conditions générales des obligations sans aucune restriction pouvant tenir à la nature particulière de l'opération. L'assureur et l'assuré sont donc censés contracter librement et la convention écrite fait la loi des parties.

Or, dans la pratique, c'est l'assureur, entouré de ses conseils, aidé de l'expérience que lui a donnée un long exercice de sa profession, qui rédige les clauses du contrat, et il a l'habileté d'en rejeter toute la responsabilité sur l'assuré, qui est, lui, généralement un ignorant des choses de l'assurance. C'est une clause qu'on rencontre dans tous les contrats que celle qui stipule que la rédaction en est faite sur les déclarations de l'assuré, que l'examen du risque par les agents de la Compagnie ne peut être invoqué contre elle, et que toute réticence ou fausse déclaration entraîne la déchéance. Peut-on imaginer de plus draconiennes conditions? La Compagnie et ses représentants ne peuvent commettre de faute, et celle de l'assuré, si minime soit-elle, lui fait perdre tout le bénéfice de son acte de prévoyance.

Cette situation est encore aggravée par le mécanisme habituel sous lequel se souscrivent ces engagements. La police d'assurance est en effet signée par le client à la sollicitation d'un agent ou d'un courtier. Celui-ci est rétribué à la commission, c'est-à-dire qu'il perçoit un tant pour cent de la prime dès que l'affaire est conclue. Que le contrat soit plus ou moins bien établi, il n'en a cure, l'essentiel pour lui est qu'il y en ait un. Et même s'il est mal établi, ce sera tout profit pour sa Compagnie, puisqu'au cas d'un sinistre qui motiverait indemnité, elle pourra invoquer une déchéance. L'assuré ne trouve donc pas, dans l'agent ou dans le courtier, le conseiller désintéressé qui pourrait l'éclairer sur les conséquences de son acte et le guider en conscience. Aussi combien de déceptions l'assurance, ainsi pratiquée, n'a-t-elle pas fait éprouver! Combien de malheureux qui ont vu disparaître leur dernier espoir parce qu'ils étaient, comme on dit, mal assurés !

Ce sont des machines à procès. — Une telle compréhension de l'assurance a fait surtout des

Compagnies de formidables machines à procès. L'âme de ces grandes administrations c'est le service du contentieux, où des procéduriers habiles travaillent à repousser, par les voies de droit, le plus grand nombre possible d'indemnités à payer. Et quelle n'est pas leur supériorité contre le sinistré récalcitrant qui ne veut pas se laisser déchoir par persuasion et qui entend plaider ? La Compagnie lutte avec l'argent des assurés. Elle est outillée, elle peut attendre indéfiniment la solution du procès, épuiser tous les degrés de juridiction, faire, s'il le faut, des instances abusives. Son adversaire est le plus souvent dans une situation précaire, puisqu'il vient précisément d'être frappé par le sort; s'il plaide, c'est avec son argent, et il hésite à sacrifier ses dernières économies dans une aventure judiciaire. Aussi les Compagnies triomphent-elles le plus souvent sans résistance.

Chose digne de remarque, lorsque les assureurs s'engagent entre eux, ils ont soin de spécifier, dans l'acte qui les lie, que *toutes les difficultés*, qui pourraient se présenter, seront résolues expressément par la voie de l'arbitrage, en équité et non pas d'après le droit strict et rigoureux[1]. Combien il est regrettable que les assureurs ne songent pas à appliquer aux différends qu'ils peuvent avoir avec leurs clients un aussi sage moyen de règlement ! Pour ces derniers le maquis de la procédure est bon ; tant pis si pour eux le *summum jus* est aussi la *summa injuria*.

---

1. Voir Louis Debrock, *Manuel du réassureur*, p. 122.

La liberté dans le contrat d'assurance est d'un fonctionnement si périlleux, qu'on a songé depuis longtemps à légiférer sur la matière. Des jurisconsultes, des économistes ont proposé un texte à soumettre au Parlement, mais, soit qu'ils aient cédé à des vues générales, soit qu'ils aient, sans le vouloir, obéi à la sollicitation des assureurs, dont l'élément d'ailleurs domine dans la plupart de ces commissions officielles, ils ont pour ainsi dire *adopté* la forme actuelle du contrat sorti des officines d'assurance, et consacré le principe des déchéances et de l'absence de responsabilité de l'assureur dans son établissement.

Si l'assuré qui réclame une indemnité peut justifier d'un contrat en bonne règle, s'il a eu la bonne fortune d'éviter les multiples cas de déchéance qu'on y avait insérés, comme autant de pièges où il pouvait tomber, s'il a gagné les procès où son adversaire aurait pu l'entraîner, un dernier danger le menace tout près du port, son assureur peut être insolvable. Danger chimérique, dira-t-on. Une Compagnie insolvable se trouve très rapidement en état de faillite, et on n'a qu'à s'adresser à une autre. Malheureusement la faillite de l'assureur peut survenir après le sinistre, et il est alors trop tard pour en changer[1]. D'autres fois l'insolvabilité n'est pas reconnue, mais les renseignements financiers qu'on a sur la Société sont si mauvais, qu'on ne songe pas à la poursuivre. A quoi bon plaider contre qui sera dans l'impossibilité de s'exécuter ? D'autres fois encore,

---

1. De 1882 à 1903, 160 Sociétés d'assurance ont disparu, la plupart à la suite de liquidation judiciaire ou de faillite.

on se trouve en présence d'une mutuelle, où toutes les ressources son absorbées par la gestion, et qui ne peut rien distribuer aux adhérents pour les indemniser de leurs pertes.

Ne poussons pas au noir ce tableau. Les Sociétés d'assurance en France sont en grand nombre riches et puissantes, et il n'est pas malaisé d'en trouver donnant une entière sécurité financière ; mais à côté de ces grandes dames de la finance, combien d'entreprises obscures, besogneuses, presque véreuses, viennent trafiquer de la prévoyance et de la mutualité et exploiter la simplicité de pauvres gens dupes de leur confiance en un courtier ou dans tout autre agent subalterne ! S'il tombe dans une de ces maisons, l'assuré sera sûr de se repentir de sa prévoyance. Bien accueilli tant qu'il s'agira de payer les primes, il verra se manifester d'autres sentiments si un événement malheureux l'oblige à faire appel à la garantie de son assureur. Il se renseignera alors, mais trop tard. Ses conseils judiciaires lui conseilleront de renoncer à une instance sans issue, et comme il n'est pas un redresseur de torts, qu'il tient à ne pas exposer des frais inutiles, il renoncera à toute intervention, pendant que la Société poursuivra tranquillement l'exploitation de ses dupes.

L'assurance doit être une œuvre de prévoyance sociale. — Est-il permis de laisser une œuvre de réparation, qui devrait apparaître comme sacrée aux yeux de tous, entre les mains d'entrepreneurs qui peuvent l'exploiter librement, comme une entreprise commerciale quelconque, et qui ne songent, quand ils sont honnêtes et pensent exercer correctement leur profession, qu'à en retirer le plus gros bénéfice en encaissant le plus de primes possible et en payant le minimum d'indemnités ?

Non, le système actuel a assez duré. Il a fait son temps. Il est né à une époque où la collectivité n'avait pas pris conscience de sa force, où on se méfiait des groupements, des associations de toute forme. Maintenant nous avons fait l'expérience de ce que donne l'effort fait en commun, nous savons de quoi sont capables les grandes organisations mutuelles, nous savons qu'elles ne sont pas un danger, mais au contraire une force. Le fonctionnement de l'assurance, par des centaines de Sociétés sans contrôle et sans garantie[1], est au seuil du XX⁰ siècle un anachronisme. L'assurance ne doit plus être la propriété de telle catégorie de particuliers, elle doit être la chose de tous.

Elle doit être organisée par l'État, sans être exploitée comme un monopole fiscal.
— Que faut-il pour cela ? Grouper les intéressés, soit obligatoirement, soit facultativement. On a prétendu que l'assurance par l'État devrait être forcément obligatoire. C'est là une conséquence qui ne nous paraît nullement nécessaire. Restera libre de s'assurer qui vou-

---

1. Il n'existe de contrôle en France, en ce qui concerne l'intérêt des assurés, que pour les Sociétés d'assurance sur la vie.

dra, mais celui qui croira devoir s'assurer devra s'affilier au groupement existant. Son intérêt personnel et l'intérêt général le lui commandent.

Ce groupement des assurés, nous le voyons autonome, échappant à la puissance de l'État, soumis seulement à un pouvoir de direction et de contrôle émanant du Gouvernement. Il pourra ainsi donner l'assurance au prix coûtant, parce qu'il fera l'économie d'intermédiaires inutiles. Il n'aura pas à rétribuer un personnel aussi nombreux que celui des innombrables Sociétés actuellement en service, il n'aura pas non plus à rémunérer des actionnaires, ni des fondateurs, parce que le fondateur sera l'État, c'est-à-dire tout le monde, et qu'on n'aura nullement besoin d'une garantie financière, puisque la collectivité des assurés sera une garantie autrement supérieure. Il sera possible, dans un pareil système, de résoudre les difficultés qui pourront se produire au moment du règlement des sinistres, autrement que par la voie judiciaire habituelle, si lente et si onéreuse. Un système d'arbitrage simple, sans intermédiaire d'avoués ou d'agents d'affaires et sans frais, viendra la remplacer.

Une pareille conception n'a rien d'utopique. C'est ce que l'auteur de cet ouvrage se propose de démontrer au public. La plupart des pays étrangers l'ont adoptée pour les assurances contre les accidents du travail et la maladie. Des institutions du même ordre existent également pour l'assurance contre l'incendie, sinon dans tous les cas, au moins pour l'assurance des immeubles.

En France, la plupart des projets, présentés à la Chambre des Députés pour la réparation des accidents du travail, comportaient, ou l'assurance mutuelle obligatoire ou la création de corporations professionnelles. Des hommes comme MM. Ricard et Guieysse, ce dernier président de l'Institut des actuaires français, n'hésitaient donc pas à considérer comme nécessaire une organisation sociale de l'assurance en mettant à l'écart toutes les Sociétés financières. C'est qu'il est visible que leur rôle a des inconvénients plus graves encore dans cette sorte d'assurance que dans l'assurance ordinaire. S'il y a en effet une limite aux prétentions des assureurs, c'est celle qui est imposée au commerçant habile, tout de même obligé de ne pas trop brimer ses clients sous peine de les voir tous disparaître. Ce frein n'existe plus dans l'assurance ouvrière. Celui qui a droit à l'indemnité, c'est l'ouvrier, et le client c'est le patron. L'assureur a peut-être à ménager le patron qui lui paie les primes, tandis que vis-à-vis de l'ouvrier il n'a qu'un souci, s'en débarrasser au meilleur marché possible. De là cette attitude prise par les assureurs presque au lendemain de la loi, et qui s'explique si bien par l'intérêt qui les anime. A les en croire, les ouvriers sont des simulateurs, et les médecins sont leurs complices ; les blessés deviennent paresseux et sans courage pour reprendre leur travail, parce qu'ils touchent un demi-salaire. On invente pour eux des maladies jusqu'alors inconnues, l'hystéro-traumatisme et la sinistrose. On les soignerait trop bien, comme des riches : « Trop d'électricité, trop de massages, trop de médicaments chers », dit un médecin doublé en même temps d'un assureur[1].

Mouvement général en faveur de l'assurance par l'État.

— Que signifie la campagne récente menée contre les médecins, sinon que MM. Guieysse et Ricard avaient vu juste quand ils ne confiaient pas l'application de cette loi sociale des accidents du travail à des entreprises mercantiles ? Leur manière de voir a toujours été approuvée par la Chambre des députés, et si actuellement nous n'avons pas l'assurance mutuelle obligatoire pour les accidents du travail, nous le devons à la résistance opiniâtre du Sénat, qui semble s'être fait en France le dernier rempart de la féodalité financière. Mais l'expérience que nous venons de faire en ces dix dernières années n'aura pas été infructueuse, car elle aura réfuté victorieusement une foule d'arguments avec lesquels on avait abusé le législateur. Le temps a fait son œuvre, les idées ont marché. Le nombre de ceux qui veulent transformer l'assurance et l'organiser rationnellement sous l'égide de l'État grossit chaque jour. Les assureurs sentent bien grandir le péril, et leurs organes professionnels entreprennent, pour ainsi dire quotidiennement, de démontrer la nécessité du maintien de l'ordre des choses établi. Dans l'ardeur de la dispute, ils ont cru devoir dresser la liste des hommes politiques, députés ou sénateurs, qui se sont ralliés à l'assurance

1. M. le docteur Petitjean.

par l'État, et ils la publient pour attirer sur eux toutes les animosités du monde de l'assurance. Voici cette liste, telle que nous la trouvons dans le *Paris-Assureur*. Tout incomplète qu'elle nous paraît, elle n'en constitue pas moins un brillant comité de patronage pour l'œuvre dont nous poursuivons la réalisation.

Baron de Boissieu (Morbihan)
Bouley Alex. (Côte-d'Or)
Boyer (Bouches-du-Rhône)
Cadenat (Bouches-du Rhône)
Chambon (Savoie)
Colliard (Rhône)
Cornet (Yonne)
Cosnier (Indre)
Coulondre (Vaucluse)
Dejeante (Seine)
Delory (Nord)
Dessaigne (Puy-de-Dôme)
Devèze (Gard)
Empereur (Savoie)
Feron (Saint-Denis)
Ferrero (Var)
Frezoul (Ariège)
Gérault-Richard (Guadeloupe)
Girault (Cher)
Gotteron (Hte-Vienne)
Isoard (Basses-Alpes)
Jaurès (Tarn)
Krauss (Rhône)
Laniel (Calvados)
Millerand (Seine)
Mougeot (Hte-Marne)
Pavie (Htes-Alpes)
Rouanet (Seine)
Rouvier Maurice (Alpes-Marit.)
De Sal (Corrèze)
Tourgnol (Hte-Vienne)
Trouillot (Jura)
Weber (Seine)

CHAPITRE II

Organisation financière des Sociétés d'assurances

Sociétés à capital-actions. — Actionnaires. — Conseil d'administration. — Direction. — Cours des actions. — Plus-values. —
Conséquences pour le coût de l'assurance. — Sociétés mutuelles.
— Absence de capital social. — Dissimulation de la forme commerciale. — Des sociétés de gestion et de leurs abus. — Des
véritables mutuelles et des indications qu'on peut en tirer au
cas où on généraliserait leur fonctionnement.

Sociétés à capital-actions. — A l'origine, les opérations d'assurances furent pratiquées par de simples particuliers, ou des groupements de particuliers, assez riches pour se risquer dans une entreprise aléatoire qui tenait plutôt du pari que de la véritable assurance.

L'assurance n'a pris un développement considérable que lorsqu'elle a été pratiquée par des Sociétés réunissant des capitaux assez importants. Grâce à eux les assureurs purent inspirer confiance aux assurés qui redoutaient qu'on leur fît des promesses impossibles à réaliser faute de ressources. Il leur fut également possible de répandre par une active propagande et une publicité intelligente les notions de l'assurance dans les diverses classes de la société.

En France, les plus anciennes Compagnies d'assurances ont été fondées aux environs de 1820. Elles pratiquèrent à l'origine principalement l'assurance contre l'incendie et l'assurance sur la vie. Les Sociétés d'assurances contre les accidents ont une origine beaucoup plus récente et celles qui ont plus de trente ans d'existence sont assez rares.

Les premiers actionnaires furent généralement des banquiers, des propriétaires et des industriels qui connaissaient les résultats obtenus par les premières Compagnies anglaises ou hollandaises. Comme ils n'avaient pas de concurrents et que l'assurance répondait à un besoin véritable, leurs entreprises prirent un essor assez rapide et ils purent recueillir presque immédiatement des bénéfices.

On sait que, dans des Sociétés de ce genre, l'actionnaire s'engage jusqu'à concurrence d'une certaine somme qui représente le montant nominal de l'action. Que la Société fasse de mauvaises affaires et qu'elle soit contrainte à liquider, l'actionnaire n'est obligé qu'à parfaire le montant de son action, au cas où il ne l'aurait pas libérée, et ne saurait être tenu au-delà. En général d'ailleurs, il en verse une partie, le 1/4 au moins, dans la législation actuelle, au moment de la constitution de la Société. Dans l'ancienne législation, antérieurement à la loi de 1867, ce versement préalable à la constitution de la Société n'était pas exigé. C'est ainsi que la Nationale-Vie a été fondée au capital social de 15 millions de francs divisé en 3000 actions de 5000 fr. sur lesquels rien n'a été versé. Chaque actionnaire a déposé en garantie de son engagement 5o fr. de rente française, dont les arrérages lui sont payés en même temps que le dividende.

La collectivité des actionnaires est propriétaire de la Société. Réunis en Assemblée générale, ils décident de la marche des opérations et notamment de l'affectation du bénéfice. La plus grosse partie de celui-ci leur est généralement répartie, mais il arrive quelquefois qu'on considère comme plus prudent de suspendre tout dividende pour former des réserves propres à augmenter les garanties offertes par la Société. Ces réserves viennent s'ajouter en quelque sorte au capital social, et bien que l'actionnaire ne réalise pas son bénéfice, on ne peut pas dire néanmoins qu'il n'en profite pas, puisque la fortune commune se trouve augmentée.

Le succès initial des premières Compagnies leur a permis de prendre une avance considérable sur celles qui devaient être fondées dans la suite pour leur faire concurrence. Elles eurent au début, en effet, la possibilité de fixer leurs tarifs à des taux élevés et rénumérateurs, qui permirent de réaliser des excédents importants, dont une grosse partie fut mise en réserve. C'est ainsi que dans le premier tarif de la Compagnie des Assurances générales Incendie, le risque immobilier pour les bâtiments de 1ʳᵉ classe était taxé à 1 %, alors qu'il est actuellement le dixième de ce taux, 0,10 %. Grâce à leur fortune, les anciennes Compagnies ont dominé le marché et fait, pour ainsi dire, la loi en matière de tarifs. Leur prospérité s'est constamment accrue avec le temps, et les bénéfices qu'elles ont fournis aux actionnaires ont eu une allure toujours croissante. La valeur des actions a suivi la même marche ascendante, et aujourd'hui chacune d'elles représente une fortune.

Il ne sera pas sans intérêt de montrer le mouvement du dividende d'une Compagnie ancienne et qui a brillamment réussi, par exemple la Nationale-Vie.

De 1821 à 1830, le dividende s'élève à 30 fr., il passe ensuite à 100 fr. pendant 6 ans, à 250 fr. pendant 5 ans, à 300 fr. pendant 12 ans, à 200 fr. pendant les 2 années suivantes, puis remonte à 300 fr. Enfin en 1880, il s'élève à 1100 fr., en 1890 il n'est plus que de 850 fr., mais en 1900 on le retrouve à 1100 fr., en 1906 il s'élève à 1337 fr. L'action est fractionnée par cinquième, en 1907 chaque cinquième reçoit 270 fr., soit pour l'action primitive 1350 fr.

L'histoire de ce dividende nous paraît comporter un enseignement. On le voit croître d'une ascension lente mais continue, et cependant les actionnaires n'ont jamais été appelés à augmenter l'engagement primitif ni à effectuer un versement espèces dans les caisses de la Société. Leur risque va en s'atténuant au fur et à mesure que la Société grandit, parce que plus le nombre des assurés s'étend, d'autant plus les moyennes sont régulières, et moins les aléas sont possibles. Mais les actionnaires recueillent un bénéfice d'autant plus grand que le champ des affaires s'élargit. Quelle aurait pu être l'attitude de la Société en présence de cette augmentation constante de bénéfices? Elle aurait pu songer à maintenir fixe le dividende et à diminuer le prix de l'assurance au grand profit des assurés, c'est-à-dire de tout le monde. Mais une pareille solution est impossible avec le mécanisme propre aux Sociétés par actions. Qu'arrive-t-il en effet le plus souvent, lorsqu'on augmente le dividende d'une action? C'est que celle-ci augmente de prix sur le marché des valeurs. Le nouveau propriétaire ne cherche qu'à donner de la plus-value à son titre, et sa préoccupation est de voir monter encore le dividende. C'est dans ce sens que travaillera le Conseil d'Administration. A une nouvelle plus-value correspondra un nouveau prix de vente, et, les mêmes causes engendrant les mêmes effets, on voit que le perpétuel effort de l'administration de la Société sera d'accroître la rémunération des actionnaires.

On dira sans doute que cet accroissement de bénéfices tient dans un plus grand développement de l'entreprise, et que, par conséquent, les nouveaux assurés n'en sont pas pour cela plus chargés. Mais, qui ne voit que si la Société avait été conçue sur un plan différent, l'extension des affaires aurait permis de réaliser un abaissement de tarifs? Après 75 ans de fonctionnement régulier, aucun progrès n'est possible, aucun changement ne peut être apporté à l'institution parce qu'il faut faire face avant tout au service du dividende, lourde charge qu'on ne peut réduire sans provoquer la révolte des actionnaires. On l'appréciera quand nous aurons dit qu'à la Nationale-Vie elle s'élevait en 1907 à 4.050.000 fr. et dépassait de beaucoup les frais généraux de l'exercice, 2.800.000 fr. seulement.

Admettons, sans discuter pour l'instant la possibilité d'une telle hypothèse, que la Nationale, au lieu d'appartenir à un groupe de particuliers, eût été la propriété collective des assurés. Toutes les sommes distribuées aux actionnaires auraient pu l'être aux assurés ou à leurs ayants droit, et, lorsque ces sommes auraient pris une grande importance, la collectivité aurait pu, ou diminuer les tarifs ou améliorer les conditions de l'assurance.

Le lecteur pensera peut-être que si les Compagnies anciennes sont alourdies par le service du dividende, il doit être possible aux Compagnies jeunes, ayant des actionnaires moins exigeants, de leur faire une concurrence active et efficace. Cette circonstance se réaliserait en effet s'il n'y avait dans l'assurance un intermédiaire à rémunérer, le courtier, qui vient ici en quelque sorte vicier les lois de la concurrence. Les Compagnies anciennes, ayant de grosses réserves, ne voulant pas chercher à augmenter leurs affaires par une diminution de tarifs, ont pu faire à leurs courtiers des avantages spéciaux que ne pouvaient accorder les nouvelles Compagnies. C'est ainsi, par exemple, que dans certains cas elles ont escompté les commissions futures, faisant bénéficier immédiatement le courtier d'un profit qu'il n'aurait pu réaliser qu'en attendant plusieurs années. Cette manière de procéder se rencontre surtout dans l'Assurance-vie et dans l'Assurance-incendie, qui sont précisément les assurances les plus anciennes.

Dans une Compagnie par actions, les actionnaires ne

constituent pas la seule charge, en dehors des frais inévitables de gestion. Il faut compter encore avec le Conseil d'administration et la Direction.

Les actionnaires d'une Compagnie se réunissent une fois par an pour discuter des affaires sociales. Dans l'intervalle de leurs assemblées, ils remettent leurs pouvoirs au Conseil d'administration, qui se trouve avoir une autorité entière pour gérer et administrer le bien commun. En fait et sauf quelques exceptions, le Conseil d'administration d'une Société est surtout une façade décorative. Ses membres doivent inspirer confiance, tant au grand public qu'aux actionnaires eux-mêmes. On recrute les Administrateurs, non pas toujours dans les milieux compétents en matière d'assurance, mais plutôt parmi les notoriétés du monde, de la politique, de la finance. La noblesse la plus orgueilleuse ne croit pas déchoir en recherchant de tels emplois, faciles et rémunérateurs. Pour quelques signatures hâtivement données, pour écouter une fois par mois un rapport directorial, les Administrateurs empochent des jetons de présence qui, dans les Sociétés riches, forment un revenu de millionnaire.

Les Administrateurs devraient être logiquement peu rémunérés, puisqu'ils doivent être propriétaires d'un nombre important d'actions et que, somme toute, en travaillant aux affaires sociales, ils travaillent surtout à leurs propres affaires. Le coût d'un Conseil d'Administration n'apparaît pas dans les comptes publiés par les Sociétés, et il est difficile de le chiffrer ; mais il s'agit d'une charge toujours lourde parce qu'à côté des

jetons de présence ils reçoivent aussi des « tantièmes »
sur les bénéfices sociaux.

Si les Administrateurs n'ont dans la marche d'une
Société qu'un rôle superficiel, il n'en est pas de même
du Directeur, employé supérieur qui doit donner l'impulsion à tous les services et coordonner tous les efforts.
Aussi doit-on estimer que ses services méritent une
rémunération importante. — Mais peut-être, si on les
connaissait, trouverait-on exagérés ses appointements.
Aussi sont-ils soigneusement dissimulés dans les comptes-rendus financiers avec ceux du petit personnel, qui
est, lui, insuffisamment rétribué. Dans les grandes et
puissantes Compagnies, le traitement du Directeur,
grossi d'allocations diverses, de tantièmes sur les bénéfices, se chiffre par centaines de mille francs. Et nous
ne parlons pas des fantastiques émoluments de certains
Directeurs de Compagnies Américaines, qui atteignent
ou voisinent le million [1].

Rôle du Capital-Actions. — Le rôle du
capital-actions s'explique par le caractère privé de l'Assurance. Pour que l'assureur recrute des clients, il faut
qu'il inspire confiance et qu'il se montre capable de
tenir les engagements élevés qu'il prend. Le capital
versé par les actionnaires et celui qu'ils peuvent être
appelés à verser constituent un gage de sécurité au premier chef.

1. D'après l'enquête parlementaire sur les Compagnies Américaines.

Sans doute ce gage est quelquefois aléatoire. Capital social, cela ne veut pas toujours dire espèces sonnantes et trébuchantes, en caisse. Il y a en're ces deux choses, le capital et les fonds disponibles, une série de nuances financières auxquelles se laisse prendre le public toujours naïf en ces sortes d'affaires. Nous y reviendrons.

Pour l'instant, n'examinons que les Sociétés honorables qui ont fait du capital de leurs actionnaires un emploi prudent et correct. Les partisans des Sociétés d'assurances à capital font observer que, grâce à ce capital, il est possible de donner l'assurance sous une forme particulièrement intéressante à l'industriel, au commerçant, *celle de la prime fixe*. Dans l'assurance mutuelle, disent-ils, si les primes ou cotisations reçues par l'association sont insuffisantes, pour indemniser les sinistrés, il faut, ou bien faire un appel complémentaire de cotisations, ou restreindre les indemnités promises, les réduire, comme on dit, *au marc le franc*. Au contraire, dans les Sociétés à capital, si les recettes sont insuffisantes, l'assureur, ayant pris un engagement ferme, doit prendre sur le capital social, s'il en est besoin, mais il ne peut réclamer aucune prime supplémentaire, ni réduire en aucune proportion l'indemnité fixée par les contractants dans la police. Or, une assurance à prime fixe n'est-elle pas d'un prix inestimable? Dans les affaires n'y a-t-il pas un intérêt primordial à connaître avec exactitude et précision l'étendue de ses charges? Celui de savoir qu'un dommage sera réparé dans son intégralité est-il moindre?

Ainsi, le système des assurances à prime fixe présenterait sur celui des assurances mutuelles des avantages fort intéressants. Malheureusement, ces avantages sont peut-être achetés à un prix tel qu'ils perdent une grande partie de leur valeur. En effet, après une pratique assez longue de l'assurance, il est possible de connaître, avec une approximation très suffisante, la prime nécessaire pour couvrir un risque déterminé. Il est donc facile de s'engager à ne pas réclamer des primes supplémentaires si on a eu le soin d'en demander dès l'abord une suffisamment élevée. Il est bien certain que les assureurs procèdent ainsi, car ils ont bien soin de spécifier dans leurs contrats qu'après tout sinistre, même de minime importance, ils peuvent résilier la police. Cette clause leur permet en effet de relever immédiatement leur tarif, s'ils s'aperçoivent que leur première estimation du risque a été trop faible.

Il est certain néanmoins que pour qu'on puisse prévoir des recettes et des dépenses d'une entreprise d'assurances, il faut que ses opérations soient très étendues. En vertu de la loi des grands nombres, les moyennes auront un caractère de constance qui permettra de les connaître à l'avance. Les écarts seront par ce fait réduits au minimum, et on pourra presque à coup sûr affirmer qu'il ne sera pas besoin de recourir au capital de garantie. Mais, il faut réaliser ce grand nombre qui donne la stabilité aux résultats, et on ne peut y arriver du premier coup. Il y a donc une période de mise en train dans laquelle le capital social peut courir quelque péril, et c'est ce qui légitime, dans une certaine mesure, sa rémunération, à la condition qu'elle ne soit pas excessive.

C'est un fait, d'ailleurs de nature à confirmer ce que nous avançons, s'il en était besoin, que les Compagnies qui ne prospèrent pas ne vivent pas au-delà de dix ou quinze ans. On n'a qu'à jeter un coup d'œil sur la liste des Sociétés disparues de 1882 à 1908, publiée par M. Le Chartier, dans *Paris-Assureur*, pour s'en rendre compte.

Mais une fois que la Compagnie a réussi à traverser cette période difficile, on peut dire que le capital ne peut que très exceptionnellement être entamé. Et cela est si vrai que les risques assurés par les Compagnies ont beau grossir indéfiniment, elles ne songent pas à augmenter leur capital social et à le maintenir dans une proportion constante avec les risques. La Nationale-Vie fonctionne toujours avec son capital social initial de 15 millions, bien que le chiffre des capitaux en cours dépasse 800 millions, et que les réserves, qui mesurent le risque probable couru par elle, s'élèvent à 537 millions[1]. La Générale-Incendie assure près de 20 milliards de capitaux, représentant un encaissement supérieur à 12 millions de primes, avec un capital social de 2 millions seulement. Cependant nul ne songe à penser que ces deux puissantes Sociétés sont moins solides, maintenant que leurs opérations ont pris une grande extension, qu'au temps où elles n'évoluaient que sur un terrain beaucoup plus restreint. C'est parce

1. Chiffre du bilan de 1907.

qu'on se rend compte que la sécurité en matière d'assurance tient au premier chef dans le très grand nombre de risques associés. Chaque assuré trouve dans les autres une garantie réciproque, et l'équilibre est d'autant mieux assuré que les charges se partagent sur un plus grand nombre de têtes.

De cette constatation importante, il convient de tirer une déduction pour l'objet de cette étude, c'est la suivante : Un capital social est nécessaire à une entreprise, parce que c'est seulement ainsi qu'on peut trouver du crédit, mais ce capital social est inutile si l'assurance est faite par la collectivité elle-même, par l'État, dont le crédit n'a nullement besoin d'être établi. De plus, si la collectivité groupe l'ensemble de tous les assurés en une fois, la sécurité et la régularité des opérations se trouvent réalisées du même coup, et il n'y a aucun besoin d'un capital de garantie.

L'assurance organisée par l'État, au nom de la collectivité des assurés, pourra donc se dispenser de rémunérer un capital social. Elle réalisera donc, non seulement une économie importante, mais elle ne grèvera pas l'avenir d'une charge toujours plus pesante.

Des Sociétés d'assurance mutuelle. — L'initiative privée a essayé de résoudre le problème de l'assurance sans capital social, au moyen de Mutuelles. Le mutualiste s'engage jusqu'à concurrence d'une cotisation maximum, dont il ne verse d'avance qu'une partie appelée cotisation de prévoyance. Si celle-ci ne suffit pas, il parachève son versement, mais sans qu'il soit jamais tenu au-delà du maximum. Au cas où, même en poussant l'appel de fonds jusqu'à ce maximum, les recettes sont insuffisantes, les indemnités sont réduites. Tel est le système de la mutualité. Il semble mettre le mutualiste dans une situation moins bonne que l'assuré d'une Compagnie à primes fixes, mais cette différence de situation est surtout apparente. Ce dernier ne semble pas courir l'aléa d'une réduction d'indemnité, mais, en fait, il le court au même titre, car si les recettes de son assureur sont insuffisantes, et si le capital a été absorbé, il fera faillite, et la liquidation ne lui accordera qu'une fraction de ce qui lui est dû.

Il est donc un peu puéril, sauf lorsqu'il s'agit de risques nouveaux pour lesquels la statistique n'a pas encore permis d'asseoir les primes ou cotisations sur une base expérimentale suffisante, de discuter du mérite des Mutuelles et des Compagnies par actions d'après la certitude de l'engagement dans les unes et son incertitude dans les autres. Qu'il s'agisse de mutuelles ou de primes fixes, la Société d'assurance réalisera l'équilibre entre les recettes et les dépenses, il faudra que l'assuré paie les indemnités pour leur montant intégral aussi bien dans les unes que dans les autres, et il restera toujours à la Société mutuelle cet avantage de n'avoir pas à rémunérer un Capital-Actions.

Mais cet avantage de la mutualité pure est contrebalancé par un inconvénient assez grave. Comment donner confiance aux premiers adhérents ? Ils savent que dans la période initiale d'organisation et même pendant tout le temps qui suivra et où l'effectif sera encore peu nombreux, ils courent le risque, si la malechance frappe les associés, de voir les indemnités réduites. Sans doute, lorsque le premier noyau des adhérents aura grossi, que les moyennes de sinistres seront régulières, la sécurité sera aussi grande que dans une Compagnie par Actions, mais il faut attendre ce moment et en attendant courir un risque fort pénible, pour une simple atténuation de la prime. Il y avait là de quoi décourager les mutualistes, bien qu'en fait il soit possible de parer à la réduction des indemnités en élevant suffisamment la cotisation de garantie. Ce serait cependant méconnaître la vérité que de dire que c'est toujours possible. En assurance incendie par exemple, une mutuelle trop restreinte fait courir certainement à ses membres le danger éventuel de la réduction d'indemnité. Remarquons en passant que ce danger ne se présenterait pas si l'assurance était organisée par l'État. La mutualité qu'il créerait se trouverait en effet d'un seul coup assez puissante pour ne pas redouter des écarts excessifs entre les moyennes des sinistres.

La mutualité privée a réussi cependant à obvier à cet inconvénient, sans sacrifier de son caractère mutualiste, tout en faisant appel au concours du capital. La solution du problème est, somme toute, fort simple. Puisqu'on a besoin, au début d'une organisation d'assurance, d'un capital de garantie, pourquoi ne pas louer ce capital et le rémunérer par une prestation limitée ?

La seule réponse à une telle question est de trouver des capitalistes, et les mutualistes en ont trouvé. Chez eux la Société appartient toujours aux assurés et non pas aux capitalistes, et la part que ces derniers peuvent réclamer de l'entreprise se trouve fixée et ne grandit pas avec le développement de l'entreprise.

Pour éclairer par un exemple le mérite de cette combinaison, imaginons que la Nationale-Vie ait été fondée dans ce système. Le capital de garantie, versé ou non, aurait été par exemple loué à 8 %, ce qui est, il nous semble, un intérêt raisonnable et pour lequel on peut courir quelques risques. La Nationale-Vie ayant été fondée au capital de 5 millions, les bailleurs de fonds auraient touché 400.000 fr. par an. Eh bien, malgré le taux élevé auquel on aurait souscrit l'emprunt, les assurés auraient fait une très bonne affaire, puisque les actionnaires de la Nationale touchent actuellement une somme dix fois plus forte : 4.050.000 fr. (en 1907).

Nous avons opposé aux Mutuelles le principal grief qui leur est fait par les partisans des Sociétés à capital, mais nous ne mettrions pas suffisamment en relief les avantages de la mutualité si nous n'ajoutions qu'au cas où les sinistres laissent place à un excédent de cotisations, cet excédent retourne aux adhérents. Comme on le dit souvent, dans une entreprise mutuelle, l'assuré est en même temps assureur ; il court le risque d'un déficit possible, mais par contre il profite d'un bénéfice s'il se réalise.

Il est difficile de contester à la mutualité d'être dans le principe la meilleure forme de l'assurance. Le malheur, c'est que dans la pratique les Sociétés s'écartent beaucoup du principe théorique que nous venons d'exposer.

Sans doute, il existe de véritables Sociétés mutuelles, mais leur nombre est très restreint et elles doivent pour la plupart leur existence à ce fait que leurs adhérents étaient groupés dans une autre association, Syndicat professionnel par exemple, qu'ils se connaissaient déjà et que la mutualité n'a été qu'une œuvre complémentaire d'une autre. Le Ministère du Travail nous signale en effet quelques mutualités intéressantes qui visiblement doivent leur existence aux causes que nous indiquons. Nous voyons, dans le 5e rapport sur l'application de la loi du 8 avril 1898, qu'il existe une Caisse Syndicale Mutuelle des Industries Textiles, une Caisse Syndicale Mutuelle des Industries Sucrières. Si on examine le fonctionnement de ces Caisses, on constate qu'elles sont gérées très économiquement comparativement aux autres Sociétés. Le tableau (c)[1] nous montre qu'elles n'ont pas de commissions et que leurs frais généraux atteignent seulement 9 % des cotisations, tandis que dans les Sociétés par actions les frais généraux atteignent 11 à 12 % des primes, et qu'il faut compter en plus une même somme pour les Commissions.

Mais les Mutuelles qui appliquent réellement les principes de la mutualité sont l'exception. Les fondateurs des Mutuelles ne sont en effet ni des philanthropes, ni des idéalistes. Ce sont, en général, des assureurs

1. P. 154 et 155, 5e Rapport sur l'application de la loi du 9 avril 1898.

qui cherchent à retirer le plus grand profit de leur activité et qui espèrent mieux atteindre ce but avec une Société mutuelle qu'en travaillant pour une Société à primes fixes. Aussi que se passe-t-il ? C'est que ces fondateurs ne suppriment pas l'usage des commissions, afin d'en bénéficier, que d'autre part ils se font allouer à titre de fondateurs un tant pour cent des cotisations encaissées.

Voilà le principe de la mutualité bien ébréché. Le ou les fondateurs de la Mutuelle vont être pour elle une charge aussi lourde que les actionnaires à la Société par actions. Et il y a même cette considération aggravante que, somme toute, les actionnaires n'effectuent leurs prélèvements que sur les bénéfices de l'entreprise, tandis que les fondateurs de Mutuelles perçoivent leur dîme tout aussi bien quand l'association est en perte que quand elle est en bénéfice. Ainsi, les actionnaires sont intéressés à la bonne marche de la Société, à la régularité des opérations, à la détermination exacte des primes, au lieu que le fondateur d'une Mutuelle est surtout poussé à l'extension de son chiffre d'affaires.

On fera observer, il est vrai, que toute la question est dans l'importance du prélèvement, et que si les fondateurs d'une Mutuelle se font allouer une remise de 1 à 2 %, cela ne représente jamais les 13 % acquis par les actionnaires. Nous ne prenons pas ce chiffre de 13 % au hasard, il nous est fourni par une statistique de l'*Argus* du 27 juin 1909, qui le donne comme bénéfice industriel moyen des Compagnies d'Assurances-Incendie en 1908. Sans compter que les fondateurs des

Sociétés par Actions ne négligent pas en général leurs intérêts, et que, s'ils ne se font pas allouer des tantièmes sur les primes, ils savent bien s'accorder des actions dites « d'apport » et arrivent ainsi au même résultat. Nous avons sous les yeux le bilan d'une Société au capital de 2 millions. Un de ces millions est considéré comme un apport des fondateurs et représente le prix de leurs recherches, de leurs travaux, de leurs connaissances spéciales. Le journal *l'Argus* du 9 octobre 1909 nous annonce la fondation à Bruxelles du Lloyd commercial au capital de 5 millions. Dans ces 5 millions, il y a 2.500.000 fr. d'apports. Ici encore on peut apprécier la différence qu'il y a entre l'apparence et la réalité. Société au capital de deux millions, cela signifie pour le public deux millions en argent, versés dans les coffres de la Société ; pour le financier cela signifie seulement un million.

Donc, tout compte fait, si l'allocation du fondateur d'une Société mutuelle est modérée, le mal n'est pas bien grand. Seulement ses prétentions ne se limitent pas là. Comme c'est lui qui rédige les statuts, il a soin d'y introduire quelques clauses toutes en sa faveur. Généralement il se nomme Directeur statutaire [1], c'est-à-dire que la désignation à cette fonction, qui devrait dépendre de la volonté des assurés, leur échappe entièrement. On peut évidemment modifier les statuts, mais des précautions minutieuses sont

---

1. ...quelquefois même inamovible. Art. 14 des statuts de la « Vraie Mutuelle »... Les Directeurs-Gérants sont inamovibles. Un Directeur-Gérant a le droit de nommer son successeur.

prises pour que ces modifications soient en fait presque impossibles à réaliser. On n'aura qu'à stipuler que pour modifier les statuts il faut réunir une Assemblée représentant par exemple les 2/3 des adhérents, proportion difficile à atteindre dans une Société qui a des adhérents dispersés sur tous les points du territoire. Il n'est pas difficile de trouver d'autres procédés analogues pour rendre à très peu près impossible tout changement statutaire.

Ce n'est pas tout. Directeur statutaire, le fondateur se fait encore remettre la gestion, c'est-à-dire qu'il s'engage moyennant un forfait, un tant pour cent des cotisations, à administrer la Société.

Cette disposition peut être quelquefois un bien. Si le taux de gestion est modéré, les frais d'administration se trouvent limités, et la Direction est incitée dans la .voie des économies. Mais si le taux de gestion est élevé, il déguise purement et simplement un prélèvement effectué par le directeur sur les cotisations. On n'a échappé au prélèvement des actionnaires, qui se rencontre dans les Sociétés par actions, que pour tomber sur celui des fondateurs dans les mutuelles.

Le taux du prélèvement dont nous venons de parler est souvent de 7 à 8 % des cotisations dans les Sociétés d'assurances sur la vie, mutuelles ou à forme tontinière ; 10 à 12 % dans les Sociétés de capitalisation ; très variable dans les autres Sociétés. Nous avons eu occasion de voir les statuts d'une Société mutuelle qui remettait 50 % des cotisations à la personne chargée de la gérance. Dans cet ordre d'idées, tous les abus sont possibles. En voici un qui a été signalé il y a quelques années. Une Société d'assurance mutuelle sur la Vie, à forme tontinière, prévoyait dans ses statuts un prélèvement de 7 % sur les versements. Ces versements mensuels devaient se capitaliser, ils étaient ensuite grossis du versement des décédés et de ceux qui abandonnaient l'association. La lecture des statuts laissait entendre que le prélèvement de 7 % s'effectuait au fur et à mesure des versements. Or, le Directeur-Gérant effectuait, sur le premier versement, la totalité des prélèvements auxquels il avait droit pour toute la durée de l'association, par exemple 10 ans. Comme un très grand nombre d'adhérents, sans compter les décédés, ne restaient pas dans l'association jusqu'à la limite de sa durée, il en résultait que le prélèvement de gestion s'élevait à 50, 60 et même 100 %.

Une autre cause d'abus en ces sortes d'affaires tient à une définition vague des frais de gestion. Que faut-il entendre par là ? Les dépenses d'une entreprise d'assurances sont extrêmement multiples : loyer, traitement du personnel, matériel, frais de propagande, publicité, remise aux agents, frais d'inspections, frais de justice, honoraires de médecins, d'avoués, d'avocats, etc... Le plus souvent les statuts font deux parts de ces frais, une qui est supportée par le Directeur-Gérant, l'autre par la Société Mutuelle, c'est-à-dire supportée par les assurés et n'entrant pas en compte dans le forfait. Il est bien facile de comprendre qu'une fois ce départ théorique fait entre les frais, il est possible de diminuer l'un pour charger l'autre et que naturellement le Directeur-Gérant réduira au minimum ceux qu'il a assumés et fera supporter les autres aux sociétaires.

Nous nous bornerons à signaler que quelquefois, lorsqu'il s'agit d'une entreprise très importante, le Directeur-Gérant est l'homme de paille d'une Société financière, Société à Capital-Actions, celle-ci, et que les actionnaires se partagent le profit de la gestion. Pour les raisons qui ont été indiquées plus haut, il y a toujours profit, puisque les aléas de l'assurance proprement dite sont à la charge des assurés. C'est, paraît-il, de cette manière que fonctionnent les grandes Mutuelles Américaines. Nous disons : « *paraît-il* », parce que les statuts de ces Sociétés sont fort mal connus en France, où ils ne sont pas communiqués aux assurés.

Dans ces Sociétés, l'entreprise de gestion est occulte, mais elle est quelquefois parfaitement avouée, comme dans le « Conservateur », société anonyme ayant pour but de former et d'administrer des associations mutuelles d'assurances sur la vie. Le Conservateur prélève 7 % du montant total des souscriptions pour couvrir tous les frais d'administration. Cette Société est actuellement très prospère, et les actions de 1.000 fr. du Conservateur se cotent 5.200 francs.

Nous ne voudrions pas omettre de dire que les prélèvements de la Société de gestion et son rôle primordial se trouvent légitimés en principe, le plus souvent, par le fait que ses actionnaires fournissent le capital de garantie de la Société mutuelle, c'est-à-dire le capital qui rassurera les premiers mutualistes et les engagera à adhérer à l'œuvre, et que ce capital court des risques assez sérieux. Encore une fois nous signalons cette difficulté dans l'organisation de la mutualité, difficulté qui n'existe pas dans l'assurance organisée par l'État.

Certaines Mutuelles récompensent raisonnablement le Directeur-Gérant ou la Société de gestion, mais pour d'autres il y a de la part de la gérance une véritable absorption des ressources de la Société, et il devient impossible d'indemniser les assurés. Ceux-ci se trouvent alors en présence de deux Sociétés bien distinctes, une Société de gestion riche et une mutuelle pauvre. Comme c'est la mutuelle qui leur doit l'indemnité prévue au contrat, et non pas la Société de gestion, dont le rôle est strictement limité, le mutualiste est obligé de se retirer devant une caisse vide. Sans doute ce procédé déloyal n'est pas courant, et les mutuelles honorables sont nombreuses, mais dans les 5 ou 600 Sociétés qui trafiquent en France, comment ne voudrait-on pas qu'il y ait quelques Sociétés douteuses, faisant ainsi de malheureuses dupes sous le couvert d'opérations d'assurances et à l'abri de conventions régulières et légales ? Car la loi ignore les Sociétés de gestion, et elle a simplement autorisé les mutuelles à fixer, à l'aide d'un forfait, la rémunération de leur Directeur.

Ce que nous voudrions dégager de ce coup d'œil trop rapide sur le mécanisme financier des institutions d'assurances, c'est qu'à quelque système qu'elles se rattachent, ce sont des entreprises commerciales. Les unes vendent de l'assurance à prix ferme, les autres suivant un prix variable, mais dans toutes il y a un entrepreneur qui retire un bénéfice de l'opération. Les mutuelles comme les primes fixes étant des Sociétés commerciales, nous ne donnons pas ici à ce mot un sens juridique, elles emploient les mêmes procédés. Elles recherchent la clientèle par des courtiers à qui elles font des remises, elles chargent ces courtiers d'encaisser les primes moyennant une rémunération d'encaissement, et quand il s'agit de régler les sinistres, elles mettent tout en œuvre pour éviter ce règlement. Cependant, quoique exceptionnel, l'exemple des mutuelles sincèrement organisées sur le principe de la mutualité est pour nous un excellent enseignement. Il prouve d'une façon péremptoire que l'assurance mutuelle serait beaucoup plus économique que l'autre, et qu'il est par conséquent de l'intérêt public de la généraliser, de l'organiser socialement, au lieu de la laisser entièrement livrée à l'anarchie des affaires.

CHAPITRE III

Des agents et des courtiers

Des agents d'assurances et des courtiers. — Leur rôle est celui d'un intermédiaire irresponsable. — Effets de la concurrence des Compagnies. — Taux élevé des courtages et multiplicité des courtiers. — Comment l'intervention du courtier influe sur la teneur du contrat. — Les réformes qu'on a proposées à cet égard. — Comment elles ne seront possibles que dans l'assurance par l'Etat.

De l'agent ou du courtier d'assurance. — La marchandise qu'on nomme « Assurance » est vendue au public d'une manière toute particulière qui doit retenir notre attention.

Si nous avons besoin de pain, de café ou de viande, nous allons chez le boulanger, l'épicier ou le boucher, nous débattons le prix du produit que nous acquérons, et il est responsable de ce qu'il nous livre. S'il nous trompe sur la qualité ou sur la quantité des choses vendues, il est passible de peines sévères prévues par la loi. Il ne peut même invoquer l'excuse d'avoir été trompé lui-même, et l'épicier qui est surpris vendant du poivre souillé d'impuretés essayerait vainement de dégager sa responsabilité en mettant en cause son fournisseur.

En matière d'assurance, le procédé de vente est bien fait pour déconcerter les gens simples et même ceux qui sont habitués au négoce. Que se passe-t-il en effet habituellement quand on contracte une assurance? Nous nous plaçons ici, non pas au point de vue du droit, mais au point de vue du fait, des usages, des habitudes. Il va sans dire que les assureurs, habiles manieurs du Code, ont dans toutes les opérations qu'ils pratiquent la loi de leur côté.

Dans la pratique ordinaire des choses, l'industriel, le commerçant, le bourgeois ou l'ouvrier qui veut s'assurer, s'adresse à une personne avec qui il est en relations d'affaires, qui tient boutique d'assurances, qui paie pour cela patente et qu'on appelle « Agent d'Assurances ». Après un échange de pourparlers où celui qui achète a indiqué ce qu'il voulait et celui qui vend les différentes combinaisons qu'il peut offrir, on établit la proposition d'assurance. Cette proposition est rédigée d'après les indications de l'agent, car il est du métier et il guide son client. Quelquefois même il établit la proposition en entier, et le futur assuré n'a qu'à signer. S'il s'agit de locaux, d'industrie, d'établissements agricoles, l'agent a pu visiter les lieux, l'outillage, se renseigner sur les tenants et aboutissants et s'éclairer par tous les moyens sur l'étendue des risques. Quelques jours après l'établissement de la proposition, l'agent d'assurances présente à son client un document officiel appelé *police*, et l'engage à le signer après l'avoir invité autant que possible à écrire au-dessus de sa signature les mots *lu et approuvé*. Il est inutile d'ajouter que l'agent a donné toutes affirmations, et les a réitérées au besoin, sur la parfaite bonté de la garantie qu'il vend. L'assuré qui traite avec l'agent ne connaît que lui et se rapporte à ses déclarations, comme il se fie aux déclarations de ses fournisseurs habituels.

Or, et c'est là une caractéristique qui est bien propre au commerce de l'assurance, l'agent qui a établi le contrat, qui a vu les risques, qui en somme *a vendu la garantie à son client*, est simplement un intermédiaire IRRESPONSABLE. Il n'existe pas. Tout se passe comme si l'assuré avait débattu et réglé son affaire directement avec la Compagnie, être impersonnel qu'il ne connaît pas. Qu'on le désigne par le vocable d'inspecteur, d'assureur, d'agent, de courtier, l'intermédiaire n'est qu'un rabatteur qui reste dans la coulisse et dont les déclarations ne comptent pas.

L'assuré ne s'en doute guère. Il ne songe pas à étudier et à comprendre les 20 ou 30 articles imprimés de sa police, écrits dans un style entièrement juridique et dont il ne soupçonne pas la portée. Sans doute s'il les lisait, il verrait quelque part une toute petite phrase incidente qui annule toutes les déclarations possibles de l'agent et qui, par exemple, dans l'assurance-incendie est ainsi libellée : « L'assuré ne peut en aucun cas exciper de la visite des lieux par l'agent. » Oui, mais il faut aller dénicher cette petite phrase, et ne la découvrent en général que ceux qui la connaissent pour y avoir été pris eux-mêmes.

Remarquons, en passant, que la police d'assurance est rédigée d'après les déclarations de l'assuré. C'est-à-dire que celui-ci endosse toute la responsabilité d'une rédaction qu'il ne fait pas, puisque c'est la Compagnie qui établit le contrat et qu'il le signe seulement. Admettons que, se rendant compte de la portée de cette clause, l'assuré veuille se renseigner sur les déclarations qu'il convient de faire et celles qui sont inutiles. A qui s'adressera-t-il ? Nous ne voyons pas qu'il puisse s'adresser à une autre personne qu'à l'agent. Or les avis de celui-ci ne comptent pas. Qu'il se trompe, même de bonne foi, — cela n'a rien d'impossible, encore qu'il soit expert en son art, car la jurisprudence est chose fort touffue et sujette à interprétations diverses, -- il ne portera pas la responsabilité de son erreur, ce sera l'assuré. Or, nous verrons plus loin que les sanctions des erreurs qui peuvent être commises dans la confection du contrat sont loin d'être anodines. Dans le Code de justice militaire les peines « mort avec dégradation militaire » se succèdent à intervalles si proches qu'elles jettent l'effroi dans le cœur du soldat ; le code des assureurs est relativement plus terrible encore, car il ignore toute gradation et toute nuance dans les pénalités ; il n'en connaît qu'une, la déchéance.

La déchéance, cela veut dire simplement que la Compagnie ne paiera aucune indemnité au sinistré, qui en aura été inutilement pour ses peines et pour son argent.

Il est donc de la plus haute importance de faire des déclarations précises et convenables. Supposons que vous ayez à faire assurer un bâtiment construit partie en bois, partie en briques et couvert en tuiles. Comment désignerez-vous ce bâtiment? Vous n'en savez rien, vous laisserez ce soin à l'agent qui l'a visité. Vous ignorez que les assureurs ont établi deux classes de risques pour les bâtiments :

1er risque : Bâtiments en pierres, moellons, briques, ou de *Construction mixte où la pierre domine* ;

2e risque : Bâtiments en bois, torchis ou pisé, ou de *Construction mixte où la pierre ne domine pas.*

Ce n'est pas votre métier de connaître les tarifs des assureurs et vous ne vous doutez même pas des conséquences de votre déclaration. Suivant l'avis de votre agent, vous déclarerez :

Construction mixte où la pierre domine.

Ce bâtiment brûle. La Compagnie assureur se refuse à vous indemniser. Elle prétend que l'immeuble aurait dû être classé dans le 2e risque. Admettons qu'elle ait de bonnes raisons pour cela. Elle triomphe. Vous avez payé vainement des primes, vous avez acheté une garantie illusoire, et cependant vous pensiez être en règle puisque c'est l'agent lui-même de la Compagnie qui avait défini la nature de la construction.

Cet exemple n'est pas théorique. Ouvrez la jurisprudence de Dalloz, et vous verrez qu'il a été jugé qu'un bâtiment dont les murs extérieurs sont en bois, malgré que les murs intérieurs soient en pierre, ne peut être qualifié de bâtiment où la pierre domine, qu'il en résulte une fausse déclaration et par suite une déchéance.

Nous avons pris le premier exemple qui s'offrait à

nous en ouvrant un tarif-incendie, ce n'est sans doute pas le meilleur et il serait facile d'en trouver d'autres où une variante dans la déclaration suffit à changer le taux de prime et peut permettre à la Compagnie de déclarer qu'on l'a trompée dans la définition du risque.

Devant une série de distinctions compliquées et qu'il ignore, l'assuré ne peut s'appuyer sur l'autorité de l'agent. Pour que ce point soit bien établi, citons le passage suivant d'un ouvrage de M. Louis Debrock, ancien inspecteur de la Compagnie « Le Phénix[1] » :

« Enfin et pour que l'assuré soit bien et dûment « informé que l'agent chargé de faire son assurance, « *qui le conseille, visite les lieux et fait la police,* N'EN- « DOSSE AUCUNE RESPONSABILITÉ, les conditions générales « imprimées lui apprennent qu'il ne peut dans aucun « cas exciper, c'est-à-dire invoquer, une exception, une « fin de non-recevoir, s'appuyer de la visite du risque « par un représentant de la Compagnie et qu'après « sinistre aucune allégation ne peut être admise de la « part de l'assuré outre et contre les énonciations de la « police. »

La jurisprudence a suivi la doctrine des assureurs. Il lui était difficile de faire autrement, car, en l'absence de loi réglementant l'assurance, les conventions font la loi des parties[2].

---

1. *Les assurances contre l'Incendie, les Réformes nécessaires*, p. 156.
2. Signalons sur ce sujet deux décisions judiciaires avec les références du Dalloz : Rouen, 2 juillet 1869, D. P. 71.2.61 ; Besançon, 4 mars 1882, D. P. 82.2.166.

Cette situation des agents d'assurances est tout à fait extraordinaire et exorbitante. Que dirait-on du médecin qui rejetterait sur son client toute la responsabilité du traitement qu'il lui conseille? Il n'aurait qu'à lui faire signer un imprimé où cette clause serait inscrite en caractères minuscules, et le tour serait joué.

Il y a plus, chacun d'après la loi est responsable du dommage qu'il cause par sa négligence ou son imprudence, non seulement par son propre fait, mais encore par celui des personnes dont on doit répondre. L'instituteur est responsable de ses élèves, le maître de ses domestiques, le patron de ses employés. Mais les Compagnies d'assurances ne sont pas responsables des erreurs de leurs agents, bien que ceux-ci soient leurs préposés, qu'ils reçoivent pour elles les primes, qu'ils paient pour elles les sinistres, qu'ils les représentent en justice. Sans doute leur situation est juridiquement établie, nous ne saurions le contester, et ils sont en règle avec la loi ; mais ce que nous voulons montrer, c'est qu'il y a une contradiction entre leur situation de droit et leur situation de fait, celle qui résulte de la pratique de leur commerce.

Cela est si vrai que nous voyons la loi espagnole du 14 mai 1908, qui vient de réglementer les opérations d'assurances, prévoir, dans son article 29, la création d'un corps de courtiers-jurés par le ministère du Fomento[1]. Les courtiers-jurés existent en France en ce

---

[1]. Voir le journal *l'Argus* du 19 septembre 1909, p. 601.
Notons en passant que bientôt la France sera un des pays les plus en retard au point de vue de la législation des assurances.

qui concerne l'assurance maritime. Leur entremise est indispensable pour la validité des contrats d'assurances dont ils certifient la vérité et pour lesquels ils fixent le taux des primes. A l'inverse de ce qui se passe dans les assurances terrestres (vie, incendie, accidents, etc.), le courtier maritime est responsable de son œuvre. Le fait qu'en Espagne le législateur songe à étendre le rôle du courtier juré montre qu'il a été frappé des inconvénients et des dangers du courtier libre et qu'il a voulu transformer son rôle pour sauvegarder les intérêts des assurés.

Quoique irresponsable, le rabatteur d'assurances fait payer très cher son intervention. L'assuré ne s'en aperçoit pas, parce que la rémunération de l'agent est comprise dans la prime, mais nous montrerons bientôt par quelques exemples qu'elle est très élevée pour le service rendu à l'assuré, si service il y a. Au fait, quels services rend-il à l'assuré ? Voici ce que dit à cet égard un conservateur en matière d'assurances, M. Villetard de Prunières :

« On ne peut contester que les commissions allouées
« aux agents chargés de rechercher les adhésions aient
« une influence sérieuse sur le taux du chargement et,
« par suite, de la prime. Mais il faut reconnaître en
« même temps que ces commissions correspondent à
« des services réels rendus tant à la cause de l'assu-
« rance qu'aux assurés eux-mêmes. Sans la propagande
« active, *souvent même ardente*, des agents, l'assurance
« ne se serait jamais répandue ; et d'autre part, l'assuré
« qui se plaint de supporter la commission payée à

« l'agent, ne saurait nier le plus souvent que c'est à
« l'initiative de cet agent qu'il doit de bénéficier de
« l'assurance [1]. »

Ainsi l'agent n'est qu'un propagandiste, au moins au
regard de l'assuré ; s'il rend d'autres services à l'assureur, celui-ci n'a qu'à le rémunérer comme un salarié
ordinaire. Son rôle est de faire comprendre les bienfaits
de l'assurance et de décider les attardés.

Malheureusement pour l'assuré, qu'il soit convaincu
depuis longtemps de la nécessité de l'assurance, ou
qu'il ait eu besoin des chaudes exhortations d'un agent,
il doit payer indifféremment la commission. Il n'y a
pas deux tarifs dans les Compagnies, et elles ne font
pas de meilleures conditions à ceux qui viennent leur
acheter *directement* leur garantie. Il y a toujours quelqu'un qui encaisse la commission. La conclusion, c'est
que le mécanisme actuel du courtage est celui de la
persuasion payée obligatoire. Remarquons en passant
que les publicistes, comme M. Villetard de Prunières,
très hostiles à l'assurance pas l'État, à cause du caractère obligatoire qu'ils lui supposent, ne sont pas frappés de ce qu'une certaine obligation existe dans le système actuel et que la prévoyance spontanée s'y trouve
plus malmenée qu'elle ne le serait dans la prévoyance
obligatoire.

Sans nier que dans une certaine mesure l'activité des
agents n'ait eu pour résultats de répandre et de vulgari-
ser les principes de l'assurance, nous estimons cepen-

---

1. *De l'assurance contre les Accidents du Travail*, p. 71.

dant que, dans la réalité, le rôle de l'agent n'est pas celui qu'indique M. Villetard de Prunières. L'agent fait des affaires, ce n'est pas un apôtre. Ce qu'il cherche, c'est à recruter le plus de clients possible pour sa Compagnie, au besoin en prenant ceux des autres. Qu'on soit assuré ou qu'on ne le soit pas, on n'échappe pas à ses sollicitations. Il poursuit non seulement la réalisation de contrats, mais encore la résiliation de ceux qui sont faits à des Compagnies concurrentes. Et c'est vraiment plutôt pour vanter les mérites de l'entreprise qu'il sert et dénigrer l'établissement concurrent qu'il développe cette ardeur dont on nous parlait tout à l'heure. C'est par les agents que les Compagnies se font concurrence, et pour stimuler leurs efforts elles augmentent le taux d'une commission qui est en fin de compte supportée par l'assuré. Quoi qu'on veuille dire, il est bien difficile de voir en eux, au moins en ce qui touche la recherche des affaires, autre chose que des intermédiaires inutiles, et on ne peut que se ranger à l'avis du Bureau Fédéral Suisse qui, dans son rapport de l'année 1901, n'hésitait pas à les qualifier de parasites de l'assurance.

Taux des courtages. — Les Compagnies ne se sont pas contentées. dans un esprit de concurrence, d'élever le taux de leurs courtages, elles ont imaginé de rendre cette rémunération plus alléchante encore en la payant d'un seul coup au courtier, au lieu de lui en faire la remise au fur et à mesure des paiements de l'assuré. Supposons, par exemple, qu'un courtier apporte à une Compagnie un contrat souscrit pour 10 ans, moyennant une prime de 200 fr. Sur un taux de commission de 25 o/o de la prime, le courtier toucherait chaque année 50 fr. La Compagnie peut lui payer d'avance les 500 fr. qu'il aurait à toucher pour toute la période du contrat. C'est ce qu'on a appelé l'escompte des commissions. On comprend que peuvent faire de telles opérations, seules, les Compagnies riches, qui disposent de larges disponibilités. Elles attirent ainsi à elles les meilleurs courtiers, les producteurs, comme on dit en argot du métier, et elles rendent aux Compagnies nouvelles, moins riches, la production sinon impossible, au moins très difficile.

Voici ce que dit, à propos des commissions dans l'assurance Incendie, M. L. Debrock, un professionnel, dans un ouvrage déjà cité[1] :

« Les 107.694.136 fr. de primes nettes reçues en 1899 « par 20 Compagnies leur ont coûté 25.838.685 fr. de « commissions. »

« Combien d'assurés savent-ils que *le quart* de leurs « primes est versé aux intermédiaires ? »

« Le taux des commissions varie suivant la nature « des risques, mais leur pourcentage moyen a été de « 23,99 en 1899. »

Ajoutons qu'en 1908, d'après les statistiques de l'*Argus* (n° du 27 juin 1907), ce pourcentage était de 25,73, c'est-à-dire supérieur au quart des primes. Depuis

____

1. *Les Assurances contre l'Incendie, Réformes nécessaires*, par Louis Debrock, p. 60 et suiv.

20 ans le taux moyen des commissions n'a fait que croître, passant de 23 à 26 o/o.

« Les commissions payées sur les primes des risques
« simples et agricoles, poursuit, M. Debrock se divisent
« en remises escomptées et annuelles.

« A Paris, les grandes Compagnies escomptent, c'est-
« à-dire payent toute la commission au comptant, et
« dans les villes comme Lyon, Marseille, Bordeaux,
« Lille, Nantes, elles escomptent ordinairement par
« moitié. Pour les autres agents elles commissionnent
« par annuités.

« Les Compagnies de second ordre escomptent à
« peu près partout au moins la moitié de leurs com-
« missions sur risques simples.

« A l'exception de celles ayant pour objet des assu-
« rances de grands magasins, les commissions escomp-
« tées portent sur assurances moins importantes que
« celles d'usines, sur affaires moyennes et petites, dont
« les frais d'obtention et d'encaissement sont plus
« élevés que ceux relatifs aux grosses primes. Cepen-
« dant si les Compagnies cessaient d'escompter et sim-
« plifiaient leur organisation et érigeaient en agences
« principales les 2/3 de leurs sous-agences, en rappor-
« tant toutes les échéances de primes à 4 termes annuels
« et en adoptant la police collective, il est certain
« qu'elles pourraient réaliser sur les commissions des
« risques simples, comme sur celles des risques indus-
« triels, *une économie de 50 0/0.*

« De ces réformes la plus urgente est la suppression
« de l'escompte des commissions.

« Les Compagnies escomptent à Paris jusqu'à 250 o/o.
« C'est-à-dire qu'elles versent aux intermédiaires, qui
« leur procurent une assurance pour une durée de
« 10 ans, une commission égale A DEUX ANNÉES ET
« DEMIE DE PRIMES. Une assurance de risques simples
« à Paris d'une durée de 10 ans et d'une prime annuelle
« de 20 fr. donne 200 fr. en primes cumulées et se
« liquide en moyenne comme suit :

Commissions escomptées, le 1/4 de primes
    cumulées............................ 50 fr.
Frais généraux [1] 10 o/o................. 20 —
Primes non payées, 2 1/2 sur 10......... 50 —
Sinistres 15 o/o......................... 30 —
Bénéfices... 25 o/o..................... 50 —
       Somme égale................. 200 fr.

« D'où il résulte que pour recevoir une indemnité de
« 30 FR. [2], les trois quarts des assurés de Paris payent
« en moyenne 150 FR., déduction faite de la prime de
« première année que le le courtier leur abandonne.

« Donner 150 fr. à la Compagnie pour en recevoir
« 30, voilà le lot des assurés.

« On trouve que c'est révoltant et beaucoup de gens
« demandent pourquoi les Compagnies d'assurances
« ne diminuent pas leurs frais et ne baissent pas les

1. La moyenne pour les opérations de 1908 donne 19,47 o/o.
2. C'est-à-dire la moyenne des indemnités par assuré.

« primes des assurances mobilières sur risques sim-
« ples.

« C'est que les courtiers ne connaissent que les com-
« missions et qu'une Compagnie nouvelle a beau faire
« des rabais sur ses tarifs et de la publicité, si elle ne
« gaspille pas son capital social, en allouant en même
« temps des remises au moins aussi élevées que celles
« payées par les anciennes Compagnies, elle ne fait
« pas d'affaires ou en fait de mauvaises.

« L'escompte des commissions a été une des princi-
« pales causes de la ruine de beaucoup de Compagnies.
« Les frais de premier établissement et les commissions
« absorbent souvent en cinq ans le premier quart de
« leur capital. Dans ce cas on appelle un second'quart
« en faisant espérer aux actionnaires que les sommes
« dépensées en commissions escomptées seront bientôt
« récupérées. Seulement on continue à payer au comp-
« tant 250 fr. pour recevoir 100 fr., et comme dans
« une Compagnie de création récente les bénéfices se
« font attendre d'autant plus longtemps qu'elle ne peut
« pas être trop difficile dans le choix des risques et est
« forcée de consentir des rabais, cette espérance ne se
« réalise pas ; les directeurs et administrateurs, désireux
« de rester en place, luttent aussi longtemps que pos-
« sible, dépensent tout leur capital sans arriver à la
« période bénéficiaire, et finissent par céder leur por-
« tefeuille pour payer les dettes de la Compagnie.

« Mais si l'escompte des commissions rend l'exis-
« tence des Compagnies nouvelles a peu près impossi-
« ble ou la ruine à bref délai et si elle paralyse l'effort

« des Sociétés mutuelles, elle permet aux anciennes
« Compagnies riches et puissantes d'écraser toute con-
« currence sérieuse et de conserver un état de choses
« absolument abusif ressemblant beaucoup à un
« monopole, un accaparement, dont le public fait tous
« les frais. »

Dans son exposé, M. Debrock vise les risques dits
« simples » qui sont opposés aux risques des fabriques
et usines. Les chiffres qu'il nous donne montrent combien la prime est dans ce cas surchargée. Cela tient,
dit, à d'autres endroits, M. Debrock, à ce que les Compagnies assurent à des taux trop faibles les risques
industriels. Nous reviendrons sur ce point, car il a son
importance. L'assurance commerciale n'aboutit pas,
comme on le laisse trop souvent entendre, à une exacte
fixation des primes, les uns paient pour les autres et
cela ne saurait être. L'importance des commissions dans
l'assurance-incendie sera également mise en relief par
la statistique suivante que nous empruntons à l'*Argus* [1].

En 1907, les primes des 19 grandes Compagnies s'é-
levaient à 135 millions, sur lesquels il y avait :

Pour les sinistres.................	72	millions
Pour les commissions..............	35	—
Pour les frais généraux et impôts...	13	—
Le bénéfice, dit *industriel*, s'élevait à	15	—
et le bénéfice total à..............	26	—

Sans discuter ces chiffres, nous voyons que le taux

1. 27 juin 1909.

des commissions s'élève en moyenne à 26 o/o des primes nettes.

Dans les autres branches d'assurances, assurances contre les accidents, assurances sur la vie, le taux des commissions par rapport à la prime est moins élevé. Cela s'explique par le fait que la prime-incendie est dans la plupart des cas relativement minime pour l'assuré, aussi peut-on la surcharger sans que pour cela elle paraisse exorbitante. Il n'en serait pas de même dans l'assurance sur la vie. Dans celle-ci, on peut donner au courtier une rémunération assez alléchante en lui abandonnant le 1/2, les 2/3 ou la totalité de la première prime payée par l'assuré. Mais le nombre des primes payées étant souvent considérables, puisque dans certains cas les encaissements se poursuivent pendant toute la vie de l'assuré, on comprend que la commission, malgré son importance, devienne relativement petite si on la compare aux versements annuels reçus par les Compagnies. Ainsi en 1908, 15 Sociétés d'assurances sur la vie avaient encaissé :

> 195 millions pour primes d'assurances,
> 112 millions comme capitaux constitutifs de rentes
>
> soit : 307 millions.   [viagères,

Les commissions s'élevaient à 18 millions, soit 6 o/o des versements.

Ce taux paraît faible si on le compare à celui qu'on rencontre dans l'incendie, mais il faut remarquer qu'il porte sur le capital, et si on veut en apprécier l'importance, on n'aura qu'à le rapprocher de l'impôt de 4 o/o sur le revenu. *Le courtier d'assurance prélève sur l'épargne un impôt de 50 0/0 plus élevé que celui de l'État.*

Dans l'assurance contre les accidents, bris de glace, responsabilité civile, le taux des commissions est en moyenne de 17 à 18 o/o. Voici des chiffres que nous empruntons à l'*Argus*. En 1908, 14 Sociétés recevaient 82 millions de primes, sur lesquels elles avaient payé aux intermédiaires 14 millions, soit 17 1/2 o/o des primes.

Multiplicité des Courtiers. — Il est incontestable, d'après les chiffres que nous venons de citer, que la profession d'agent d'assurances ou de courtier est largement rémunératrice. Comme elle ne comporte aucune responsabilité, qu'elle n'exige pas de grandes capacités techniques [1], ni de longues études préparatoires, qu'elle ne demande pas de pénibles travaux et que tout le monde a des aptitudes physiques et intellectuelles suffisantes pour l'exercer, elle a séduit un nombre incalculable de personnes.

« Qui ne fait pas d'assurance aujourd'hui ? — dit
« plaisamment M. Debrock [2]. — Directeurs de journaux,
« gérants d'immeubles, clercs de notaires, concierges,
« sergents de ville, garçons de recettes, accordeurs de
« pianos, diseurs de monologues, somnambules, sans
« parler des courtiers de profession, tous font de l'as-
« surance, les courtiers sont devenus légion. »

1. Nous entendons ne pas confondre ici l'agent ou le courtier d'assurance avec l'inspecteur ou l'expert qui ont besoin d'un savoir professionnel.
2. Ouvrage cité.

Et plus loin :

« Actuellement les Compagnies ne demandent aux
« courtiers *aucune garantie de capacité professionnelle,*
« *ni de moralité,* et en cas d'incendie, quand on peut
« retrouver le courtier, il est rare qu'il puisse donner
« aux sinistrés les conseils et l'aide dont ils peuvent
« avoir besoin. »

L'Argus est du même avis :

« Puis il est arrivé ceci, dit-il[1], c'est que des gens
« absolument étrangers à l'assurance, alléchés par quel-
« ques pièces de cent sous à gagner, se sont improvisés
« courtiers : tels les sergents de ville, les concierges et
« profanes ; et pour enlever une affaire à un pro-
« fessionnel, ils n'ont pas hésité à dire à leurs amis :
« Assurez-vous par mon intermédiaire, vous n'aurez
« rien ou à peu près rien à payer la première année,
« car je vous ferai participer à ma commission. »

On conviendra que c'est un métier bien facile, que
celui où le premier venu peut remplacer le professionnel au pied levé, et ces diverses citations de publicistes,
fort au courant des choses de l'assurance, confirment
pleinement tous les griefs que nous avons formulés
contre le courtage tel qu'il est actuellement pratiqué.

Le courtier incompétent n'est pas à même de fournir
à l'assuré un contrat valable : irresponsable, il n'y a
aucun intérêt ; rémunéré d'après l'importance de la
prime, il pousse son client à l'augmenter inutilement.

1. *L'Argus,* journal international des assurances, 12 janvier 1908.

L'*Argus* reconnaît encore combien l'intermédiaire du courtier est souvent néfaste à l'assuré :

« Qu'arrive-t-il ? C'est que, la plupart du temps. les
« courtiers qui font les plus forts rabais ne sont pas les
« plus consciencieux. Comme un ouvrier mal payé, ils
« sabotent leur client, en ce sens qu'ils n'apportent
« point à la réalisation de l'affaire l'étude et les soins
« qu'elle nécessite. Et un beau jour, lorsqu'un sinistre
« se déclare, *l'assuré est fort étonné de se voir opposer*
« *quelque clause de déchéance* : d'où un procès en pers-
« pective, qui, fût-il gagné — ce qui n'est pas toujours
« le cas, — aura vite absorbé par les frais et les tracas
« qu'il occasionne le petit bénéfice que l'assuré s'était
« injustement taillé sur le dos du courtier. »

L'*Argus* ne fait dans ces lignes que le procès du courtier qui travaille à bas prix et fait à sa clientèle la remise d'une partie de sa commission. Mais c'est vainement qu'on voudrait limiter la critique à une catégorie de courtiers et en absoudre les autres. Un tel, quoique peu exigeant, est néanmoins fort consciencieux ; tel autre, malgré qu'il soit bien payé, est négligent ou ignorant. Le prix ne fait rien à l'affaire ; c'est le système qui ne vaut rien. Je parle pour l'assuré, bien entendu. Pour la Compagnie il est au contraire merveilleux, puisqu'il lui permet de toucher toujours des primes et de se dérober au moment du sinistre.

Clauses abusives des polices. — Les procédés de courtage en vigueur, l'escompte des commissions ont, non seulement une répercussion sur le montant des primes, mais encore sur la teneur des contrats. Ainsi s'expliquent une série de clauses assez curieuses, toutes établies en général au détriment de l'assuré. Celui-ci, à moins qu'il ne soit un homme averti, accepte communément de signer un contrat dont la durée est fixée habituellement à 10 ans. La Compagnie escompte la commission pour un laps de temps équivalent ; mais, comme elle prévoit que la police, par suite de diverses circonstances, pourrait bien ne pas durer aussi longtemps, auquel cas elle perdrait les commissions dont elle a fait l'avance, elle imagine un artifice qui a pour but de mettre cette perte au compte de l'assuré.

Ainsi dans les polices d'assurance contre l'incendie, il est ordinairement stipulé qu'en cas de cessation de commerce, de vente, de transfert, l'assuré s'oblige à payer deux années de prime à la Compagnie, à titre d'indemnité. — Vous entendez bien, vous cessez votre commerce, par conséquent vous faites disparaître le risque couru par la Compagnie, **vous lui devez pour cela une indemnité!** Est-ce odieux ou comique ? La plupart des assurés, dit M. Debrock, ne comprennent pas qu'on leur réclame une indemnité. C'est qu'ils ignorent que la résiliation de la police réduisant les bénéfices espérés sur leur engagement de dix ans, l'assureur s'est réservé le droit de récupérer la plus grande partie ou la totalité de la commission escomptée payée au courtier.

Ainsi, parce qu'il plaît à l'assureur de faire des avances aléatoires à des tiers, sans que l'assuré ait été appelé à les sanctionner, les principes les plus naturels et les plus équitables se trouvent violés. On doit, en vertu d'un contrat abusif, payer une prime, quelquefois élevée, alors même qu'elle est devenue entièrement sans objet.

D'autres fois, la police ne prévoit pas le montant de l'indemnité : elle se borne à assurer, coûte que coûte, la continuité de l'engagement, à défaut de quoi il y aura procès.

Voici un texte emprunté aux conditions générales d'une police accidents :

« Ce contrat engage non seulement le souscripteur,
« mais aussi ses hériters, représentants ou ayants
« droit ; il conserve encore son effet avec tout sous-
« cripteur qui constitue une Société ou avec toute
« Société qui se modifie. En cas de vente, le souscrip-
« teur s'oblige à faire payer par son acquéreur un
« transfert du présent contrat au nom de ce dernier.

« Toutefois ces diverses mutations devront être.
« signalées dans la huitaine à la Compagnie, et les
« nouveaux titulaires ne seront assurés qu'après signa-
« ture d'un avenant conforme.

« La police est résiliée de plein droit en cas de fail-
« lite ou de liquidation judiciaire ou de cessation pure
« et simple de l'exploitation, la prime de l'année cou-
« rante demeurant acquise à la Compagnie.

Il faut admirer sans réserve ces dispositions qui lient un assuré, non seulement pendant sa période d'activité, mais encore après qu'il a cédé son entreprise ou après sa mort. L'admiration dépasse toutes les limites quand on remarque en outre que ces dispositions ont permis aux Compagnies de tendre aux assurés un piège où il leur est trop facile de tomber. Il faut en effet que les mutations soient signalées *dans la huitaine* et qu'un avenant ait été signé, de sorte que les héritiers ou autre ayants droit sont forcément liés au premier assureur, mais que, malgré tout, si le sinistre se produit sans que la formalité de l'avenant ait été remplie, la Compagnie laissera le sinistre en compte à l'assuré. Excellente affaire où on reçoit sans avoir rien à donner en échange.

Réformes impossibles. — L'exagération des divers taux de commissions allouées par les Compagnies à leurs courtiers a frappé depuis longtemps bien des personnes, et on a proposé diverses réformes, mais aucune n'est susceptible d'aboutir tant qu'on conservera l'organisation actuelle de l'assurance.

M. Debrock, dont nous avons déjà cité l'ouvrage sur les réformes de l'assurance contre l'incendie, et qui est fort hostile à l'assurance par l'État, reconnaît que le taux des commissions en incendie devrait être abaissé de 25 o/o à 10 o/o; cela procurerait une économie de plus de 15 millions de francs.

Mais cette réduction de commissions ne peut évidemment se réaliser que par une entente unanime entre toutes les Compagnies. Si l'une, à l'exclusion des autres, pratiquait la réduction, elle verrait disparaître ses meilleurs agents qui iraient porter leur clientèle aux Compagnies concurrentes. Or, si les Compagnies ont un grand esprit de solidarité quand il s'agit de lutter contre les pouvoirs publics, elles sont par contre animées du sentiment de la plus vive concurrence quand il faut se départager le troupeau naïf et docile des assurés. Ce qui le montre bien, c'est l'échec de la modeste tentative toute récente signalée par l'*Argus*, qui avait pour objet de réduire de 25 à 20 o/o le taux de la commission Incendie.

L'organisation capitaliste et commerciale de l'assurance nous a conduit au régime abusif des commissions, celui-ci est la conséquence de celle-là.

L'assurance par l'État, en faisant disparaître une concurrence stérile, pourra seule dans une organisation rationnelle ramener à des limites raisonnables le nombre des agents nécessaires au fonctionnement de l'assurance et supprimer ce gaspillage d'une partie des primes allouée sous forme de courtages à de trop nombreux, inutiles et dangereux intermédiaires. On verra, plus loin, le système qui nous paraît propre à réaliser cet objectif et comment nous pensons qu'il est possible de supprimer le courtier sans laisser cependant le public, faute d'avertissements, oublier par négligence d'accomplir ses actes habituels de prévoyance.

CHAPITRE IV

Cherté de l'assurance

Cherté de l'assurance. — Chargements dans l'assurance sur la vie,
Tarifs minima. — Assurance Incendie. — Réductions possibles
par l'assurance d'État. — Chargements dans l'Assurance Accident.

Cherté de l'assurance. — Etant donné le
nombre considérable de personnes que l'assurance doit
rémunérer, actionnaires, fondateurs, directeurs, administrateurs, agents, sous-agents, courtiers, sans parler
du personnel technique, on ne sera pas étonné si nous
affirmons que l'assurance est chère et que, quoi qu'en
disent les conservateurs, la concurrence ne réduit pas
du tout sa valeur au plus juste prix.

On peut apprécier la cherté d'une marchandise en
rapprochant son prix de revient, le prix de fabrique, du
prix de vente. Dans l'assurance le prix de revient s'ob-
tiendra en cherchant ce que l'assureur doit débourser
pour indemniser les sinistrés. Cependant dans l'assurance sur la vie, ce rapprochement est difficile en raison
du mécanisme propre aux opérations viagères et de
l'importance des placements, et il faut procéder différemment.

Assurances sur la vie. — Dans l'assurance sur la vie on calcule d'abord la valeur d'une prime théorique qui indique ce que coûterait l'assurance si toutes les opérations se faisaient gratuitement. C'est la prime pure. La prime plus élevée qu'on réclame au client s'appelle prime brute ou prime commerciale.

La loi du 17 mars 1905, qui réglemente les assurances sur la vie, fixe par son article 9 un tarif *minimum* au-dessous duquel il est interdit de faire des assurances sur la vie.

Pourquoi cette mesure? Parce que les assureurs ont démontré au législateur qu'il était absolument impossible de pratiquer l'assurance à un taux plus bas sans courir à la faillite au grand dommage des assurés. La sécurité de ces opérations, dans lesquelles beaucoup engagent la totalité de leur épargne, ayant été considérée comme devant passer avant toute autre considération, la règle du minimun de prime a été posée.

Et cependant cette règle vient ébranler toute l'économie politique classique dont se réclament les assureurs. N'est-ce pas eux ou leurs défenseurs, qui proclament que la principale vertu du système actuel c'est la concurrence libre entre les Compagnies, qui a pour effet de réduire les primes au plus bas prix possible? Nul doute que la loi de 1905 n'ait donné un gros accroc aux principes, mais les assureurs français redoutaient la concurrence extrêmement active de Compagnies étrangères, qui séduisaient la clientèle par des tarifs un peu moins élevés que les leurs. On peut bien sacrifier les principes quand il s'agit de triompher de ses adversaires, et avec la loi le triomphe était certain.

Le tarif minimum qui a été adopté, a été, en effet, sauf quelques exceptions, le tarif des Compagnies françaises, avant la loi. Celles-ci s'étaient en effet formées en syndicat, elles avaient adopté les mêmes tables de mortalité et calculé leurs primes sur les mêmes bases. En sorte que la loi de 1905 a consacré purement et simplement leurs errements et a défendu qu'il soit fait de l'assurance à des prix inférieurs aux leurs. La conclusion, c'est que toutes les Compagnies travaillent aux mêmes tarifs ou à peu près. La concurrence subsiste toujours, non plus au bénéfice de l'assuré, mais à l'avantage du courtier dont on récompense plus largement le zèle quand il a pu persuader un client que la Compagnie A, dont il est l'agent, est bien supérieure à la Compagnie B.

Puisqu'il est reconnu officiellement que les opérations d'assurances sur la vie s'effectuent suivant un rythme en quelque sorte mathématique, qu'elles sont réglées par des lois tirées de l'expérience et tellement précises que toutes les Sociétés doivent rigoureusement les suivre, on ne voit plus très bien l'intérêt qu'il peut y avoir pour le public à laisser subsister un grand nombre de Sociétés, alors qu'il serait plus simple et plus économique de tout réunir dans un établissement, d'État. D'autant plus que celui-ci pourrait abaisser les tarifs. Il n'aurait pas en effet à lutter contre des concurrents, par conséquent pas à allécher des rabatteurs par des remises toujours plus fortes, pas à faire de la publicité tapageuse et onéreuse, pas à étaler un luxe inutile pour lui, mais nécessaire à l'entreprise privée qui veut inspirer confiance par sa richesse, enfin et surtout il n'aurait pas 20 ou 30 conseils d'administration à rémunérer et pas d'actionnaires à enrichir. Le seul moyen d'abaisser le prix de l'assurance sur la vie, c'est donc de substituer aux diverses Compagnie existantes une organisation d'État.

Montrons par quelques chiffres ce que coûte l'assurance sur la vie. Une publication officielle va nous permettre de comparer la prime théorique ou pure à la prime commerciale [1].

— Une assurance d'un capital de 10.000 fr. au décès, moyennant une prime payable pendant toute la durée de la vie, vaut théoriquement, souscrite à 25 ans. . . . . 154 fr. par an.

    Les Compagnies la vendent. . . 212 fr.

    Augmentation du prix de revient. *38 0/0*

    Souscrite à 40 ans, la valeur théorique est de . . . . 257 fr. par an.

    Les Compagnie la vendent . . . 323 fr.

    Augmentation du prix de revient. *26 0/0*

— Une assurance mixte d'un même capital, payable au décès, ou au bout de 20 ans à l'assuré s'il est vivant, vaut théoriquement, si elle est souscrite à 25 ans. . . . . 385 fr.

1. Formules et Barêmes des primes ou cotisations minima: Berger-Levrault et Cie éditeurs.

Elle est vendue. . . . . 455 fr.

Soit une augmentation du prix de revient de *18 0/0.*

Si elle était souscrite à 40 ans, cette augmentation serait de *17 0/0.*

— Une assurance d'un capital de 10.000 fr. au décès, *souscrite seulement pour 10 ans,* vaut à 33 ans, âge d'entrée, d'après la prime théorique.   94 fr.

Cette assurance est vendue par les Compagnies. . . . . 190 fr.

Soit une augmentation de. . . . *103 0/0*

Souscrite pour une durée de 5 ans seulement, la prime théorique vaut 85 fr. et la prime commerciale 180 fr., soit une augmentation de. . *111 0/0*

— Une rente viagère de 100 fr. par an, valant 1102 fr., est vendue 1194 fr., soit une augmentation de 8 0/0

— L'assurance d'un capital de 10.000 fr. payable au décès de l'assuré, seulement si le bénéficiaire survit, vaut à 35 ans, pour un bénéficiaire de 10 ans . . . . 196 fr.

Cette assurance est vendue . . . 278 fr.

Soit avec une augmentation de. . 42 0/0

La surcharge de l'assurance tient uniquement aux prix élevé des courtages et des frais d'administration. C'est un fait qui est en quelque sorte officiellement établi.

Il y a en effet deux tarifs minima. Le premier

s'applique aux Sociétés, inexistantes d'ailleurs, qui seraient à forme mutuelle et qui n'alloueraient, dit le règlement, aucune rétribution, sous quelque forme que ce soit. Le deuxième s'applique aux Sociétés réelles qui rétribuent l'acquisition des assurances.

La comparaison des 2 tarifs montrera nettement ce qu'on pourrait gagner à transformer l'assurance actuelle et à la remplacer par une mutualité d'État.

— Assurance d'un capital de 10.000 fr., prime payable pendant toute la durée de la vie :

	1ᵉʳ tarif	2ᵉ tarif	Différence	
Souscrite à 25 ans...	166	212	46	soit 29 o/o
Souscrite à 40 ans...	277	323	46	soit 16 o/o

— Assurance mixte pour un capital de 10.000 fr., payable au décès de l'assuré ou au bout de 20 ans, prime annuelle :

	1ᵉʳ tarif	2ᵉ tarif	Différence	
Souscrite à 25 ans...	414	455	41	soit 10 o/o
Souscrite à 40 ans...	454	497	41	soit 9 o/o

— Assurance d'un capital de 10.000 fr. au décès souscrite seulement pour 10 ans, prime annuelle :

	1ᵉʳ tarif	2ᵉ tarif	Tarif des Cⁱᵉˢ
Souscrite à 35 ans...	101	142	190
Écart..............		41 o/o	90 o/o

— Assurance d'un capital de 10.000 fr. payable au

décès de l'assuré si le bénéficiaire survit. Age de l'assuré 35 ans, âge du bénéficiaire 20 ans.

1er tarif	2e tarif	Différence
201	243	42 = 21 o/o

Les chiffres que nous venons de citer montrent qu'il y a un très large écart entre le prix de revient et le prix de vente et que celui-ci doit laisser de jolis bénéfices. Mais cela ne suffit pas aux Compagnies, qui cherchent à l'augmenter encore en faisant des bénéfices sur la mortalité. Elles y arrivent en n'acceptant leurs assurés qu'après qu'ils ont satifait à une visite médicale très sévère et qu'une enquête des plus minutieuses sur leur compte laisse augurer qu'ils sont appelés à la plus longue existence et qu'on ne court aucun risque avec eux. Pour permettre à nos lecteurs d'en juger, nous leur soumettons quelques passages d'un article de Paul Brousse, écrit il y a quelques années, sous le titre « Assurance Capitaliste ».

« D'après ces prémisses, voyons comment fonctionne « à Paris l'assurance en cas de décès.

« On a d'abord, pour l'écarter, jeté à l'État un os à « ronger. Aux termes de la loi du 11 juillet 1868, la « caisse publique d'assurance, en cas de décès, ne peut « assurer un capital supérieur à la somme de 3.000 fr. « Trois mille fr., une fois donnés, voilà le maximum « que peut attendre un Français, quelque prime qu'il « soit disposé à payer, pour sa femme et ses orphelins.

« Le champ de l'assurance, en cas de décès, est
« donc livré presque tout entier à l'exploitation des
« Sociétés privées. Quel sens devons-nous donner à ce
« joli mot « exploitation » ? Nous allons le voir tout à
« l'heure.

« A ses rares assurés, l'État ne fait pas passer aucun
« examen médical. Dès la seconde année, ses primes
« payées, bien entendu, l'assuré est tranquille. Il sait que
« s'il meurt, ses ayants droit seront payés. N'est-ce point
« logique ? On calcule les primes d'assurance d'après
« des tables de mortalité où les décès, j'imagine, ne
« sont pas tous causés par des accidents fortuits, mais
« aussi par des maladies. Si vous comptez, pour calcu-
« ler le chiffre des primes, les enfants, les vieillards,
« les affaiblis, les chroniques, vous avez le devoir
« humain d'assurer ces êtres qui leur sont chers ! Si
« vous n'y consentez pas, si l'Etat ne vous y contraint
« pas, vous réalisez un gain moralement illicite, un
« prélèvement capitaliste.

« Mais quel caractère a cet examen médical que font
« subir les Compagnies ?

« J'ai voulu le connaître *de visu*. Muni d'une analyse
« de mes urines, m'étant fait examiner par un maître
« de la science, bref, à un double point de vue, étant
« reconnu, quoique un peu emphysémateux, « bon pour
« le service », j'ai demandé l'assurance à deux puis-
« santes Compagnies étrangères. Après l'examen médi-
« cal du médecin de la Compagnie, la première m'a
« refusé net. Je n'ai pas encore calmé l'appréhension
« douloureuse des miens. L'autre m'a accepté, mais

« en m'imposant d'onéreuses conditions financières.

« Qu'arriverait-il d'un candidat à l'assurance qui por-
« terait la moindre tare physiologique réelle?

« Je ne l'eusse jamais cru si je n'avais pas tenté
« l'épreuve moi-même et avec les précautions préli-
« minaires que j'ai indiquées plus haut. Décidé-
« ment, comme les habits, l'expérience se fait sur
« mesure.

« Ainsi, défense à l'État d'assurer dans des condi-
« tions utiles, et admission au bénéfice de l'assurance
« par les Compagnies privées, uniquement de ceux-là,
« parmi le troupeau des humains, que l'on pourrait
« nommer les « immortels », s'il n'y avait pas les véné-
« rables membres de l'Académie Française.

« Avais-je raison de dire que tout le champ de la
« solidarité humaine était livré par nos lois à l'exploi-
« tation, dans le mauvais sens du mot, des Compagnies
« privées d'assurance?

« Qui donc, si l'État ne peut pas et si la Compagnie
« ne veut pas, assurera, pour le cas de décès, la grande
« majorité de la population française?

« Je livre ces réflexions à l'examen de la commis-
« sion parlementaire. »

(Petite République, 6 juillet 1902.)

Assurances contre l'incendie. — D'après
les chiffres que nous avons produits au chapitre III, on
a pu se rendre compte que l'assurance-incendie était
une des plus chères que nous ayons à supporter.

D'après les statistiques pour ainsi dire officielles des

Sociétés, sur les sommes versées par les assurés[1], 5o % seulement seraient destinées au règlement des sinistres. Mais ces statistiques sont officielles, c'est-à-dire qu'elles résultent des chiffres publiés par les Compagnies d'après leurs comptes-rendus financiers. — Or, ces derniers ne font pas connaître quelle est dans le chiffre « sinistres » la part qui revient aux assurés. Le terme « sinistres » pour les Compagnies comprend les indemnités et les dépenses de toutes sortes qu'ont entraînées les règlements, expertises, enquêtes, frais de justice, etc... De sorte que, quand on dit que l'assurance-incendie ne rend aux assurés que la 1/2 des primes qu'ils versent, on est au-dessous de la vérité. Combien coûtent les frais dans le règlement des indemnités ? Nous n'en savons rien, les Compagnies n'ayant pas cru devoir éclairer le public sur ce point.

Mais le vice le plus marquant de la tarification incendie, c'est le double arbitraire des taux de prime, et par rapport aux catégories de risques et par rapport aux diverses localités où sont situés ces risques.

Les assureurs-incendie n'ont pas fixé leurs primes comme les assureurs-vie d'après des statistiques et en demandant à chacun une somme qui soit en rapport avec le danger présenté par le risque. Il n'y a aucune espèce d'équité dans l'établissement des tarifs-incendie. Les risques simples, c'est-à-dire les moins dangereux, sont lourdement chargés par rapport aux risques dangereux.

---

1. L'*Argus*, commentant les résultats de l'année 1898, déclarait que 5o o/o est un maximum qu'il ne faut pas dépasser.

« Les tarifs empiriques et surannés des Compagnies
« sont à refaire entièrement sur d'autres bases, dit
« M. Debrok, et les taux de primes doivent être calculés
« sur l'importance des risques, ce qui ne se fait encore
« que par exception.

« Actuellement il est si peu tenu compte de la gravité
« exacte des risques que les Compagnies, n'ayant pas
« suivi les progrès et les développements de l'industrie,
« perdent depuis longtemps une dizaine de millions par
« an en assurant de veilles usines dépréciées pour des
« sommes représentant plusieurs fois leur valeur réelle.

« Les commissions allouées aux agents et aux cour-
« tiers sont follement exagérées et absorbent à peu près
« le quart des primes.

« Les frais d'administration sont également réduc-
« tibles.

« Si les assureurs ne sont pas satisfaits[1], nous pou-
« vons leur dire, sans crainte de nous tromper, que les
« assurés le sont encore moins, et si les uns parlent
« d'augmenter les tarifs, les autres ne sont pas loin de
« demander que ceux des risques simples et agricoles
« soient considérablement baissés, et que les petits
« assurés cessent de payer pour les gros.

« C'est que le public commence à se rendre compte
« qu'il est exorbitant qu'après 80 ans d'expérience, les
« Compagnies soient encore obligés de recevoir annuel-

---

1. Ces lignes ont été écrites après les résultats de l'année 1898,
qui n'avaient laissé pour 19 compagnies que *18 millions* de bénéfices. En 1908, ces bénéfices dépassaient *28 millions* (*Argus* du
27 juin 1909).

« lement une somme de primes représentant en
« moyenne le double de celle qu'elles versent en indem-
« nités aux sinistrés.

« Une longue prospérité a donné aux assureurs une
« quiétude excessive, et ils ne paraissent pas se douter
« que le mécontentement des assurés commence à
« être exploité par les politiciens socialistes qui comp-
« tent trouver dans la réalisation de cette vieille utopie
« de l'assurance par l'État, non seulement de la popu-
« larité, mais des emplois et des palliatifs à une situa-
« tion budgétaire très inquiétante. »

Nous avons tenu à donner jusqu'au bout cette cita-
tion, pour montrer que son auteur, ex-inspecteur d'assurance incendie, n'est pas partisan de l'assurance
par l'État. Ses remarques ne peuvent donc être quali-
fiées de tendancieuses.

Non seulement le tarif est trop cher pour les petits
risques, mais encore la manière dont la plupart des
personnes s'assurent vient l'augmenter. On est, en effet,
persuadé dans le public que pour être indemnisé il faut
s'assurer pour le double de la valeur des choses assurées. Cet état d'esprit résulte naturellement des dires
des courtiers, qui, étant payés d'après le montant de la
prime, cherchent à la faire la plus élevée possible. L'assuré fait ainsi une dépense inutile, parce que la
Compagnie ne base pas du tout son indemnité sur le
chiffre porté par la police, mais d'après la valeur des
objets perdus en tenant compte de leur état de vé-
tusté.

Enfin, ce qui est absolument inadmissible, c'est la

variation du tarif-incendie d'après les régions où sont situés les risques.

Quelle est l'origine de cette différenciation géographique des primes ?

La concurrence n'existe pas plus en assurance-incendie qu'en assurance-vie. Les principales Compagnies-Incendie sont syndiquées [1], et elles ont adopté un tarif identique. Il est donc absolument inutile de chercher de meilleures conditions en changeant de Compagnie. Cependant, dans certains départements, des mutuelles locales se sont fondées et ont pu faire une concurrence assez sérieuse aux Sociétés coalisées. Dans ces départements pour faire pièce aux Mutuelles, les Sociétés ont abaissé leurs tarifs.

On se trouve ainsi en présence d'une situation des plus bizarres. Deux risques *de même importance*, mais situés dans des régions différentes, sont l'objet de primes présentant entre elles un écart souvent considérable.

Voici par exemple le taux de la prime par 1.000 fr. de capital assuré, pour le risque « mobilier », dans un immeuble rangé dans le premier risque de la première classe :

---

1. Le Syndicat général Incendie comprend : le Phénix, l'Union, le Soleil, l'Urbaine, l'Aigle, la Paternelle, la Confiance, l'Abeille, le Monde, la Foncière, la Métropole, l'Union et le Phénix espagnol.

Le Comité syndical-incendie comprend : les Assurances Générales, la Nationale, la Providence. — Ces divers syndicats de Compagnies forment en outre une Union Syndicale.

Département ou localité.	Taux de la prime par 1.000 francs.
Loir-et-Cher	0,20
Lyon	0,50
Eure	0,40
Loire-Inférieure	0,60
Seine	0,75
Oise .... 0,80 et	0,90
Loire .... 0,90 et	1,00
Algérie	1,25

Il nous est absolument impossible d'admettre que le mobilier renfermé dans une maison construite en pierres ou en briques ou en matériaux analogues et couverte en tuiles ou en ardoises, c'est-à-dire présentant le minimum de danger d'incendie, brûlera cinq fois plus souvent dans la Loire que dans le Loir-et-Cher. La plupart des immeubles parisiens sont construits en matériaux incombustibles, poutres en fer, pierres ou briques, couverture en tuiles ou ardoises. N'empêche que le locataire paie pour assurer son mobilier 0,75 par 1.000, au lieu de 0,50 à Lyon, 0,40 dans l'Eure, 0,20 dans le Loir-et-Cher.

Cette différence de tarifs est encore plus accentuée quand le risque est plus dangereux.

Le risque mobilier dans un bâtiment en bois se paie :

> 4 fr. pour 1.000 à Paris,
> 0,60 .... dans le Loir-et-Cher,
> 1,00 .... dans l'Eure.

S'agit-il d'un risque industriel, mêmes différences.

Voici les variations du tarif des « *menuisiers* » pour quelques départements ou localités :

Loir-et-Cher........................... 0,60
Eure, Calvados, Seine-et-Marne 1,00
Seine 1,25
Eure-et-Loir 1,50
Algérie 2,00
Tunisie............................. 2,50

La transformation de l'assurrance aurait pour effet de faire cesser ces inégalités choquantes. Si on peut assurer les mobiliers à 0,20 pour 1.000 dans le Loir-et-Cher, pourquoi ne pas appliquer ce tarif à tout le monde ? Et si ce tarif est trop faible, comment admettre qu'on laisse les Sociétés l'appliquer dans un département uniquement pour fair échec à la mutualité ? N'est-ce pas là de la concurrence déloyale ?

Peut-être étonnerons-nous nos lecteur en leur annonçant que dans l'assurance-incendie les primes qui assurent certains risques sont payées deux fois. Bien entendu, le sinistre ne l'est jamais qu'une, l'assurance ne pouvant être pour l'assuré une source de bénéfices — c'est seulement pour l'assureur que la chose est possible. — Comment ces primes sont-elles payées deux fois ?

Les articles 1733, 1734, du Code civil rendent le locataire responsable envers le propriétaire des dégâts causés par l'incendie, à moins qu'il ne prouve que le feu est arrivé par cas fortuit ou force majeure, ou vice de construction, ou qu'il a été communiqué par une maison voisine. S'il y a plusieurs locataires, tous sont solidairement responsables de l'incendie, à moins qu'ils ne prouvent que l'incendie a commencé dans l'habitation de l'un d'eux, auquel cas celui-là seul est tenu.

Ainsi un locataire d'un appartement court le risque d'avoir à indemniser son propriétaire pour toute la valeur de l'immeuble dont il occupe seulement une partie, s'il est établi que le feu a commencé chez lui. Cette responsabilité existe, même si on ne prouve contre lui aucune faute, aucune négligence ou imprudence.

Cette disposition du Code civil est tout à fait exorbitante. En supposant une circonstance qui ne se présente pour ainsi dire jamais, que l'incendie qui éclate chez un locataire détruise une ville tout entière, on ne voit pas pourquoi le rédacteur du Code civil ne l'a pas rendu responsable de tout le dommage.

Lors de l'élaboration du Code civil, il n'y avait pas de Compagnies d'assurances, et les législateurs qui étaient propriétaires de fraîche date craignaient d'être dépossédés par un incendie. Mais actuellement l'assurance est organisée et les propriétaires peuvent pour une prime modique se garantir d'un tel danger. La responsabilité draconienne et injuste du Code civil devrait donc être supprimée. Nous disons injuste, parce que la responsabilité du locataire devrait être au moins limitée aux locaux qu'il occupe et non à la totalité de l'immeuble.

M. Debrock nous apprend qu'en Angleterre, même avant l'existence des assurances, alors qu'un incendie pouvait ruiner un propriétaire, la loi a toujours défendu

les poursuites « contre ceux dans la maison ou la
« chambre desquels le feu aura pris par accident, leur
« propre perte étant une punition suffisante de leur
« inattention ou de celle de leurs serviteurs. »

En France, où un texte aussi logique et aussi humain
n'est pas appliqué, le locataire n'a qu'une ressource,
c'est de s'assurer pour les dommages que le feu pourrait causer à l'immeuble de son propriétaire. Mais
comme en général le propriétaire s'assure de son
côté, voilà un risque pour lequel on paie deux fois la
prime.

Remarquons d'ailleurs que la prime qui est réclamée
au propriétaire est la même, que les locataires soient
ou ne soient pas assurés. On ne peut donc pas dire que,
dans l'établissement de la prime, l'assureur du propriétaire a fait état de ce qu'il avait un recours contre
l'assureur du locataire. Et si ce dernier n'est pas assuré,
le plus souvent ce recours ne pourra avoir qu'un effet
illusoire. Si le propriétaire habite son immeuble, on ne
lui réclamera pas une prime supplémentaire. Donc la
prime réclamée au propriétaire est bien établie sans
préoccupation de recours. On voit donc très clairement
que l'assurance de l'immeuble, lorsque les locataires
s'assurent pour le risque locatif, se trouve payée **deux
fois**.

Il y a plus, et en cette matière on ne saurait songer à
épuiser tout ce qu'elle renferme d'abusif, le locataire
qui s'assure pour le dommage éventuel qu'il pourrait
causer à l'immeuble paie *plus cher* que le propriétaire
lui-même !

Ainsi, à Paris, le propriétaire d'une maison d'habitation paie *0,10 pour 1000 fr.* pour assurer l'immeuble ; le locataire, lui, paie *0,30 pour 1.000 fr.*

Prenons un immeuble de 100.000 fr. habité par son propriétaire, il paiera pour l'assurer 10 fr. par an. Le même immeuble, s'il est occupé par divers locataires payant dans l'ensemble un loyer de 6.000 fr., donnera lieu, de la part des assureurs, aux perceptions suivantes :

1° Du propriétaire............................ 10 fr.
2° Des locataires 0,30 o/oo sur un capital
   de 90.000 fr.............................. 27 fr.

                     Total................ 37 fr.

Nous avons calculé l'assurance des locataires sur un capital de 90.000 fr. parce que les Compagnies basent le recours locatif sur 15 fois le chiffre du loyer.

Dans le second cas, les assureurs (nous prenons l'ensemble des assureurs), il est évident que les locataires s'assureront en général à des Compagnies autres que celle du propriétaire, toucheront une prime qui sera près de quatre fois celle qu'ils reçoivent dans le premier cas. Et le risque est exactement le même, car les assureurs prétendraient vainement que le locataire a moins d'intérêt que le propriétaire à ne pas mettre le feu chez lui. C'est un argument dérisoire et qui d'ailleurs ne peut se chiffrer.

Mais si encore avec une telle prime, tout le monde était garanti ! Chose peu croyable, le locataire, malgré qu'il ait payé l'assurance du risque locatif, ne peut pas

6

s'endormir sur ses deux oreilles, il peut être encore mis en cause et avoir à payer s'il est solvable.

Voici comment :

L'assurance du risque locatif est basée sur 15 fois le prix du loyer, *et l'assureur limite sa garantie à ce prix.* Dans une maison de 100.000 fr. où vous occupez un appartement de 1.000 fr., la limite de la garantie de l'assureur est de 15.000 fr. Si le feu prend chez vous, gagne tout l'immeuble et le détruit, le dommage est de 100.000 fr., mais, votre Compagnie ne vous couvrant que jusqu'à concurrence de 15.000 fr., les 85.000 fr. restants sont à votre charge. L'assureur de votre propriétaire ne manquera pas de vous les revendiquer, et son premier soin sera de faire opposition, entre les mains de votre assureur, au paiement de l'indemnité qui vous est due pour la disparition de votre mobilier.

Les recours contre les locataires ou leurs assureurs occasionnent beaucoup de perte de temps, de difficultés, de procès, et ne couvrent pas toujours les propriétaires, tout en ruinant trop souvent les locataires.

Il nous faut parler encore du recours des locataires contre le propriétaire. — La responsabilité du propriétaire est définie par les articles 1386 et 1721 du Code civil. Elle est très sérieuse, et fréquemment on fait la preuve que l'incendie est dû à un vice de construction, poutres passant trop près des foyers, cheminées mal agencées, calorifères défectueux, etc... Ici ce sont les risques mobiliers qui se trouvent assurés deux fois.

Ces diverses observations montrent à quelles chinoiseries on arrive en matière d'assurance-incendie. Les primes sont payées pour une garantie problématique, et les procès multiples viennent retarder le paiement d'une indemnité qui devrait être payée immédiatement pour soulager l'assuré frappé par un désastre. Quoi qu'on dise, ces considérations nous paraissent d'un poids énorme dans la balance des arguments favorables ou défavorables à la transformation de l'assurance. Quand celle-ci sera un organisme d'État, qu'il n'y aura qu'un assureur, on pourra supprimer tous ces recours qui font l'objet de procès de Compagnie à Compagnie. Le propriétaire s'assurera pour son immeuble, les locataires pour leurs meubles, et en cas de sinistre chacun aura droit à la réparation du dommage qui lui aura été causé.

Assurance contre les accidents, la responsabilité civile, etc...

L'assurance contre les accidents est aussi fort onéreuse, sans toutefois l'emporter dans cet ordre d'idées sur l'assurance contre l'incendie.

D'après le *Moniteur des Assurances*, le résultat des opérations de 1905 se traduisait par les affectations suivantes des primes encaissées[1].

Sinistres et frais médicaux................	66,11
Commissions..........................	16,13
Frais généraux........................	11,41
Bénéfice.............................	6,35
Total	100.00

---

1. Moyennes générales de 14 Sociétés par actions.

Dans les sinistres sont évidemment compris les frais judiciaires et de règlement.

Il faut tenir compte en outre qu'aux bénéfices qui résultent de la différence entre les primes et les sinistres viennent s'ajouter d'autres bénéfices accessoires, les recours contre les assurés, les bénéfices sur les rentes viagères faites aux blessés ou aux ayants droit des victimes. Sans qu'il soit possible de chiffrer exactement toutes ces recettes, on peut avec une approximation suffisante estimer que 100 fr. de primes versées à la Compagnie sont ainsi employés :

```
Sinistres.................................... 6o fr.
Frais de gestion et autres............ ... 3o fr.
Bénéfice .................................. 10 fr.
```

L'assurance ne coûte pas tout à fait aussi cher que dans l'incendie, mais on voudra bien reconnaître qu'il est désirable que l'entreprise d'assurance n'absorbe pas 40 % de la prime, ce qui correspond à une surcharge de la prime théorique de 66 %.

Il est tout particulièrement intéressant d'étudier, au point de vue du coût, l'assurance contre les accidents du travail, à cause de la portée sociale de cette assurance. Cet intérêt s'accroît encore de ce qu'il est possible de comparer les résultats obtenus en France, où l'assurance est libre et pratiquée par des entreprises privées, des résultats constatés dans les pays voisins, où l'assurance est obligatoire et organisée par l'État, comme en Allemagne.

Le 5e rapport sur l'application de la loi sur les accidents du travail nous apprend que l'ensemble des primes ou cotisations reçues par les assureurs a été de 82 millions environ, qu'il a été payé :

Pour commissions.......... 7.830.000 fr. environ
Pour frais généraux....... 8.760.000 fr. —
au total.............. 16.590.000 fr.

soit 20 % des primes ou cotisations.

Mais ce calcul ne donne qu'une idée imparfaite de ce que coûte l'assurance, car dans l'ensemble des Sociétés il y a des mutuelles qui n'allouent pas de courtage. Pour avoir des chiffres relatifs aux assurances commerciales, faisons le rapprochement ci-dessous pour les Sociétés à primes fixes :

Primes... 56.000.000.
Commissions............. 6.700.000 fr.
Frais généraux.......... 6.500.000 —
Total.......... 13.200.000 —

soit plus de 23 % des primes.

Si nous poursuivons l'étude des résultats accusés par les Sociétés à primes fixes françaises ou étrangères, nous voyons que le règlement des sinis-
tres coûtait . . . . 38 millions
Les frais médicaux et pharmaceutiques. 7 —
Les frais judiciaires . . . . 1 —

Ces chiffres montreraient que les Sociétés ne retirent aucun bénéfices de l'exploitation des assurances contre les accidents du travail. Or, comme toutes les Sociétés de ce genre qui pratiquent ces opérations, ont considérablement augmenté leurs dividendes [1] depuis l'appli-

---

1. Exception faite pour 2 ou 3 qui ont dû suspendre le dividende.

cation de la loi, on est obligé de penser qu'elles truquent les chiffres qu'elles envoient au Ministre du Travail. D'après l'*Argus*, les dividendes annuels touchés par les actionnaires, pour 14 Sociétés, auraient passé de 2.400.000 en 1898 à 3.200.000 en 1908, soit une augmentation de 33 %.

L'examen de quelques Sociétés en particulier montre que cette augmentation atteint quelquefois 50 % et même 100 %.

L'Abeille, la Prévoyance, l'Urbaine, doublent ou presque leur dividende depuis la mise en train de la loi.

L'augmentation des bénéfices généraux [1] est encore plus accentuée que celle des dividendes. De 1902 à 1908, le bénéfice annuel augmente de :

123 % à la Préservatrice,
120 % à l'Abeille,
133 % à la Prévoyance,
109 % à l'Urbaine,
 60 % à la Winterthür,
108 % à la Zurich.

Ce qui montre que les Sociétés augmentent non seulement les dividendes, mais qu'elles peuvent encore constituer de grosses réserves. Cela leur permettra de supporter plus facilement le manque à gagner qu'entraînera pour elles la réalisation de l'assurance par l'État.

---

1. Nous entendons ainsi le bénéfice accusé par les Sociétés dans eur compte-rendu, toutes opérations réunies, assurances accidents du travail et autres assurances.

Puisque bénéfice il y a, il faut bien qu'il provienne de quelque part. On a essayé de faire croire que les Compagnies ne retiraient des bénéfices que des assurances diverses, chevaux et voitures, accidents personnels, etc..., non régies par la loi du 9 avril 1898. Si cela était vrai, étant donné l'importance de ces bénéfices, qui permettent aux actionaires de recueillir 20, 24, 26, 37 et même 54 % du capital versé, il faudrait en conclure que l'assurance dite « *Droit Commun* », parce qu'elle n'est pas régie par la loi accidents du travail, se traite à des prix exagérément élevés.

Ordinairement on considère que l'assurance doit rapporter comme bénéfice à l'entrepreneur 10 % des primes. Il suffit, pour justifier ce chiffre, de lire le compte rendu des situations financières des journaux d'assurances, comme le *Moniteur des Assurances*, l'*Argus*, la *Semaine*, etc... Tous ces journaux, quand ils constatent un bénéfice industriel de 5 à 6 %, estiment que les résultats ne sont pas très heureux et qu'il y a lieu d'espérer mieux dans l'avenir.

Si donc les assureurs n'obtiennent pas de bénéfices comme ils le disent dans les accidents du travail, les patrons auront à subir une élévation des primes. Cette augmentation est d'ailleurs constatée par les rapports officiels, depuis l'entrée en application de la loi du 9 avril 1898.

Il faut donc s'attendre, lorsque les assureurs auront suffisamment augmenté les taux de leurs primes pour avoir les bénéfices qu'ils considèrent comme normaux, à ce que le mécanisme de l'assurance n'absorbe plus

23 % de la prime, mais bien 23 %, mettons en chiffre rond 30 %.

Voyons maintenant, dans un pays où fonctionne l'assurance d'État, où l'assurance est obligatoire, à combien s'élève la portion de prime absorbée par l'établissement d'assurance.

Les corporations industrielles allemandes ont dépensé, en 1906, 133 millions de marks pour 8.600.000 d'assurés correspondant à 7.500.000 travailleurs complets. Les frais d'administration des Caisses se sont élevés dans la même période à 9.500.000 marks[1].

Mais, pour être complets, il nous faut ajouter à ces dépenses celles qui résultent des incapacités temporaires, lesquelles sont en Allemagne à la charge des Caisses de maladie. D'après le rapport officiel allemand, les caisses de maladie, en 1906, ont vu leurs charges s'élever à 257 millions de marks avec une dépense administrative de 15 millions. Comme ces caisses assuraient 12.000.000 de personnes, la dépense moyenne par assuré était de 21 marks 9 et les frais d'administration par tête de 1.31.

Or, on admet[2] que, dans les dépenses supportées par les Caisses de maladie, 10 % couvrent les charges de ces caisses pour les accidents du travail, soit donc 2 m. 19 par assuré avec une dépense administrative de 0,13.

Les 8.600.000 assurés des corporations industrielles allemandes ont donc coûté, au point de vue incapacité

---

1. *Amtliche Nachrichten des Versicherungsamts* — janvier 1908, tableau III.

2. Voir article de M. Füster, *Aide Sociale* du 30 avril 1909.

temporaire (traitement pendant les 13 premières semaines), 19 millions de marks, avec 1.130.000 marks de frais d'administration.

Réunissons maintenant les dépenses, et les frais d'administration supportés directement par les corporations et ceux qui sont supportés par les Caisses de maladie pour accident du travail :

Dépenses.................... 152 millions de marks (152.090.711)

Frais administratifs.......... 11 millions de marks (10.630.000)

Les frais administratifs représentent donc 7 % des dépenses.

Ainsi l'administration d'assurance, lorsqu'elle coûte 23 fr. en France, ne coûte que 7 fr. en Allemagne, soit 3 fois moins.

Et encore faut-il tenir compte de ce fait que les chiffres allemands sont donnés sans préoccupation de dissimulation, tandis qu'il ne saurait en être de même des chiffres donnés par les Compagnies françaises. Ce n'est certes pas à 23 % de la prime qu'on doit tabler la part de la prime absorbée par l'assureur ou des agents, mais bien à 30 %, comme nous l'avons dit plus haut.

L'assurance accidents du travavail coûte en France, en moyenne, 2 fr. 35 pour 100 francs de salaires[1], contre 1,97 en Allemagne. Et cependant le mécanisme financier de l'assurance en Allemagne devrait aboutir

---

1. Dernier chiffre publié par l'Administration.

à une moyenne plus élevée qu'en France, parce que les Allemands ont adopté le système de la répartition, plus onéreux que celui de la capitalisation suivi en France.

Ces résultats ne sauraient surprendre. Ils étaient prévus avant la mise en train de la loi. En 1900, M. le Directeur de l'Assurance et de la Prévoyance sociale s'exprimait ainsi :

« Des deux objectifs de l'assurance obligatoire
« réglementée : *a*) certitude de paiement des indemni-
« tés dues ; *b*) bon marché des primes par la totalisa-
« tion des risques et l'absence de *bénéfices de gestion*
« (des Compagnies), la solution législative française
« atteint le premier, qui est, à tout prendre, l'essentiel.
« Elle préfère au second (le bon marché des primes)
« la liberté de couverture. »

Dans un rapport que M. Paul Spire a déposé au nom de la Chambre de Commerce de Nancy, on relève cette conclusion :

« La loi sur les accidents nous a donné quelques
« mécomptes ; nous ne devons pas nous en étonner,
« cela est général, quel que soit le pays. Toute loi sur
« les accidents a donné pareil résultat et chaque pays
« recherche le remède adapté à son tempérament.

« La loi sur les accidents doit, en France, nous reve-
« nir plus cher qu'ailleurs, parce que nous l'avons
« voulu.

« La non-obligation est un luxe qui se paie. Nous
« avons préféré la solution élégante, c'est au détriment
« de la bourse. Il est bien certain que la solution

« idéale, au point de vue rendement, serait l'obligation
« pour tous, le recouvrement des primes comme en
« matière d'impôt. »

CHAPITRE V

Insécurité de l'assurance
par suite des conditions du contrat

Manque de sécurité pour l'assuré par suite des conditions du
contrat. — Silence de la loi. — Liberté absolue des conventions. — Responsabilité de l'assuré. — Les déchéances. — Exécution intégrale des conventions, même quand elles sont draconiennes. — Projet de législation du contrat d'assurance. —
Les assureurs en majorité dans la Commission feront sanctionner par la loi la plupart des errements actuels. — Exemples de
déchéances dans l'assurance-Vie, — dans l'assurance-Incendie, —
dans l'assurance-Accidents. — L'assurance ainsi comprise n'est
plus une institution de prévoyance.

Du Contrat d'Assurance. — L'assurance
permet à l'homme de ne plus redouter les conséquences d'événements malheureux qui pourraient le
ruiner ou tout au moins troubler sa situation. C'est une
garantie de stabilité qu'il achète. Avec elle, il pense que
les résultats de son travail et de son épargne ne seront

pas à la merci d'un hasard malencontreux. Il est ainsi encouragé et stimulé dans son effort et il peut dire : « Je ne travaille pas en vain. »

Cette précieuse garantie, nous venons de le voir, les assureurs la font payer très cher. Mais celui qui l'achète peut-il compter à ce prix sur une sécurité complète? Peut-il espérer dans tous les cas le secours qu'on lui promet et bannir de son esprit la crainte de la ruine, pour lui ou pour les siens? Nous sommes certains de ne surprendre personne en affirmant que l'assurance actuelle ne donne nullement une pareille tranquillité.

En réalité, la garantie qu'il a achetée est précaire. Tout n'est pas d'être assuré, il faut, suivant le dire des bonnes gens, « *être bien assuré* ». Or, ce n'est pas chose commode, comme nous allons le voir.

Quand on s'assure, on signe un acte sous-seing privé, dénommé « police d'assurance », qui engage l'assureur et l'assuré pour un temps quelquefois fort long, dix ans le plus souvent. Cette police, ou contrat, mentionne les conditions de la garantie et précise les engagements respectifs des parties en présence. Si l'assuré ne se conforme pas aux stipulations du contrat, il lui sera reproché d'avoir manqué à ses engagements, et la Compagnie, sur ce motif, refusera d'exécuter les siens.

Or, si les conditions du contrat sont nombreuses, minutieuses, si l'assuré en est mal informé, il pourra, de bonne foi, en négliger un certain nombre. Il sera alors « mal assuré ». Et quand on est mal assuré, lorsque survient le sinistre, la Compagnie, au lieu d'offrir la réparation du dommage, invoque contre son client une clause de déchéance, prévue au contrat. Elle n'a pas d'indemnité à payer. Elle a encaissé des primes, qu'elle conserve dans tous les cas, et n'a rien à débourser. C'est une excellente opération.

Comme l'assurance est exploitée commercialement, c'est-à-dire dans le but d'en retirer le plus grand bénéfice possible, on comprend que plus nombreux seront les cas où la garantie de l'assureur ne jouera pas, plus grands seront ses bénéfices. Par la nature même des choses, il se trouve ainsi porté à multiplier les clauses de déchéance.

Peut-on penser que l'assuré déçu pourra, en saisissant les tribunaux, faire trancher équitablement le litige ? Non, parce que les tribunaux ne statuent pas en équité, mais en droit. Les conventions stipulées font la loi des parties qui les ont acceptées, à moins qu'elles ne soient illicites, et les juges doivent se borner à les interpréter, lorsque le sens n'en est pas absolument clair et précis.

En signant une police, l'assuré s'engage donc à se soumettre entièrement à la loi de l'assureur. C'est à lui à la bien connaître. Cette loi est transcrite dans les premiers feuillets du contrat en caractères minuscules, sous le titre « Conditions Générales ». Voyons suivant quels principes elles ont été établies.

Silence de la loi. — Nos Codes ne renferment aucune disposition relative aux assurances terrestres.

Le Code de Commerce, articles 332 jusqu'à 396, pose les principes de l'Assurance Maritime seulement, et nous verrons que certaines de ces dispositions ont été étendues à tort aux autres assurances.

Le législateur ne s'est nullement hâté de combler cette lacune de nos lois. Deux textes législatifs, visant seulement des points de détail, ont été promulgués à des dates assez récentes. L'un, du 19 février 1889, est relatif à l'attribution des indemnités dues par suite d'assurances. Il est fort imparfait, et la modification en a été demandée par plusieurs membres du Parlement. L'autre, du 2 janvier 1902, est relatif à la compétence en matière d'assurance[1]. Bien entendu, nous laissons ici de côté toutes les lois touchant le droit public ou fiscal. Nous n'avons en vue que les rapports de l'assurance avec le droit privé.

On dit volontiers, dans les milieux juridiques, que la jurisprudence a suppléé au silence de la loi, qu'elle a élevé un monument très méritoire, peut-être supérieur à ces textes législatifs, mal conçus et mal énoncés comme ceux que confectionne habituellement le Parlement. Nous nous élevons vivement contre cette assertion. Non pas que nous déniions toute valeur au tra-

---

[1]. Avant la loi du 2 janvier 1902, les assureurs avaient la coutume d'insérer dans les polices une clause aux termes de laquelle les partis (assureur et assuré) convenaient d'attribuer compétence au tribunal du domicile de l'assureur. Par ce procédé la plupart des Compagnies, ayant leur siège social à Paris, obligeaient leurs assurés de province à les assigner devant le tribunal de la Seine et par là elles rendaient cette action fort onéreuse, difficile et quelquefois impossible, ce qui était tout profit pour elles.

vail des juges. Nous reconnaissons qu'ils prennent assez souvent, et quand ils le peuvent, la défense de l'assuré. Mais l'occasion est rare. Les assureurs sont des juristes habiles, il n'est pas commode de trouver le défaut de leur cuirasse.

Les assureurs, grâce au silence de la loi, ont pu rédiger à leur guise les conditions générales des contrats, et ils les ont imposées à l'assuré. Celui-ci ne se trouve pas dans la situation d'une personne qui débat au préalable, avec son co-contractant, les conditions d'un engagement. En fait, les Compagnies sont syndiquées et emploient des formules équivalentes : l'assuré est isolé, il doit subir la loi du contrat qu'on lui propose, ou ne pas s'assurer.

Les conventions qu'on lui impose sont, à plus d'un égard, draconiennes. Les juges s'en sont bien aperçus, et ils ont quelquefois, dans la mesure où cela leur était possible, essayé de les éluder en prétextant de l'obscurité ou de l'imprécision des textes. Ces décisions n'ont pas servi la cause des assurés. Les Compagnies, mises en éveil par un échec judiciaire, remaniaient le texte de leurs polices, pour que celles-ci ne puissent prêter aux critiques des juges, tout en atteignant le but poursuivi, qui est toujours la déchéance de l'assuré. Dire que nous devons à la jurisprudence cet ensemble d'obligations multiples et impératives, qui, non exécutées à la lettre, mettent le prévoyant assuré dans une posture plus fâcheuse que l'homme imprévoyant, c'est donc lui faire injure.

Il n'est pas sans intérêt de reproduire à ce propos

l'opinion de M. Thaller, professeur à la Faculté de droit de Paris [1] :

« On a abusé, dit-il, dans la police de ces formules
« qui obligent l'assuré à procéder par voie de déclara-
« tion : dans l'assurance contre l'incendie, si l'assuré
« vient à mourir, les héritiers doivent se faire connaître
« dans un délai déterminé; s'il vend son immeuble, la
« mutation devra être dénoncée à l'assureur pour que
« le contrat continue ses effets au profit de l'acquéreur.
« Il en est ainsi quand même les conditions du risque
« ne seraient pas changées en fait, l'acheteur ne pre-
« nant pas présentement possession de l'immeuble.
« *Les tribunaux partent de l'idée que toutes les disposi-*
« *tions contenues dans cette partie imprimée des polices*
« *lient l'assuré de la même manière que les dispositions*
« *manuscrites.* Il les a acceptées en y mettant sa signa-
« ture. Il serait irrecevable à se soustraire à leur obser-
« vation sous le prétexte qu'il n'en a pas pris lecture.
« C'est pousser peut-être le principe du respect du con-
« trat au delà de ce que l'équité commande, et même
« procéder parfois au rebours de l'équité : **L'accusé**
« **subit la déchéance pour avoir négligé des**
« **formalités dont il ne se savait même point**
« **tenu.** Ce fait rend d'autant plus regrettable le parti
« qu'a suivi jusqu'à présent le législateur français en
« s'abstenant de réglementer l'assurance contre l'incen-
« die. Une loi bien faite serait plus protectrice des in-

1. *Traité de Droit commercial*, n° 759.

« térêts de l'assuré que ces conditions générales *établies*
« *par les assureurs tout à leur avantage*[1]. »

Responsabilité de l'Assuré. — Quelle que

soit la nature de l'assurance contractée, vie, incendie,
accidents, etc..., les conditions générales posent en
principe fondamental que le contrat est rédigé d'après
les déclarations de l'assuré et sous sa responsabilité.
Qu'est-ce à dire ?

Lorsqu'on présente un risque à la Compagnie dans
le but de l'assurer, la Compagnie pourrait le faire examiner par ses préposés, en exigeant, bien entendu, de
son client toutes facilités pour que cet examen soit sincère et complet. Cela fait, rien de plus simple que de
définir ce risque par rapport au tarif de la Compagnie
et de fixer la prime. L'assureur, ayant étudié l'importance du risque qu'il entend garantir, ne pourrait
ensuite prétendre qu'il n'a pas été bien informé de
l'affaire qu'il a acceptée : engagé, il serait responsable.
Cette méthode serait claire et loyale.

Ce n'est pas ainsi que les Compagnies entendent procéder. Elles exigent que l'assuré *définisse lui-même*
très exactement le risque, de manière que la Compagnie n'ait qu'à appliquer son tarif. Si les variations de

---

1. N'est-il pas piquant, après cela, d'entendre les assureurs donner la définition suivante de l'assurance incendie :
« C'est la *certitude* qu'un homme acquiert de recevoir en argent
« ou en nature réparation au préjudice matériel qu'un incendie
« peut éventuellement lui causer. »
E. Boetzel, ancien élève de l'école polytechnique, chef de
bureau de l' « Aigle ». (*Argus* du 8 nov. 1905.)

celui-ci sont nombreuses, subtiles, il appartient à l'assuré d'en être informé, car si la prime qu'on lui applique n'est pas celle qui lui convient rigoureusement, l'assurance sera mal faite et partant, en cas de dommage, pas d'indemnité. Quant à l'étude qui aura dû être faite du risque par des agents, quant à ce qu'ils auront pu dire, cela n'a aucune importance, ils n'engagent nullement ni leur responsabilité, ni celle de leur Compagnie.

Le principe est formel. Toute réticence, toute fausse déclaration qui diminuerait l'opinion du risque ou en changerait le sujet *annule l'assurance*. C'est-à-dire : si la définition de la chose à assurer n'a pas été suffisante pour permettre une application exacte du tarif, déchéance pour l'assuré.

Vous allez trop loin, dira-t-on. Il est probable qu'il suffit de répondre de bonne foi, honnêtement et loyalement, au questionnaire que la Compagnie adresse préalablement à son client sous le titre de « Proposi-« tion d'assurance » ? Erreur. Même en répondant sincèrement à ce questionnaire, l'assuré n'est pas à l'abri de la déchéance. Voici ce que dit à cet égard M. Berr, président de Chambre à la Cour d'Appel de Paris[1] :

« Dans divers pays, notamment en Angleterre, on a « admis que la personne qui veut s'assurer doit répon-« dre à des questions précises, formulées dans la pro-« position d'assurance, comme cela a lieu en matière « d'assurance sur la vie.

---

[1]. Commission du Contrat d'Assurance. Rapport préparatoire.

« Ce système ne nous paraît pas pratique, parce qu'il
« est presque impossible de prévoir dans un question-
« naire préparé d'avance toutes les circonstances et tous
« les faits à déclarer par l'assuré. »

S'il est impossible à la Compagnie de dresser un tel
questionnaire, comment l'assuré, qui doit se poser à
lui-même toutes les questions qu'il contiendrait s'il ne
veut pas faire une déclaration insuffisante, comment
l'assuré le pourra-t-il ?

Les assureurs répètent souvent que leur métier est
des plus difficiles, qu'il comporte une technique complexe dont on ne peut acquérir la maîtrise qu'après un
long exercice professionnel. Or, le principe posé par les
Compagnies exige que l'assuré soit au courant de toute
cette technique. Il faut qu'il sache que telle circonstance augmente le risque et qu'il le déclare, que telle
autre est sans importance. Bref, il faut, à cet égard,
qu'il soit plus savant que l'assureur lui-même.

En posant ce principe, les assureurs disent qu'ils ne
font qu'étendre aux assurances terrestres une disposition de l'article 348 du Code de Commerce — relative
aux Assurances Maritimes. — Mais cette extension est-
elle légitime ? Nous avons eu occasion de dire que les
assurances maritimes se réalisaient sous les auspices de
courtiers-jurés, chargés d'affirmer la vérité de l'assurance et de fixer le taux des primes sous leur responsabilité. Y a-t-il quelque chose de semblable dans les
assurances terrestres ? Non. Il est donc irrationnel de
leur appliquer un texte qui ne s'applique qu'aux assurances maritimes ; d'autant plus que cet article 348

déroge sur plusieurs points aux principes généraux du droit en les aggravant.

Mauvaise foi de l'assuré. — Fraude. —

Il n'est cependant pas admissible, dira-t-on, que l'assureur indemnise l'assuré, coupable à son égard de fraude, et qui, de mauvaise foi, pour payer une prime moins élevée, aura masqué volontairement la gravité du risque faisant l'objet de l'assurance. Évidemment, l'assurance serait impossible, si une sanction très rigoureuse ne venait pas frapper l'assuré qui use de moyens frauduleux pour dissimuler sa véritable situation, ou qui répond par des mensonges pertinents aux demandes qui lui ont été posées. Mais il importerait que l'assureur rapportât la preuve de la mauvaise foi, et c'est seulement dans ce cas qu'on pourrait accepter comme équitable l'annulation complète d'un acte de prévoyance de l'assuré et sa déchéance de tout droit à être indemnisé.

Il faudrait restreindre le plus possible le cas de déchéance absolue opposé à l'assuré. C'est en effet une solution par trop favorable aux intérêts de l'assureur pour que celui-ci ne soit pas heureux de la rencontrer et même de la provoquer. Si la déchéance était une sanction rare, limitée dans son application à l'assuré de mauvaise foi ou fraudeur, les Compagnies se préoccuperaient des risques qu'elles assurent, non pas seulement au moment où un sinistre est survenu, mais dès l'instant où l'assurance est contractée. On modifierait peut-être la méthode de souscription actuelle des contrats, on ne laisserait pas l'assuré en rapport avec un courtier animé du désir de faire une affaire et nullement intéressé à conclure un contrat régulier. Les Compagnies seraient ainsi amenées à une vérification soigneuse des risques, travail qu'elles ne font pas aujourd'hui.

Voici ce que dit à ce propos M. Debrock : « Les « inexactitudes d'une police étant toujours impu- « tées à l'assuré et profitant le plus souvent à la Com- « pagnie, l'assureur attache rarement assez d'impor- « tance à la vérification préalable des risques. »

« Si quelque Directeur bien intentionné fait vérifier « sérieusement des risques, avant ou après la souscrip- « tion de la police, les principaux agents, étant payés à « la commission et ayant intérêt, non à faire de bonnes « affaires, mais à en faire beaucoup, savent bien se dé- « barrasser de vérificateurs gênants. »

Bonne foi de l'assuré. — Mais si l'erreur de l'assuré a été commise de bonne foi, s'il a omis de déclarer certaines circonstances susceptibles d'entraîner une augmentation de la prime par simple ignorance, peut-on admettre que la déchéance complète lui soit appliquée ? Cela paraît abusif, draconien au premier chef. C'est cependant le principe actuellement suivi.

« La loi est rigoureuse, dit M. Berr, elle ne distingue « pas suivant que l'assuré a été ou non de bonne foi ; « l'assurance sera nulle même lorsque l'assuré s'est « laissé aller à une réticence ou à une fausse déclara-

« tion qu'à raison des circonstances *il ne pouvait pas*
« *ne pas commettre.* »

Or, les cas de fraude ou de dol de la part de l'assuré
sont plutôt rares. Celui-ci, de l'aveu même des Compaguies, pèche le plus souvent par inexpérience ou par
négligence. La sanction qu'on lui applique est exagérée, elle va à l'encontre des principes mêmes de l'assurance.

Les jurisconsultes qui ont étudié cette question se
sont placés à un point de vue trop strictement juridique. Le contrat leur paraît nul, dans ce cas, parce que
le consentement d'une des parties semble n'avoir été
obtenu que grâce à la réticence ou à la fausse déclaration. Le contrat annulé, les primes payées par l'assuré
devraient lui être remboursées par la Compagnie ; mais,
comme celle-ci a droit à des dommages-intérêts, pour
les dérangements de toute sorte que l'affaire lui a occasionnés, elle est autorisée à les garder.

Cette manière, beaucoup trop favorable aux assureurs, est extrêmement injuste et n'aurait jamais dû
être sanctionnée par la jurisprudence.

Puisque l'assuré a été de bonne foi, pourquoi faire
retomber sur lui seul la responsabilité de l'omission
du fait qui, connu, aurait empêché l'acceptation du risque par la Compagnie ? Pourquoi celle-ci ne prendrait-
elle pas la part de responsabilité qui résulte de l'intervention de ses agents, qui sont après tout ses préposés ?
L'assuré n'a rien dissimulé, il a été sincère, le contrat
ne devrait pas pouvoir être annulé.

Mais la prime payée, dira-t-on, n'a pas été en rapport

avec l'importance du risque. Or, que fait l'assurance sinon de déterminer une égalité entre une prime acquittée avant sinistre et une indemnité allouée après sinistre? L'assuré n'ayant pas payé la prime correspondante à l'indemnité prévue à son contrat, celle-ci devrait être simplement réduite dans la proportion où la prime, par lui payée, était inférieure à celle qu'il aurait dû payer. Et lorsque les jurisconsultes abandonnent à l'assureur le total des primes payées en compensation du prétendu dommage qu'il aurait éprouvé, ils méconnaissent les principes réels de l'assurance. Car, au moment où le sinistre est survenu, ces primes n'ont plus d'existence, elles ont un équivalent en indemnité, équivalent beaucoup plus élevé, et c'est celui-ci qu'on abandonne à l'assureur. C'est un cadeau immérité qu'on lui fait.

Appliquons notre manière de voir à un exemple :

Admettons que pour assurer une chose estimée 5.000 fr., il faille payer, étant donné les circonstances exactes dans lesquelles se présente le risque, une prime de 20 fr. Cette prime vaut 20 fr. avant le sinistre, mais si la chose assurée est détruite par le feu, la prime a changé de valeur, elle représente après l'incendie la somme de 5.000 fr., montant de l'indemnité due à l'assuré.

Si, par suite d'ignorance ou de négligence de l'assuré, une inexactitude dans la description du risque a été commise, la prime, au lieu d'être fixée à 20 fr., a été abaissée à 10 fr. par exemple. Avec cette somme de 10 fr., l'assuré aurait pu *régulièrement* assurer la chose exposée pour 2.500 fr. Donc, en annulant l'assurance et en laissant à l'assureur le montant de la prime pour le dommage qui a pu lui être causé, ce n'est pas 10 fr. qu'on lui donne, mais un cadeau de 2.500 fr. C'est cela qui est entièrement disproportionné relativement à l'erreur commise par un assuré de bonne foi.

A la Compagnie qui lui objecte que si elle avait connu les conditions exactes du risque, elle ne l'aurait pas accepté, est-ce que l'assuré n'est pas fondé à répondre qu'il aurait pu en cas de refus s'adresser à une autre Société qui l'aurait garanti ? L'erreur commise ne lèse donc pas une seule des parties, comme les Compagnies voudraient le faire croire, mais les deux, puisque l'assuré se repose sur un contrat qui ne lui donne qu'une trompeuse sécurité, alors qu'il aurait pu en souscrire un autre lui donnant une garantie sans aléa.

La déchéance totale de l'assuré, quand il a été de bonne foi, est donc un véritable déni de justice. Si les Compagnies faisaient clairement connaître à leurs clients la portée de la clause relative à la réticence ou à la fausse déclaration, il est plus que probable qu'ils ne l'accepteraient pas et qu'ils aimeraient mieux renoncer à l'assurance.

« Les Compagnies, dit M. Beer, ont trop souvent « abusé de cette clause quand il s'est agi de déterminer « les faits constituant la réticence. » On pourra en juger tout à l'heure par quelques exemples empruntés aux recueils de jurisprudence.

Autres cas de déchéance tirés des dé-

clarations de l'assuré. — Non seulement l'assuré doit déclarer spontanément toutes les circonstauces qui sont nécessaires à la Compagnie pour qu'elle puisse fixer la prime d'après ses tarifs, — circonstances que l'assuré peut très légitimement ne pas connaître, puisque les tarifs des Compagnies ne sont pas toujours publiés, qu'ils sont remis confidentiellement aux agents dans la plupart des cas, — mais en outre il doit déclarer très exactement certains faits, dont l'énumération est indiquée par la police, sous peine, en cas d'inexactitude, de se voir opposer une déchéance absolue en cas de sinistre.

C'est ainsi que, dans l'assurance-incendie, il doit déclarer :

1º Si les objets lui appartiennent en totalité ou en partie ;

2º S'il est usufruitier, créancier, locataire, commissionnaire, dépositaire, administrateur, mandataire, acquéreur ou vendeur à réméré et généralement en quelle qualité et dans quel intérêt il agit ;

3º Si les bâtiments sont construits sur le terrain d'autrui, si les divers étages, travées ou parties du bâtiment qui forme ou qui renferme le risque assuré, appartiennent à des propriétaires différents, etc...

Il y a là, on le comprend, toute une série de pièges tendus à l'assuré. Qu'il néglige par exemple d'indiquer qu'il n'est pas propriétaire, mais seulement dépositaire des objets à assurer, il aura contracté inutilement. Or, il y a bien des cas où il n'est pas facile de fournir avec exactitude les déclarations demandées, ou que, pour être exacte, la déclaration devrait être modifiée très souvent. On comprend que ce soit là une source de nombreux procès.

Quel dommage l'inexactitude dans une de ces déclarations aura-t-il fait éprouver à l'assureur? Il est bien difficile de l'apprécier. Les Compagnies ont toujours la même réponse : Si nous avions connu exactement la situation de l'assuré, nous n'aurions pas accepté sa proposition d'assurance. — Cela est incontrôlable et en tous cas peu vraisemblable, étant donné l'ardeur de la concurrence entre les Compagnies.

Il est en tous cas abusif que l'omission dans une des déclarations demandées entraîne la déchéance complète. Si l'assureur attache un si haut prix à savoir en quelle qualité agit l'assuré, que ne lui demande-t-il au préalable les documents à l'appui ? En réalité il y a là une complication qui a pour effet de multiplier les cas de déchéance, et la preuve est, qu'en ce qui concerne les marchandises, les Compagnies acceptent fort bien d'assurer sous la mention « pour le compte de qui il appartiendra ».

Dans l'assurance collective des ouvriers, la prime est fixée d'après un tant pour cent des salaires déclarés par le chef d'entreprise. Que celui-ci, par négligence ou par inexpérience, adresse à l'assureur un chiffre inexact des salaires payés, il se verra complètement déchu du bénéfice de l'assurance.

Si l'assuré apporte des modifications à son installation susceptibles d'augmenter le risque sans en avoir au préalable averti son assureur, convenu avec lui de la nouvelle prime, et consigné le tout dans un avenant régulier, il se verra, en cas de sinistre, opposer une déchéance absolue. Pourquoi une déchéance complète? une réduction de l'indemnité ne serait-elle pas encore ici une sanction suffisante?

Non seulement l'assuré doit déclarer ce qui se passe chez lui, mais il faut encore qu'il ait l'œil ouvert sur ses voisins. Il lui faut pouvoir déclarer à son assureur les modifications que ceux-ci ont pu apporter à leur risque.

Le risque s'étant aggravé, si la Compagnie demande une surprime excessive, l'assuré peut résilier le contrat, mais il devra à la Compagnie des dommages-intérêts s'élevant à deux ou trois années de primes. Pourquoi des dommages-intérêts? L'assurance cessant, on ne voit pas très bien le dommage que peut éprouver de ce fait la Compagnie. Peu importe l'équité; il s'agit d'un moyen de tenir l'assuré et de l'obliger à accepter la surprime, quelle qu'elle soit.

Le déplacement des objets assurés, s'il n'est pas précédé d'une déclaration enregistrée dans un avenant, est susceptible encore d'entraîner la déchéance. Le locataire qui déménage et transporte son mobilier dans un autre immeuble, même au cas où le risque n'aura pas du tout augmenté, se verra déchu de tous ses droits à l'indemnité, s'il n'a pas observé la règle.

Nous avons déjà indiqué les cas de déchéance à propos de vente ou de donation des objets assurés, du décès de l'assuré, nous n'y reviendrons pas.

Déchéances à propos du paiement des primes. — Il est bien évident que l'assureur ne peut couvrir un assuré qui n'acquitte pas le montant de la prime fixée à son contrat. Mais si le paiement n'en est pas effectué exactement à la date prévue, il ne saurait y avoir, *ipso facto*, résiliation du contrat. Le non-paiement peut en effet résulter d'une foule de circonstances indépendantes de la bonne volonté des deux parties. Aussi un délai de grâce a-t-il toujours été accordé.

Mais, tout en accordant ce qu'elles ne pouvaient pas refuser, les Compagnies ont tenté d'introduire à propos de ce délai de grâce quelques nouveaux cas de déchéance. Malheureusement ceux-ci n'ont pas été acceptés par la jurisprudence. Ce qui montre en passant que si elle avait eu un peu plus d'énergie, elle aurait pu limiter l'arbitraire des assureurs. Voici ce qu'ils avaient imaginé, et qui est fort intéressant pour juger de leur mentalité.

« En vertu d'une clause des polices, *fort dangereuse* « *pour les assurés*, dit M. Thaller, il était stipulé que la « prime était payable au siège social ou à l'agence. » En terme de métier on disait que la prime était portable. L'assuré devait, de sa propre initiative, aller payer la prime dans un délai de quinzaine, à défaut de quoi il était de plein droit déchu du bénéfice de l'assurance.

Mais le contrat n'était pas rompu et la Compagnie savait fort bien assigner l'assuré devant les tribunaux pour le contraindre à payer les sommes qu'il s'était engagé à payer pendant toute la durée du contrat. Seulement, si pendant la période de retard un sinistre survenait, la Compagnie n'avait aucune indemnité à payer. On était donc assuré pour payer la prime, mais on ne l'était pas pour toucher l'indemnité.

Ce procédé était tellement malhonnête, que malgré la fameuse liberté des conventions et bien que la stipulation relative à la portabilité de la prime soit parfaitement licite et pas du tout contraire à l'ordre public, les magistrats se sont refusés à consacrer cette clause de déchéance.

Ils ont opposé le fait au droit. En fait, les Compagnies, pour donner des facilités à leurs clients et faire rentrer régulièrement les primes, avaient pris pour habitude de les faire encaisser au domicile des assurés. La prime n'était portable que dans la police, dans la réalité elle était quérable. La jurisprudence considéra que cette dérogation constante à la règle écrite apportait une renonciation implicite, de la part de la Compagnie, à se prévaloir de la clause de déchéance qui y était insérée.

Malgré les termes de la police, la prime est donc devenue quérable et la déchéance pour défaut de paiement de la prime ne peut être encourue qu'en vertu d'une mise en demeure.

Déchéances soulevées par la Compagnie à propos du sinistre. — Lorsque survient le sinistre, l'assuré est généralement obligé de le déclarer dans un très court délai [1], à défaut de quoi il se verra

---

1. Quelques polices portent « à l'instant même ».

encore opposer une déchéance. C'est manifestement exagéré, dit M. Thaller[1], au moins comme règle absolue.

Les assureurs, qui ont étendu aux assurances terrestres des dispositions du Code de Commerce relatives aux assurances maritimes, lorsqu'elles leur sont avantageuses, se sont bien gardés de les appliquer au cas de retard dans la déclaration du sinistre. Le Code n'a en effet prévu que des dommages-intérêts proportionnels à l'étendue du préjudice souffert et justifié.

Si l'assuré, par crainte du rabais que pourra lui faire l'assureur, exagère quelque peu les conséquences du sinistre, la Compagnie a le droit de lui opposer une déchéance.

Un dernier moyen pour l'assureur de ne pas payer l'indemnité consiste à invoquer la prescription. Il n'y a pas un livre de droit qui ne proclame cette vérité morale qu'il est malhonnête d'invoquer la prescription pour ne pas payer ses dettes. C'est un procédé qui est cependant en grande faveur dans les Compagnies, et pour avoir de nombreuses occasions de l'appliquer, elles ont, vu l'absence de texte légal, stipulé dans leurs contrats un délai de prescription fort court, de six mois seulement à compter du jour de l'incendie. Il suffit que les agents de la Compagnie fassent traîner les opérations de l'expertise amiable, qui précède toujours l'expertise judiciaire, pour que l'assuré, s'il n'y prend garde, se trouve forclos.

---

1. *Cours de Droit commercial*, n° 761.

Il y a plus : « certaines Compagnies, dit M. Beer[1], « *sans se préoccuper de la grave atteinte morale qu'elles* « *portent à l'industrie des assurances*, ne craignent « pas d'insérer dans les conditions générales de la « police que l'assuré sera déchu si l'action en paie- « ment n'a pas été introduite dans les six mois du « sinistre, tout en lui interdisant par un autre article « d'assigner l'assureur avant la clôture des opérations « de l'expertise.

« De telle sorte que la déchéance encourue dépendra « de la diligence des experts, de l'importance de l'ex- « pertise dont la Compagnie pourra à dessein prolon. « ger les opérations. »

Vous pensez sans doute que les « *certaines Compagnies* » flétries par un Président de Chambre à la Cour d'Appel de Paris sont de petites entreprises sans consistance, honte et rebut de leur corporation. Détrompez-vous. Les plus grandes Compagnies d'assurance contre l'incendie ont recours à ces dispositions abusives et il vous sera facile de vous en assurer en lisant attentivement votre police incendie.

Clauses de résiliation. — Inégalité entre l'assureur et l'assuré. — Presque toutes les polices stipulent que quand l'assurance porte sur des marchandises, usines, mobiliers industriels, récoltes ou objets sujets à varier, la Compagnie se réserve le

1. Rapport préparatoire à la Commission du Contrat d'Assurance.

droit de réduire *sans limite* en tout temps et à sa guise le montant de l'assurance.

Si l'assuré n'est pas content de la réduction, la police sera résiliée de plein droit par une simple notification ou par lettre recommandée.

Ainsi rien n'est plus facile à l'assureur que de se dérober à ses engagements. Veut-il, même si l'assuré n'a fait aucun changement dans les choses assurées, augmenter le taux de la prime, il n'aura qu'à user de la faculté de réduire le montant de l'assurance. L'assuré contraint de rester à découvert aimera mieux supporter une surprime.

Les juristes appellent cela la condition « potestative ». C'est une fort séduisante appellation, si séduisante même que, malgré la choquante et brutale inégalité qu'elle crée entre l'assuré, qui doit exécuter intégralement ses engagements, et l'assureur, qui peut s'y dérober quant il lui plaît, la jurisprudence n'a pas hésité à en reconnaître la parfaite validité, malgré un certain article 1174 du Code civil qui prononce précisément la nullité des obligations contractées sous une condition « potestative ». Comme la jurisprudence est timide devant la rédaction, si inéquitable, des contrats des Compagnies !

Une autre inégalité choquante nous est donnée par la situation des deux parties contractantes en cas de faillite ou de liquidation judiciaire : si l'assuré se trouve dans ce cas, la Compagnie peut résilier par simple lettre recommandée ; si c'est l'assureur, le contrat n'est pas rompu et l'assuré pourra simplement demander, par la voie judiciaire, une caution solvable.

Remarquons que le Code du commerce, à propos des assurances maritimes, place l'assureur et l'assuré sur un pied d'égalité.

A noter que, dans tous les cas où la Compagnie peut résilier instantanément le contrat, la prime encaissée n'est jamais remboursée, même en partie, à l'assuré. Ceci constitue purement et simplement un vol, puisque la Compagnie garde une somme qu'elle a reçue d'avance, pour une garantie qu'elle se refuse à donner. Honnêtement, elle ne devrait garder que la portion de prime correspondant à la période pendant laquelle elle a couru le risque.

Aveu des Compagnies. — Nous ne saurions épuiser la liste des cas de déchéance possibles imaginés par les Compagnies : il en naît tous les jours, en ce sens que leur esprit contentieux est naturellement porté à rechercher tous les moyens pour éluder un règlement.

On a invoqué au besoin des vices de forme. Par exemple la police d'assurance qui ne porte pas la signature des administrateurs prévus dans les statuts de la Compagnie ne donne aucune garantie. Ce qui oblige l'assuré à connaître, non seulement l'assurance sur le bout du doigt, mais de la même manière les statuts de la Compagnie avec laquelle il traite.

Quelquefois un assuré peu confiant dans la garantie que lui accorde une Société, pense qu'il sera en meilleure posture en s'assurant en même temps à une autre. C'est fort dangereux, car s'il n'a pas prévenu chacune des Compagnies qu'elles étaient en co-assurance, elles lui opposeront toutes les deux une déchéance en cas de sinistre. Et pour s'être assuré deux fois, le pauvre diable d'assuré n'en sera que plus mal garanti.

La raison de cette déchéance? C'est, répondent les Compagnies, qu'il est nécessaire, pour l'ordre public, que l'assurance ne soit pas une source de bénéfices. Or, celui qui est assuré deux fois peut toucher deux fois la valeur des choses assurées.

Sous prétexte que celui qui s'est deux fois assuré **pourrait** toucher deux indemnités, on ne lui en donne aucune. Est-ce comique ou odieux ? Ne serait-il pas suffisant de punir l'assuré, s'il était prouvé qu'il a touché ou tenté de toucher deux indemnités, et seulement dans ce cas ?

Les Compagnies ne songent à poursuivre l'annulation des contrats et la déchéance qu'après un sinistre qu'elles seraient tenues d'indemniser. En cours d'assurance, s'il n'y a pas de sinistre, elles ne se préoccupent nullement de la régularité du contrat. Or, l'assuré malveillant fait du tort à la collectivité des assurés, même quand il n'est frappé par aucun sinistre. En n'acquittant pas les primes qu'il devrait rigoureusement verser à la Compagnie, il oblige celle-ci à élever ses tarifs, au détriment des assurés honnêtes qui déclarent consciencieusement leurs risques. Mais les Sociétés mercantiles n'ont cure de cette considération. L'égalité de traitement entre tous les assurés leur est fort indifférente, les bénéfices seuls leur importent.

Pour nous résumer, nous dirons que le contrat d'assurance est la loi la plus partiale, la plus injuste, la plus draconienne qui ait été appliquée aux hommes. Et c'est là une chose si peu contestable que nous avons sur ce point l'aveu même des Compagnies.

Lorsqu'en 1894 M. Bourgeois, député du Jura, déposa à la Chambre des Députés une proposition de loi, tendant à substituer aux Compagnies-Incendie un monopole d'État, les entreprises visées crurent devoir défendre leur rôle dans un mémoire public. Aux vives critiques de l'honorable député contre les conditions générales des polices, voici la simple réponse du mémoire des Compagnies :

« Il est vrai qu'en étudiant les Conditions Générales
« de toutes les Compagnies de France et du monde, on
« pourra trouver des stipulations, des déchéances, des
« exigences qui paraîtront plus ou moins rigoureuses,
« mais on voudra bien remarquer qu'elles ont été sur-
« tout dirigées, dans l'origine des Compagnies, contre
« les manœuvres de la spéculation criminelle. Elles
« n'ont pas lésé la masse des assurés. »

(Parbleu ! elles n'ont lésé que les sinistrés.)

« La dureté du texte, poursuit le mémoire, est presque
« toujours adoucie par l'équité. »

Ainsi, après s'être attribué les droits les plus léonins dans un contrat synallagmatique ou prétendu tel, la Compagnie d'assurance offre à son client cette consolation : « Comptez sur mon équité. »

Nous allons voir par des exemples, empruntés à divers recueils de Jurisprudence, ce que vaut l'équité des Compagnies. Les cas que nous allons citer n'ont pas fait l'objet d'un tri spécial, nous les avons recueillis dans quelques journaux d'assurance récents ou dans des traités de doctrine [1].

Jurisprudence. — Déchéances opposées a l'assuré au moment du règlement de l'indemnité pour réticence ou fausse déclaration, vraies ou prétendues. — *a)* **Assurance sur la Vie.**

« 1° Le fait d'avoir caché à l'assureur qu'on s'était
« présenté avant le contrat à une autre Compagnie,
« qu'on avait subi l'examen médical et qu'on avait été
« refusé, constitue une réticence qui suffit à annuler
« le contrat. » (Toulouse, 23 juillet 1904.)

Conçoit-on un système plus inquisitorial que celui qui oblige l'assuré à faire connaître les rapports qu'il a pu avoir avec un autre assureur ? N'y a-t-il pas une foule de cas où cette déclaration est impossible ou très difficile à l'assuré, surtout dans les petites villes ?

D'ailleurs, en assurance-vie, la déchéance opposée par la Compagnie, celle-ci gardant l'intégralité des primes, est un vol, puisque l'assurance-vie comprend

---

1. Dans les extraits ou résumés de décisions judiciaires qui vont suivre, nous n'indiquerons jamais la Compagnie qui était partie en cause. Nous ne voudrions pas laisser croire un seul instant que nous visons telles Sociétés plutôt que telles autres, et il serait injuste que le hasard qui a présidé ce choix fît supposer que certaines entreprises sont plus sévères ou plus malveillantes que d'autres.

non seulement le paiement d'une prime pour couvrir le risque, mais encore le paiement anticipé de primes futures, qui sont seulement en dépôt dans la Compagnie et dont elle doit rendre compte sous la dénomination « réserve mathématique ».

— 2° « L'assurée avait toussé, et ne l'avait pas dit ; « elle était pâle, et ne l'avait pas dit ; elle avait une « santé délicate, et ne l'avait pas dit ; elle avait dû « changer de profession, et ne l'avait pas dit » ; telles sont les raisons pour lesquelles un contrat fut annulé par la Cour de Rouen le 7 mai 1877.

— 3° Pour une pleurésie *antidatée*, le tribunal de la Seine proclame la déchéance des ayants droit dans une assurance au décès le 11 mai 1877.

— 4° Une Compagnie tente de faire proclamer la nul-lité d'un contrat parce que l'assuré, qui était mort d'une maladie de cœur, n'avait pas déclaré un eczéma dont il avait souffert avant la souscription du contrat. — La cour de Bruxelles n'accepte pas cette déchéance (28 mars 1877).

— 5° Dans une autre espèce on reproche à l'assuré de n'avoir pas déclaré un saignement de nez et un accès de prostration de quelques heures. Les prétentions de la Compagnie sont repoussées.

« Ainsi l'assuré n'est pas en faute, dit la décision « judiciaire, en ne déclarant pas deux accidents, un sai-« gnement de nez et un accès de prostration de quel-« ques heures, dont il ne constatait plus sur lui-même « la moindre trace, encore qu'ils puissent peut-être se « rattacher à la congestion cérébrale qui a causé sa

« mort. » (Paris, 17 mai 1889. *Journal des Assurances*, 1890, p. 32.)

— 6° Une Compagnie invoque la déchéance pour réticence, parce que l'assuré avait répondu « non » à la question : « Avez-vous été atteint de maladies graves ou de lésions ? » Or, disait la Compagnie, il avait été atteint, peu avant la passation du contrat, d'une maladie grave suivie d'une lésion dont la cicatrisation avait été fort longue.

La lésion en question était simplement le résultat d'un accident survenu à l'assuré 16 ans avant la souscription du contrat et qui avait entraîné une blessure à la cheville.

La Compagnie fut déboutée de ses prétentions par la Cour de Lyon le 17 décembre 1903.

— 7° Les jugements ou arrêts aux dates suivantes et qu'on pourra consulter dans le recueil de Dalloz :

    Rouen, 21 janvier 1876. D. P. 77.2.126,

    Paris, 5 juillet 1878. D. P. 81.2.234,

    — 17 février 1891,

montrent que la déchéance est encourue, même si la réticence n'a pas été de mauvaise foi, si elle n'est pas frauduleuse, si elle est simplement le résultat d'une erreur.

— 8° « Il résulte de quelques arrêts récents de la « jurisprudence française, dit le D' Lutaud, que la « non-déclaration même faite de bonne foi *et lorsque* « *l'assuré l'ignorait,* d'une maladie ou d'une infir- « mité, lorsque cette maladie peut avoir une influence « sur la durée de la vie, peut annuler le contrat. Ces « arrêts se basent sur ce fait : que la maladie non

« déclarée, quoique ignorée de l'assuré, modifie les
« risques du contrat, quand bien même elle n'a pas
« été la cause de sa mort[1].

— 9° La Compagnie l'A... devait payer au survivant
des époux P... une somme de 4.000 fr. Poussant le prin.
cipe précédent aux plus extrêmes limites, elle refusa de
s'exécuter parce que la dame P... n'avait pas déclaré
qu'elle était affligée d'une déchirure du périnée à la
suite d'un accouchement laborieux. La Compagnie fut
déboutée en première instance et en appel. La dame
P... était morte d'ailleurs d'une maladie de poitrine.
(Tribunal de Paris, 7 janvier 1897, *ouvrage cité* du
Dr Lutaud).

« Il faut, du reste, observer, dit le Dr Lutaud, que
« les questionnaires des Compagnies ne sont pas tou-
« jours assez explicites. Trop détaillés sur quelques
« points, ils pèchent certainement sur d'autres. D'un
« autre côté, le zèle des agents subalternes de quelques
« Compagnies entraîne parfois à la signature de con-
« trats où les réticences peuvent être mises aussi bien
« sur le compte de l'assureur que sur celui de l'assuré.
« C'est ainsi qu'il a été établi dans un arrêt du tribunal
« de la Seine du 11 mai 1877 : que la Compagnie le M...
« avait accepté une assurance refusée par la Compa-
« gnie d'A... G..., ce qui n'empêcha pas la Compagnie
« le M... de refuser le paiement de l'indemnité au mo-
« ment du décès de l'assuré[2]. »

1. Lutaud, Médecin adjoint de Saint-Lazare, *Etude médico-légale
sur les assurances sur la Vie.* Steinheil, éditeur, 1887, p. 19.
 2. A. Lutaud, *ouvrage cité*, p. 24 et 25.

10° Finissons cette série par une espèce plutôt comique, mais qui n'en montre pas moins jusqu'où peut aller l'esprit processif des Compagnies :

Dans une affaire qui a occupé les assises de Newcastle en 1851, la Compagnie refusait le paiement du capital assuré par la police d'un médecin qui était mort trois mois après l'assurance, sous prétexte qu'il s'était adonné à des habitudes exagérées de... *sobriété*... Elle prétendait que l'exagération des principes qui ont donné lieu à la formation des Sociétés de tempérance peut devenir le point de départ d'affections graves qui abrègent l'existence. La Compagnie fut déboutée, mais le Président du tribunal conseilla aux assureurs d'ajouter à leur questionnaire... « *Are you vegetarian ?* »

Il ne sera pas inutile d'ajouter que les Compagnies ont essayé et obtenu de se dérober dans un très grand nombre de cas au paiement de l'indemnité en invoquant comme prétexte que l'assuré avait des habitudes d'intempérance, qu'il fumait, qu'il usait de l'opium, etc...

b). Assurances contre l'incendie.

1° Une Société d'assurance oppose la déchéance à un locataire sous prétexte que déclaration ne lui a pas été faite d'un petit hangar en planches adossé à l'immeuble.

La Compagnie est déboutée de ses prétentions par un jugement du 30 octobre 1908 du tribunal de Bordeaux[1] :

1. *Argus*, 14 février 1909.

« Attendu, dit le tribunal, que ce hangar forme une
« sorte d'appendice et un prolongement de la construc-
« tion en pierre et n'a pu échapper à l'examen des
« agents de la Compagnie et que la Compagnie elle-
« même lui attribuait peu d'importance au point de vue
« des risques et de la prime. »

C'est bien jugé sans doute, mais cela montre comment les Compagnies *savent tempérer par l'équité la
dureté des conditions générales de leur contrat*. A relever que, bien que l'assuré ait finalement triomphé,
10 mois s'écoulent entre la date de l'incendie et celle du
jugement, qui a peut-être été suivi d'un appel.

2° Une veuve qui réclamait une somme de 1.391 fr.
se voit opposer une déchéance reconnue valable par le
tribunal de Grenoble, le 22 mai 1908[1], parce que :

Elle n'avait pas *suffisamment indiqué* que le risque
assuré était contigü à un risque agricole voisin ;

Elle avait assuré à une autre Compagnie certains
objets renfermés dans sa maison d'habitation sans
avoir averti le premier assureur ;

Elle avait encore introduit dans le risque de la paille,
du foin, choses susceptibles d'aggraver le risque.

Or, le risque assuré consistait en une maison d'habitation et une grange. Que mettre en une grange, sinon
de la paille et du foin ?

3° C'est vainement que l'assuré ferait verbalement à
un sous-agent les déclarations qu'il doit faire dans la
police ou dans la proposition. Pour avoir ignoré ce fait,

____

1. *Journal des Assurances*, p. 579.

le sieur S... s'est vu opposer une déchéance approuvée par la Cour d'Agen, 4 décembre 1907. Il n'avait pas déclaré dans son contrat qu'il avait été antérieurement victime de deux sinistres.

4° Mais il ne suffit pas de déclarer les sinistres qui ont pu vous frapper antérieurement, il faut encore indiquer si, à la suite de ces sinistres, la Compagnie qui vous assurait en ce moment, a ou n'a pas résilié le contrat. Cour de Caen, 23 janvier 1908 [1].

5° Une demoiselle Sentenac, *illettrée*, s'en remet absolument, pour la rédaction du contrat, à l'agent qui l'assure. Celui-ci ne mentionne pas que l'immeuble assuré est construit sur le terrain d'autrui et qu'il renferme un petit atelier de menuiserie. L'assurée s'est vue opposer une déchéance complète :

« Que vainement, dit le jugement, elle soutient que « son état d'illettrée l'a mise à la discrétion de l'agent « de la Compagnie qui a rédigé la police et qui avait en « outre une parfaite connaissance des lieux..... » (Trib. Toulouse, 3 mai 1909. *Argus*, 23 octobre 1909.)

c) Assurance contre les accidents.

— 1° Un professeur de gymnastique assuré contre les accidents corporels est victime d'un accident qu'il déclare le 26 décembre 1906. Il meurt le 4 avril suivant des conséquences de cet accident. La Compagnie oppose à ses ayants droit la déchéance, parce que :

« Il avait omis de déclarer, en souscrivant le contrat,

1. *Journal des Assurances*, 1908, p. 195.

qu'il avait été assuré à une autre Compagnie, qu'il s'était fracturé la cheville et qu'il avait touché à cette occasion une indemnité de 75 fr. (*Argus* du 1ᵉʳ août 1909.)

— 2° Dans l'assurance contre les accidents du travail, la prime est fixée d'après un tant pour cent des salaires payés par l'entrepreneur. Celui-ci adresse à la Compagnie une déclaration des salaires payés par lui, et la Compagnie établit la quittance de prime sur cette déclaration. Il est facile à certains patrons de réduire leur prime en faisant de fausses déclarations. Bien que la déchéance totale soit une sanction exagérée à cette faute parce qu'elle donne un trop gros avantage à l'assureur, on ne peut néanmoins la trouver injuste, étant donné qu'il y a intention frauduleuse. Mais dans bien des cas, le chef d'entreprise commet une erreur *de bonne foi*, cette bonne foi est reconnue par l'assureur, mais il importe peu, la déchéance encourue sera entière, comme dans le cas d'une déclaration volontairement dolosive.

Or, on ne lit jamais assez bien les conditions générales du contrat, écrites en trop petits caractères. Le sieur Ehr..., assuré à une grande Compagnie, l'apprit à ses dépens. Il faut, en vertu des dites conditions, déclarer non seulement les salaires payés, mais pour les ouvriers âgés de moins de 16 ans ou les apprentis, *le salaire déclaré doit être celui des ouvriers valides les moins payés de la même catégorie.*

Ehr... avait déclaré rigoureusement les salaires payés, mais il avait négligé la petite rectification pour les ouvriers de moins de 16 ans et les apprentis. Coût de l'erreur : déchéance complète de l'assurance (Cour d'Appel de Paris, 19 avril 1907. *Journal des Assurances*, 1908, p. 117).

Est-ce qu'une réduction de la somme due par l'assureur d'après l'écart entre la prime qu'aurait dû payer l'assuré et la prime exacte ne serait pas la véritable sanction équitable d'une pareille faute, due très certainement à ce que la Compagnie n'avait pas suffisamment éclairé son assuré sur ses exigences?

— 3° Mais il y a mieux, et quand on examine les prétentions contentieuses des Compagnies, on est à chaque instant tenté de s'écrier : « De plus fort en plus fort! »

Le patron assuré qui a correctement établi sa déclaration de salaire, *qui a reçu dans ses bureaux les inspecteurs de la Compagnie qui ont vérifié à la fois l'exactitude dans l'inscription des salaires réellement payés ainsi que l'évaluation des salaires pour les ouvriers de moins de seize ans et les apprentis*, PEUT ENCOURIR ENCORE LA DÉCHÉANCE, si à la suite d'un accident survenu à un apprenti, le tribunal chargé de fixer la rente trouve que l'évaluation du salaire de l'ouvrier le moins payé a été mal faite et qu'elle doit être plus élevée.

La 5e Chambre du tribunal de la Seine a reculé devant la déchéance totale dans une espèce de cette nature, mais l'*Argus* du 17 octobre 1909 la rappelle aux principes : « On décide en effet, dit-il, que dans l'interpré-« tation de déchéance la question de bonne ou de mau-« vaise foi de l'assuré ne joue aucun rôle. Voir notam-« ment Cour de Paris, 3 décembre 1903, etc... *Le fait*

« *que l'agent de la Compagnie a apposé son visa sur les* « *déclarations de salaires ne suffit pas à dégager la* « *responsabilité de l'accusé* ». (C. de Grenoble, 5 février 1907.)

Et on appelle l'assurance une institution de prévoyance, une garantie, une sécurité!! Une erreur de quelques cents francs, qui n'est jamais incontestable, car le tribunal peut se tromper dans son évaluation aussi bien que l'assuré, et qu'en tous cas l'assureur lui-même aurait commise, suffit à faire encourir au chef d'entreprise une déchéance totale.

Une fois certaines règles initiales hâtivement posées, la jurisprudence en tire des déductions rigoureusement logiques. Arrive-t-elle à l'absurde, elle ne s'arrête pas. Quant aux patrons, s'ils connaissaient les fameux principes, ils ne s'assureraient certainement pas. Mais ils ne les connaissent pas !

— 4° Un fabricant d'horloges avec pose avait ainsi répondu à la question de la Compagnie : « En quoi consiste le risque ? »

— *Fabrique de grosse horlogerie avec pose d'horlo-ges et travaux de pose d'horloges exécutés par deux hommes seulement.*

Un de ces ouvriers rentrant à l'atelier après une réparation est victime d'un accident mortel. La Compagnie refuse de prendre le sinistre à son compte et invoque une déchéance pour réticence, parce que l'ouvrier avait fait usage d'une bicyclette et que l'emploi de ce moyen de locomotion constituait une aggravation du risque assuré.

Ce moyen de déchéance est approuvé en première instance, mais la Cour d'Amiens (11 mars 1909) casse cette décision, parce que :

« La Compagnie, prévenue que deux des ouvriers
« étaient chargés des travaux qui pouvaient être néces-
« saires pour la pose et le bon fonctionnement des hor-
« loges dans toute la région, avait le devoir, si elle
« prétendait avoir droit à un supplément de prime,
« en cas d'emploi par ces ouvriers d'une bicyclette,
« de le faire savoir aux consorts J... et d'exiger dans
« la police l'insertion d'une clause spéciale ;

. . . .

« Considérant que l'unique document versé aux
« débats par la Compagnie « Le S..... », à l'appui de
« ses prétentions, loin de les justifier, démontre pérem-
« ptoirement qu'elles ne sauraient être accueillies ;
« Que ce document, en effet, est un tarif imprimé,
« après la loi du 12 avril 1906, indiquant les primes
« que ces agents devraient exiger des commerçants qui
« voudraient s'assurer ;
« Que ce tarif n'est pas destiné à la publicité, puis-
« qu'en haut de la deuxième page il y est dit : « qu'il
« fait partie du matériel de l'agence à laquelle il est
« confié à *titre personnel* et absolument *confidentiel* ;
« qu'il est donc formellement interdit de s'en dessai-
« sir à l'égard de qui que ce soit, et pour quelle
« cause que ce soit. »

Ce tarif comportait une augmentation de 5 fr. par an, par ouvrier utilisant la bicyclette. L'assuré ne sachant pas que l'usage de la bicyclette augmentait le risque, ce que la Cour considère comme exagéré d'ailleurs dans les campagnes, elle ne lui a pas fait encourir la déchéance. (Voir *Argus* du 17 octobre 1909.)

On remarquera, à propos de cette contestation, l'étendue de la prétention des assureurs. Leur tarif demeure secret, mais l'assuré doit cependant fournir spontanément toutes les indications relatives aux différences dans les risques.

DÉCHÉANCES POUR NON-DÉCLARATION OU DÉCLARATIONS TARDIVES : D'AGGRAVATION DU RISQUE, DE LA QUALITÉ DE L'ASSURÉ, DE LA VENTE DES OBJETS ASSURÉS, DE DÉCÈS, ETC...
— 1° L'aggravation du risque doit être évidemment déclarée à l'assureur, afin qu'il réclame une prime qui soit toujours en rapport avec l'importance du risque. Mais qu'arrivera-t-il si, l'assuré ayant fait la déclaration, le sinistre survient avant que l'assureur et l'assuré se soient mis d'accord sur l'augmentation de la prime? Ne semble-t-il pas que la seule sanction équitable soit une déchéance partielle?

Pas le moins du monde. L'assuré encourt une *déchéance totale*, s'il n'avait pas, antérieurement au sinistre, payé l'augmentation de prime réclamée par l'assureur. (Paris, 30 juillet 1868, D. P. 68.2.230.)

— 2° Les exigences des Compagnies en ce qui concerne le paiement des primes touche, nous ne dirons pas à l'iniquité, ce mot semble bien ici avoir perdu toute sa valeur, mais à la férocité. Que nos lecteurs apprécient cette espèce :

L'assuré qui a déclaré à l'assureur une aggravation de risque et auquel une prime supplémentaire a été imposée ne peut pas se refuser au paiement de cette surprime, *sous le prétexte* que l'aggravation de risque qui l'a motivée n'existait pas réellement..... (Douai, 15 mars 1870.)

Conçoit-on l'audace de l'assuré qui invoque *un tel prétexte* !

— 3° Notamment dans l'assurance contre l'incendie, l'assuré doit déclarer à peine de déchéance en quelle qualité il agit, c'est-à-dire s'il est propriétaire, locataire, gérant, des choses assurées.

La raison donnée par les assureurs de cette clause est que l'assurance est un contrat fait *intuitu personæ*, c'est-à-dire que la Compagnie ne s'engage qu'au regard d'une personne déterminée et parce qu'elle connaît l'intérêt qu'elle apportera à la conservation de la chose assurée.

Voici un exemple de cette règle :

Un sieur R... avait contracté une assurance en qualité de gérant d'un Syndicat Agricole. Après un sinistre il réclama la valeur des objets détruits, mais la Compagnie assureur, ayant démontré qu'il était propriétaire et non gérant des objets incendiés, lui opposa une déchéance tirée de ses conditions générales.

Cette déchéance est reconnue valable par le Tribunal de Tarascon, qui souligne que « le sieur R... est mal « venu à trouver excessives et draconiennes les clau- « ses de la police, étant donné sa profession d'agent « d'assurances et ayant plus spécialement représenté

« lui-même la Compagnie d'Assurances défenderesse,
« il est, moins que personne, autorisé à se prévaloir
« de sa prétendue bonne foi, qui, *même établie*, ne
« saurait lui épargner la sanction justement encourue ».
(Tarascon, 21 juin 1907. *J. des Ass.* 1908.)

Le sieur R... n'est pas intéressant, c'est entendu,
mais cela ne nous dit pas cependant comment il avait
moins d'intérêt à la conservation de la chose assurée
parce qu'il en était propriétaire au lieu d'en être simplement gérant.

— 4° L'assuré qui a omis de déclarer que les construc-
tions assurées étaient édifiées sur le terrain d'autrui, se
voit déchu du bénéfice de l'assurance. Dans son ardeur
de déchéance la Mutuelle de L... étend cette nullité à la
totalité des risques assurés par un de ses adhérents,
c'est-à-dire qu'elle se refuse à lui payer le mobilier
brûlé, les marchandises, l'outillage, etc... Le Tribunal
de la Seine limite la déchéance à l'assurance de l'immeuble proprement dit... (8 janvier 1909. *Argus,*
24 octobre 1909.)

— 5° La Compagnie, tout en considérant que le nouveau propriétaire doit, sous peine de dommages-
intérêts, suivre le contrat, a la prétention, s'il est
victime d'un sinistre, *dans le délai qui lui a été imparti
pour faire sa déclaration*, de lui opposer une déchéance.

La Cour de Cassation condamne cette prétention
dans une affaire où deux Compagnies, la N..... et la
P....., plaident contre Lenay et Bordier (Arrêt du
4 novembre 1907). Le *Journal des Assurances* fait

remarquer que cette jurisprudence est critiquable!
(Année 1908, page 108.)

— 6° Quand on vend un immeuble, la prise de possession est reculée quelquefois de plusieurs mois. Pendant la période qui s'écoule entre la vente et l'entrée en jouissance, rien n'est changé au risque, et l'intérêt du vendeur à conserver la chose assurée est le même qu'avant la vente, puisqu'il doit livrer l'immeuble à son acheteur en parfait état. On peut donc penser que, dans ce cas, un retard dans la déclaration est sans importance.

La Compagnie d'Assurance N..... apprend le contraire aux sieurs Dauphin et Lange, l'un vendeur, et l'autre acheteur, en leur opposant une déchéance, parce que la mutation ne lui avait pas été déclarée dans le mois de la vente.

En première instance la déchéance avait paru abusive, mais la Cour de Paris, appliquant les vrais principes, a approuvé le refus d'indemnité de la Compagnie. (Arrêt du 25 janvier 1907.)

Il faut bien remarquer dans des espèces de ce genre que la Compagnie a encaissé la prime couvrant le risque, et que ce n'est pas l'aléa du recouvrement qui l'inquiète. Les primes sont toujours payables d'avance, et avec ce système de déchéance, pour une prime reçue, la Compagnie ne donne aucune garantie en échange. C'est un troc fort avantageux.

Déchéances pour retard dans la déclaration du sinistre. — Les Compagnies sont très exigeantes à cet égard. L'assuré, dit quelquefois le contrat, doit faire la déclaration du sinistre à la Compagnie *immédiatement.* D'autres fois, il accorde deux jours. Bien entendu, si la déclaration n'est pas faite dans les délais impartis, l'assuré se voit frappé par la déchéance. Il subit la loi qu'il a acceptée par l'apposition de sa signature au bas de la police. La Cour de cassation a d'ailleurs déclaré que c'était là une convention claire, précise, et que le juge ne peut se refuser à en faire l'application. (Cass. 5 novembre 1906, *Journal des Assurances*, 1909, p. 93.)

Voyons jusqu'où vont les prétentions des assureurs dans ce sens :

1° A la suite d'un accident, garanti par une police dite « assurance individuelle », le blessé est resté plusieurs jours dans le coma, puis est mort. Le jour du décès, les ayants droit préviennent la Compagnie. Elle oppose tout de même la déchéance parce que le sinistre aurait dû lui être *déclaré dans les deux jours.*

Voilà un cas frappant de cette équité qui vient, au dire du mémoire des Compagnies, tempérer si heureusement la dureté des textes.

Malgré les principes, les tribunaux n'ont pu donner raison à la Compagnie, qui a poussé l'affaire jusqu'en Cassation pour voir son échec confirmé (Cass. 15 déc. 1908. *Argus*, 14 février 1909).

2° Un sieur ..., victime d'un accident, doit après plusieurs mois de traitement subir l'amputation d'une jambe. Il ne peut avertir son assureur que quatre jours après l'opération. On lui oppose la déchéance parce qu'il aurait dû faire sa déclaration dans les deux jours de l'accident.

La Compagnie voit ses prétentions repoussées par les tribunaux. (Cass. 29 juin 1908. *Journal des Assurances*, 29 juin 1908.)

3° Les assurés qui après incendie, au lieu d'envoyer dans les huit jours l'état estimatif des pertes au siège social de la Compagnie, conformément à une condition de leur police, se bornent à le remettre à l'agent local, sontdéchus de tous leurs droits à l'indemnité. (*Argus*, 29 novembre 1908.)

« Malgré leur bonne foi, dit le jugement, et qu'ils
« n'aient pas compris leur police et qu'ils paraissent
« s'être fiés à l'agent qui semble avoir partagé leur
« erreur. »

« Attendu, est-il dit encore, que la Société, quelque
« rigoureuse que soit sa prétention dans l'espèce, a le
« droit de l'invoquer alors même que les assurés ne
« peuvent être suspectés. »

4° Le sieur R..., assuré à la Société G....., devait déclarer les accidents dont il était victime dans un délai de 3 jours. Sa police définisssait l'accident donnant droit à une indemnité, celui qui a pour effet d'empêcher l'assuré de vaquer à ses occupations professionnelles.

R... fait une chute sur la colonne vertébrale le 1er juin 1906. Il continue de vaquer à ses occupations jusqu'au 27 juin. Se sentant souffrant des conséquences de son accident qu'il avait jugé dès l'abord peu grave, il va consulter le Docteur Chaume, qui ordonne le repos pour parésie légère. La déclaration de l'accident, dont les suites menacent de devenir inquiétantes, est faite à la Compagnie le 29. Le mal s'aggrave, puis le sieur R... décède le 28 juillet 1906.

La Compagnie oppose une déchéance parce qu'on ne lui a pas déclaré l'accident dans les trois jours.

Le tribunal de Périgueux (3 janvier 1907) trouve excessive la prétention de la Compagnie, mais la Cour d'assises de Bordeaux la trouve légitime (5 août 1907) (*Journal des Assurances*, 1908, p. 269).

R..... aura vainement payé les primes pour s'assurer contre les accidents, sa veuve ne sera pas indemnisée.

Déchéances pour causes diverses. — Non seulement pour se refuser au paiement du sinistre, les Compagnies invoquent les clauses de déchéance prévues au contrat, mais elles n'hésitent pas à soulever toutes les exceptions de droit qu'elles peuvent découvrir dans le célèbre maquis de la procédure. En voici quelques exemples :

1° L'accident de Mlle Dorgère. — Le 13 février 1907, Mlle Arlette Dorgère avait reçu de M. M..., courtier d'assurances, deux polices d'assurances contre les accidents à la Compagnie le P..... L'artiste signa les polices le 27 avril, remettant au courtier le montant de la première prime. Le 1er mai 1907, l'automobile de l'assurée fut brisée par le choc d'un tramway, d'où réclamation à la Société assureur de l'indemnité prévue au contrat, *et refus de payer* de la Compagnie sous prétexte qu'elle n'avait pas encore encaissé la prime, que celle-ci avait été payée à un simple courtier sans mandat pour encaisser et que le contrat ne pouvait produire effet qu'après l'encaissement régulier de la prime.

Remarquons que la police remise par le courtier porte toutes les signatures du personnel de la Compagnie et qu'il ne lui manque, pour être complète, que la signature de l'assuré. D'autre part, le courtier est en compte avec la Compagnie, qui lui doit des commissions sur les affaires en cours.

Mlle Dorgère plaida et perdit son procès en 1re instance, la Cour d'appel a cassé la décision du tribunal sans un arrêt du *20 juillet 1909*. L'*Argus* du 25 juillet 1909, qui rapporte cette affaire, n'hésite pas à trouver singulier l'arrêt de la Cour et pense qu'il ne peut faire jurisprudence.

Donc, pour les assureurs vous signez, vous payez, mais vous ne serez assuré que quand il aura plu au courtier de verser les fonds à la Caisse de la Compagnie.

2° *Accidents du travail.* — Un jeune garçon, Frédéric Strappes, âgé de moins de 13 ans, employé au service D'UN BOULANGER A FOUQUIÈRES-LES-LENZ, est victime d'un accident du travail. La Compagnie d'assurances la W..... se refuse au paiement des indemnités, fixées par la loi du 9 avril 1898, d'après un système approuvé par le tribunal de Béthune et la Cour de Douai :

« Attendu qu'aux termes de la loi du 2 novembre « 1892, les enfants âgés de moins de 13 ans ne peuvent « être employés dans les mines, manufactures, ateliers,

« etc..., s'ils ne sont munis du certificat d'études pri-
« maires, institué par la loi du 8 mars 1882, et en outre
« d'un certificat d'aptitudes physiques;

« Attendu que cette loi du 2 novembre 1892 est
« d'ordre public, il en résulte que toute convention qui
« y porte atteinte est nulle et de nul effet;

« Attendu qu'il est constant que Frédéric Strappe,
« âgé de moins de 13 ans, n'avait pas le certificat exigé
« par la loi du 2 novembre 1892, que par suite le contrat
« de travail liant Strappe à Péru n'avait aucune valeur;
« qu'il n'y a donc pas lieu, en l'espèce, à l'application de
« la loi du 9 avril 1898, et à la substitution de la Com-
« pagnie d'assurances. » (Tribunal de Béthune, 27 juillet
1906 — *Journal des Assurances*, 1908, p. 268.)

Qui aurait pu penser que la loi du 2 novembre 1892,
promulguée uniquement dans l'intérêt de la population ouvrière, pouvait se retourner contre elle? Le petit
ouvrier travaille sans en avoir le droit! Tant pis s'il est
victime d'un accident de travail! La loi n'est pas faite
pour lui, il n'a pas d'existence légale. C'est du moins
les assureurs et les juges qui l'affirment. Qui donc disait,
croyant indiquer le comble de l'absurde : « Pourrait-
on contester à un homme le droit de vivre en lui opposant un acte de décès authentique? » Celui-là ne connaissait pas les assureurs qui bientôt nous opposeront
des déchéances de cette nature.

Le plus fort de l'affaire, c'est que la loi du 2 novembre 1892, citée par les juges de Béthune et de Douai,
qui se sont ici lourdement trompés, ne s'applique
qu'aux établissements industriels, et qu'aucune limite

d'âge n'est fixée pour l'admission au travail dans les établissements commerciaux ainsi que dans les petites industries de l'alimentation (boulangeries, pâtisseries, charcuteries...)[1]. Les magistrats sont sujets à l'erreur comme tout le monde, et en plaidant même contre tout droit, il arrive quelquefois aux Compagnies de gagner les plus mauvais procès. C'est un risque qu'elles aiment à courir !

3° *Automobiles*.

Ceci est textuellement extrait d'un grand journal parisien.

« Dans les contrats d'assurance contre les accidents
« causés au tiers par les automobiles, existe cette
« phrase : La Compagnie sera déchargée de toute ga-
« rantie en cas de tentative de transaction, d'accepta-
« tion ou de reconnaissance, de responsabilité de la
« part de l'assuré. C'est simple, c'est anodin, c'est insi-
« dieux en diable! Des Compagnies d'assurances ont
« pris la déplorable coutume de considérer comme ac-
« ceptation de responsabilité les actes d'humanité qui
« sont simplement les manifestations d'un bon cœur :
« le louis glissé dans la main du médecin qui a donné
« ses premiers soins à la victime, la pièce de cent
« sous donnée au voiturier qui l'a emmenée chez le
« pharmacien le plus proche, le billet bleu remis comme
« secours à la femme d'un blessé qui était soutien de
« famille, sont taxés comme reconnaissance de respon-
« sabilité et déchoient l'accusé de tout recours contre

---

1. Voir Berthiot, inspecteur du travail dans l'industrie, *Dictionnaire de Législation industrielle et commerciale*, p. 45 et 46.

« son assureur. Ceci, les chauffeurs le savent, et quand
« un accident survient, ils sont obligés de se raidir
« dans un égoïsme apparent pour ne pas perdre une
« garantie qui, avec les condamnations rigoureuses
« qu'infligent certains tribunaux, peut parfois repré-
« senter une fortune et dépasser cent mille francs. De
« galantes gens, bien souvent, ont dû ainsi, le cœur
« navré, se conduire comme des mufles. La foule indi-
« gnée les écharpe parfois, et les tribunaux les salent
« en aggravant, pour cette apparente barbarie, l'impor-
« tance de la condamnation. Et c'est, en somme, la
« Compagnie d'assurances responsable de celle-ci qui
« est la victime finale d'une clause qu'elle eût voulu
« protectrice de ses intérêts, et qui leur est préjudicia-
« ble, tout en provoquant une indifférence apparente
« qui, en certaines circonstances, peut sembler pour le
« moins odieuse.

« Il serait, me semble-t-il, adroit, il serait humain
« aussi, d'ajouter sur les contrats, à la phrase citée,
« celle-ci :

« Tout acte d'humanité de l'assuré envers la victime
« d'un accident, ayant pour but d'assurer les premiers
« soins, ne saurait donner lieu à l'application de la pré-
« sente clause. »

MORTIMER-MEGRET, Le Matin,
17 novembre 1909, La vie sportive.

Après celle-là nous ne craindrons pas de dire que
l'esprit processif des Compagnies a déformé leur mentalité au point qu'elles en sont arrivées, d'aberration en
aberration, à une conception monstrueuse et antihu-
maine de leur rôle. Un telle conclusion paraîtra d'au-

tant moins osée, que nous avons en quelque sorte les aveux mêmes des Compagnies. En voici un tout récent, que nous recueillons dans l'*Argus* du 28 novembre 1909:

A la suite des troubles d'Adana, les Compagnies d'assurances, dont un grand nombre sont françaises, refusèrent d'indemniser les incendiés en invoquant une clause de leurs polices. Le Ministre des Travaux Publics, Haladjian-Effendi, les somma d'effectuer les règlements. On voit que c'est tout à fait Jeune Turc, car nos Ministres révolutionnaires se garderaient bien d'une semblable intervention. — En réponse, les Compagnies rédigèrent par l'organe de M. Weber, leur délégué, un mémoire en défense d'où nous détachons cette phrase :

« Que les sentiments humanitaires dont il (le minis-
« tre Turc) faisait mention dans sa circulaire ne pou-
« vaient être appliqués aux Compagnies d'Assurances,
« qui ne sont pas des Compagnies de bienfaisance... »

On trouvera peut-être trop longue cette incursion dans le domaine de la Jurisprudence des Assurances, et cependant il y a des points très importants que nous n'avons fait qu'effleurer, d'autres que nous n'avons point touchés, notamment celui qui vise la prescription de l'action en recouvrement de l'indemnité prévue au contrat. Signalons seulement que les Compagnies appliquent avec une extrême rigueur les délais de prescription, et qu'aucune excuse ne saurait les faire fléchir : — c'est ainsi qu'une Compagnie applique la prescription à un assuré, bien que celui-ci ait fait des démarches pressantes auprès d'elle, qu'il ait demandé l'assistance judiciaire et que ce soit seulement le retard dans son obtention qui ait amené le retard dans l'action judiciaire. — La Compagnie est condamnée par la Cour de Douai (24 mars 1896). — Mais la prétention n'en subsiste pas moins.

Bien que trop bref et très incomplet, notre tableau de la Jurisprudence fera, ce nous semble, nettement apparaît ce qu'il y a d'excessif, de léonin, d'abusif dans les sanctions avec lesquelles l'assureur entend réprimer les défaillances de l'assuré. Le fait seul que ce Code draconien ne comporte pour des fautes très diverses qu'une peine, « *la déchéance totale* », montre, bien que l'assureur se préoccupe moins de l'organisation rationnelle et équitable d'une œuvre de prévoyance et de réparation, que de la réduction par tous les moyens du nombre des indemnités à payer. Un système où, dès l'origine du contrat jusqu'à son expiration, l'assuré est tenu à une multiplicité d'obligations dont la plupart n'ont pas d'autre objectif que de le faire tomber en faute, pour lui opposer une entière déchéance, est un système absolument mauvais et contre lequel on ne saurait trop protester.

Nous attirons plus particulièrement l'attention sur les décisions de Jurisprudence qui déboutent les assureurs de leurs prétentions. Elles sont très intéressantes parce que, quand on signale la brutalité des assureurs et qu'ils triomphent en justice, ils ne manquent pas de proclamer, pour leur défense, que, les tribunaux leur ayant donné raison, c'est donc qu'ils avaient raison. Raison de droit, qui n'est pas la véritable justice. Mais les espèces où ils sont battus montrent qu'ils réclament impérieusement et intégralement l'application de la loi de fer qu'ils ont eu l'habileté d'imposer à leurs adversaires et qu'ils sont très éloignés de tempérer, par l'équité, la dureté du texte, ainsi que le prétendait le mémoire des assureurs en 1894.

Qu'on ne vienne pas nous dire que ces décisions montrent que les magistrats sont capables de refréner les excès des assureurs — il est facile de se rendre compte, même par le petit nombre d'exemples que nous avons choisis, combien le recours aux tribunaux est aléatoire et périlleux ; — tel qui gagne en première instance, perd en appel, ou *vice versa*. Pour faire triompher sa cause, il faut aller jusqu'en Cassation, et la justice en France n'est pas gratuite, sans compter le temps perdu, les années passées en procès, et pendant lesquelles on reste privé de la légitime indemnité qu'on croyait s'être rigoureusement assurée en acquiesçant à une police et en payant sa prime. Les plus courageux entreprennent le voyage, mais le plus grand nombre, appréhendant une telle entreprise, se soumet et accepte la déchéance. Nous n'aurions donc, si nous pouvions relever tous les conflits judiciaires entre assureurs et assurés, qu'une petite fraction de ceux qui on été les victimes et les dupes du système actuellement organisé.

Nous ne voudrions pas que les critiques que nous formulons contre le contrat d'assurance tel que l'ont rédigé les Compagnies, laissent supposer que nous rêverions d'une assurance utopique qui paierait toujours sans tenir compte des fautes des assurés. Telle n'est pas notre pensée. Nous estimons seulement — et si l'universalité des assurés, c'est-à-dire le grand public, était au courant de la question, il partagerait sûrement notre avis, — nous estimons, dis-je, que, sauf le cas de mauvaise foi ou de fraude, toute prime payée doit correspondre à un risque garanti, et que la déchéance totale dans le cas d'une erreur de bonne foi commise par l'assuré est un vol — peut-être légal —, mais c'est un vol tout de même. Les fautes de l'assuré devraient donc entraîner seulement une réduction dans la garantie fixée par le contrat, réduction qui serait en rapport avec l'importance de la faute commise.

Projet de loi sur le Contrat d'assurance. — Ce n'est pas d'aujourd'hui, d'ailleurs, que le Code des Assureurs apparaît comme exorbitant et qu'on songe à réglementer cette matière. Les assureurs-incendie[1], dans leur mémoire collectif, reconnaissant en partie ce que certaines exigences des Compagnies avaient d'excessif, offraient de collaborer à la rédaction d'un texte de loi sur le contrat d'assurances. En 1902 seulement, le Ministre du Commerce nomma une Commission chargée d'étudier les dispositions législatives auxquelles pourraient être soumis les contrats d'assurance. Cette Commission a déposé son rapport en 1904, et l'avant-projet de loi qu'elle avait élaboré a été envoyé au Parlement. Il n'a pas encore, que nous sachions, été soumis à la discussion des Chambres, mais

1. Les Compagnies à primes fixes.

son texte a été revisé par la Commission d'Assurance et de Prévoyance Sociale.

Vu le peu de rapidité avec laquelle on travaille à cette loi, on peut penser qu'elle ne verra le jour que dans plusieurs années — Il n'y a en tout cas pas lieu de le regretter.

Le projet de loi préparé par le Gouvernement et la Commission d'Assurance et de prévoyance sociale sanctionne sur un grand nombre de points les errements des assureurs. Dans la plupart des Commissions officielles, ceux-ci se trouvent d'ailleurs en majorité[1] et peuvent faire prévaloir leur opinion. Il serait trop long et inutile d'analyser ce projet, mais deux citations des rapporteurs rendront suffisamment compte de l'esprit avec lequel il a été conçu.

Un des rapporteurs dit en effet :

« En l'absence d'une loi en France, des usages se « sont établis, une jurisprudence considérable s'est for- « mée, l'habitude d'insérer dans les contrats certaines « clauses éprouvées s'est généralisée : c'est cet ensemble « de traditions qu'il convient de codifier[2]. »

Un autre ajoute, après avoir signalé que la liberté des conventions n'existe pas en matière de contrat d'assurance, parce qu'assureurs et assurés ne sont pas sur

---

1. La Commission extra-parlementaire chargée d'établir un avant-projet de loi sur le contrat d'assurances comprenait, sur 11 membres : 5 assureurs, 1 avocat au Conseil d'État et à la Cour de Cassation ayant comme clients des assureurs, un professeur à la Faculté de droit de Paris, un magistrat et deux fonctionnaires.

2. Rapport préparatoire, p. 89.

un pied d'égalité, et sans remarquer la contradiction dans laquelle il tombe :

« Toutefois, respectueuse de la liberté des conven-
« tions, qui est nécessaire au développement si souhai-
« table du commerce des assurances et souvent à l'inté-
« rêt bien entendu des assurés eux-mêmes, on s'est
« efforcé de réduire le plus possible le nombre des dis-
« positions impératives, en ne se préoccupant que des
« cas graves et caractérisés. »

On comprend qu'assis sur de pareilles conceptions le projet de loi du gouvernement ne renverse pas les principes d'assurances, si favorables à leurs intérêts, que les assureurs ont imaginés. Tout en reconnaissant que le texte proposé serait une amélioration sur les conditions générales de la plupart des contrats, nous pensons qu'il est beaucoup trop conservateur, en une matière où l'on ne pourra arriver à la justice que par une révolution. C'est ainsi que la déchéance totale est maintenue en cas de réticence ou de fausse déclaration, QUE L'ASSURÉ SOIT OU NON DE BONNE FOI.

Quelles que soient d'ailleurs les dispositions législati-ves, il n'est pas douteux que les assureurs n'arrivent à les éluder. Tant que les assurés se trouveront en pré-sence de Sociétés financières, poursuivant un but lucra-tif, ils ne pourront jamais obtenir un contrat étayé sur des conventions justes et raisonnables. Et même si on pouvait espérer qu'un jour les Compagnies financières accepteront un contrat raisonnable et équitable pour les deux parties, il faudra toujours compter sur la manière de l'appliquer. L'assuré ne verra se réaliser pour lui la justice que dans l'assurance par des mutualités organisées par l'État, parce qu'alors il n'y aura plus en présence deux antagonistes irréductibles, l'assureur et l'assuré, mais seulement des assurés travaillant en commun pour le bien commun.

CHAPITRE VI

Insécurité de l'assurance par suite de l'insolvabilité possible de l'assureur

Insolvabilité de l'assureur. — Sociétés disparues depuis 1882 jusqu'à 1908. — Facilités de constitution des Sociétés. — Absence de contrôle. — L'agiotage autour des valeurs d'assurance. — Émission de papiers sans valeur. — Les actionnaires dupés. — Résumé des aléas courus par l'assuré et avantages certains que lui procurera l'assurance par l'État.

Insolvabilité de l'assureur. — L'assuré qui a été assez habile ou assez heureux, pour éviter les pièges qui lui étaient tendus et qui a pu triompher devant les diverses juridictions : première instance, appel, cassation, où l'a assigné son assureur désireux d'éluder le règlement d'une indemnité, ou tout au moins de le retarder, n'est pas encore au bout de ses peines. Au moment de faire exécuter le jugement, il peut se trouver en présence d'un assureur insolvable. Il n'aura d'autre ressource que de le faire mettre en état de faillite, opération qui ne sera pas sans lui coûter quelques dépenses supplémentaires, et, après une liquidation qui durera plusieurs années, il arrivera bien souvent qu'il lui sera impossible de toucher un centime de ce qui lui est dû, l'actif de son assureur ayant été entièrement absorbé par les frais de justice ou par d'autres.

Que l'on compte le temps perdu par l'assuré en démarches de toute nature, les sommes avancées par lui pour soutenir ses procès devant les diverses juridictions, les honoraires de ses conseils, de ses avocats, la perte de l'indemnité qui lui était légitimement due d'après son contrat, et on se rendra compte du désastre qui frappe l'assuré lorsqu'il s'est malencontreusement fait garantir par une Société défaillante.

Sans doute nous avons pris le cas le plus fâcheux. En général l'assuré se renseignera, avant de plaider, sur la situation financière de la Société, et s'il ne la croit pas solide, il s'en tiendra à la perte du montant de son assurance et ne poussera pas les choses plus loin. Il réduira ses maux au minimum, mais il rendra en même temps un mauvais service à la collectivité, parce que l'assureur insolvable pourra continuer le cours de ses exploits, et faire de nouvelles victimes.

D'autres fois la faillite de l'assureur ne sera pas entièrement défavorable aux assurés, qui pourront rentrer dans une partie de leur dû. Ce sera, le plus souvent, une somme très faible, et comme elle est grevée de

tous les multiples frais qu'auront entraînés les procès
et la liquidation, elle sera bien loin d'équivaloir à ce
que les sinistrés auraient obtenu, sans frais, dans une
assurance loyale et convenablement organisée.

Mais combien de temps les malheureux assurés sont-
ils obligés dans ce cas d'attendre la répartition de l'actif
de la faillite ? Prenons au hasard[1] une Société liquidée
judiciairement, « l'Industrielle ». Le jugement déclara-
tif de faillite est de 1884, la répartition se fait en 1893,
soit 9 ans plus tard. Il n'est pas besoin d'insister, en
présence de la situation que la faillite de l'assureur crée
aux assurés, pour comprendre le grand intérêt qu'ont
ceux-ci à rompre leur contrat lorsqu'ils se trouvent liés
à une Société en déconfiture. Nous l'avons déjà dit,
mais il ne sera pas inutile de le répéter à cette place,
l'assureur se réserve le droit de résilier la police, en
cas de faillite de l'assuré, mais la *réciproque n'est nullement permise.*

Que peut faire l'assuré qui apprend le faillite de son
assureur ? Il peut seulement lui réclamer une caution
solvable, et s'il ne l'obtient pas, réclamer la résolution
du contrat. Ceci exige une intervention judiciaire ; à
défaut, il reste tenu pour la durée de son contrat du
paiement des primes. Comme, dans la plupart des cas,
la valeur de la prime due par l'assuré n'est pas en rapport avec les frais d'une pareille instance, cette solution est plus théorique que pratique. Lorsqu'il y a faillite, les assurés recherchent immédiatement un autre

---

1. Dans la liste dressée par *Paris-Assureur.*

assureur, et comme ils sont tenus des primes, par rapport à la Société en faillite, il leur faut payer deux fois les primes d'assurance pour acheter en définitive une seule garantie.

Si l'assuré ne peut rompre son engagement par suite de faillite de son assureur, il sera encore moins fondé à le faire s'il le suspecte seulement d'être dans une mauvaise situation et, le cas échéant, de ne pouvoir régler les sinistres auxquels il est exposé. Ceci a un très grand intérêt pratique, parce qu'en, général quand une Société d'assurance est déclarée en faillite, il y a longtemps qu'elle est incapable de faire face à ses charges. Malheureusement l'assuré ne peut rien contre elle, et la jurisprudence décide : « qu'il ne peut se dégager en « prouvant que, quoique *in bonis*, l'assureur est inca-« pable de remplir ses engagements, un sinistre sur-« venant. » (Paris, D. P. 52.2.268.)

On nous objectera que, sans être imaginaire, le péril dont nous voyons l'assuré menacé par l'insolvabilité éventuelle de la Compagnie qui l'assure, est au moins fort peu fréquent, et que la situation financière des Sociétés est plutôt brillante puisqu'on leur reproche de gagner trop d'argent. Nous ne contesterons pas que les grandes Compagnies françaises, et même étrangères, qui pratiquent l'assurance sous ses diverses formes, ne soient susceptibles de nous rassurer pleinement sur leur solvabilité quand on s'adresse à elles. Elles sont riches, elles ont des réserves bien dotées, elles peuvent envisager l'avenir sans crainte.

Mais tout le monde n'est pas assuré aux grandes

Compagnies à primes fixes ou aux grandes Mutuelles. Dans le cours ordinaire des choses, on s'assure en raison de la personnalité de l'agent qui sert d'intermédiaire, et non parce qu'on s'est renseigné sur le crédit dont jouit la Compagnie qui prend le risque. C'est à l'agent que l'assuré fait confiance, incapable qu'il est de discerner les bonnes Sociétés des mauvaises. Qu'on l'assure au « Vautour » ou à la « Métropolitaine », à la « Prudence » ou à la « Témérité », il n'y prend garde. On est donc assuré un peu au hasard, trop heureux si on a la bonne fortune de ne pas tomber sur ces Compagnies besogneuses qui, sous le masque de l'assurance, ne sont que de simples entreprises d'escroqueries. Or, le nombre des Sociétés défaillantes est beaucoup plus élevé qu'on ne croit. Une statistique de *Paris-Assureur* nous apprend que, de 1882 à 1908, 160 Sociétés ont disparu. Sans doute, toutes n'ont pas fini leur carrière par la liquidation judiciaire ou la faillite, et quelques-unes ont terminé honorablement leurs jours en sauvegardant les intérêts de leurs assurés, mais le nombre de ces dernières est faible. Ces 160 Sociétés disparues comprennent :

53 Sociétés d'assurances contre l'incendie,
12   —   —   sur la vie,
19   —   —   accidents,
25   —   —   maritimes,
9   —   —   contre la grêle,
42 Sociétés diverses.

La statistique ne nous dit pas les pertes que les assurés ont éprouvées du chef de ces liquidations ou de ces faillites ; elle pourrait seulement nous apprendre les millions perdus par les actionnaires. Nous n'en relevons pas le chiffre, cette statistique étant incomplète.

A ceux qui s'étonneraient du grand nombre de Sociétés disparues en cette période de 26 années, et qui penseraient en conclure que l'industrie de l'assurance est fort pénible pour ceux qui l'entreprennent et qu'il n'y a qu'un petit nombre de favorisés qui y réussissent, nous leur apprendrons que bien des Sociétés sont créées sans espoir de réussite par des financiers sans scrupule, qui n'ont d'autre préoccupation que de lancer une affaire, recueillir le bénéfice de ce lancement, et ne pas s'inquiéter du reste.

Facilités de constitution. — Rien n'est plus facile en effet que de fonder une Société d'assurances ayant de bonnes apparences, sans disposer de capitaux. En effet, à l'exception des Sociétés d'assurances sur la Vie, qui ont toujours fait l'objet de dispositions réglementaires spéciales, les Sociétés d'assurances peuvent se créer librement, sans autorisation administrative. Si elles adoptent la forme anonyme, la loi française exige bien qu'un quart du capital social souscrit ait été versé préalablement à la constitution de la Société, mais la loi n'empêche pas que cette libération ait lieu sous forme d'apports. On désigne ainsi les sommes ou les actions qui sont remises aux fondateurs pour les récompenser de leurs travaux préparatoires, de leurs études, de leurs relations commerciales...

Or, si, aux termes de la loi, le capital social doit

figurer sur les contrats d'assurances, il n'est rien dit en ce qui concerne les apports. L'assuré qui lit sur son contrat : « Capital social : 5 millions », ne s'imagine guère que sur 5 millions, il n'y a peut-être en espèces réalisées que les fonds de roulement, indispensables à la marche de l'entreprise.

D'autres fois c'est par de simples artifices dans la disposition typographique qu'on trompera les assurés. On écrira par exemple :

CAPITAL SOCIAL
pouvant être porté à
6 MILLIONS

le « pouvant être porté à » en caractères si fins que personne ne l'apercevra. Le capital social sera en réalité de quelques centaines de mille francs, mais la Compagnie vendra à qui voudra des actions nouvelles qu'elle sera autorisée à émettre par son conseil d'administration jusqu'à concurrence des 6 millions. En apparence on aura devant soi une Société d'assurances, en fait ce sera une Société d'émission qui vendra des papiers sans valeur.

Pour les gens économes, les timorés qui reculent devant un placement en actions, réputé aléatoire, la Compagnie offrira des obligations : qu'est-ce qui empêche une Société d'assurances de faire un emprunt? Si les obligations ne suffisent pas, on émettra des Bons privilégiés, des Bons de préférence, etc..., etc..., et des titres portant toutes autres dénominations que l'imagination des brasseurs d'affaires peut créer en ces matières.

La loi n'empêche pas non plus la Société de rémunérer, avec le capital versé, les courtiers, les intermédiaires de tous ordres qui placent les actions de la Société, ou qui récoltent des clients. Elle ne fait pas obstacle non plus à ce que ce capital soit dépensé en frais d'installation, de voyage, de publicité, etc... De sorte qu'il arrive bien des fois qu'une Société qui se présente au public avec un capital social respectable, de plusieurs millions, n'a en réalité pas un sou vaillant et que les fondateurs ont mis dans leur poche sous des prétextes divers, toujours fort honorables, les capitaux versés par les actionnaires.

La création des Sociétés d'assurances mutuelles est encore plus facile que celle des Sociétés anonymes, et comme on a admis qu'elles pouvaient contracter des emprunts, les fondateurs ou organisateurs de mutuelles lancent à leur tour sur le marché des obligations. Leur but apparent est de donner à la Société un capital de garantie, un fonds de réserve, etc...

Tous ces papiers donnent lieu à un agiotage des plus extravagants, et les capitaux, qui seraient nécessaires pour les entreprises agricoles ou industrielles, vont échouer misérablement dans des officines obscures, sans profit pour la collectivité. Nous cédons la plume à M. Debrock, inspecteur d'assurances, que nous avons cité maintes fois au cours de cet ouvrage, et qui décrit, comme des choses vues, les procédés des financiers interlopes pour lancer une affaire d'assurance et duper les actionnaires [1] :

1. *Les assurances contre l'Incendie — Réformes nécessaires*, p. 20 et 21.

« Mais après 1870 — (faisons remarquer qu'avant
1867 la législation sur les Sociétés ne permettait pas
de créer des Sociétés anonymes sans autorisation) —
« des faiseurs eurent deux idées géniales dont l'applica-
« tion donna aux émissions une impulsion absolument
« extraordinaire.

« Les uns majorèrent les actions d'une prime dont
« le produit devait payer les frais de premier établisse-
« ment et permettre de donner un dividende dès la pre-
« mière année ; les autres insérèrent dans leurs statuts
« que pendant les premières années les actionnaires re-
« cevraient un intérêt de 5 o/o.

« A en croire les prospectus, l'action d'assurance de-
« venait ainsi un placement de premier ordre, d'un re-
« venu immédiat et certain, tout en conservant ses
« chances de plus-value.

« De grandes maisons de banques se chargèrent des
« émissions et, au moyen d'une publicité colossale et
« sans précédent, on dépouilla les ignorants.

« De 1876 à 1885, il n'a pas été fondé moins de
« 34 Compagnies d'assurances contre l'incendie, repré-
« sentant un capital social de 325 millions, divisé en
« 650.000 actions sur lesquelles les actionnaires ont
« perdu au moins 150 millions ; et de toutes ces créa-
« tions il n'en reste que huit dont six ne peuvent encore
« distribuer de dividende et auront beaucoup de peine
« à ne pas grossir la liste des Compagnies disparues.

L'agiotage a peut-être diminué après 1885, ajoute-
rons-nous, mais il n'a point cessé.

« Certains lanceurs de Compagnies, — poursuit

« M. Debrock — et il y en aura toujours, embauchent
« des camelots proprement mis, leur allouent jusqu'à
« 25 francs [1] par action souscrite, et ces bons apôtres
« parcourent les petites villes et les campagnes, répé-
« tant aux naïfs que s'ils veulent faire un excellent pla-
« cement susceptible d'une énorme plus-value, ils doi-
« vent souscrire des actions de nouvelles Compagnies
« d'assurances.

« Les nombreuses Compagnies disparues ont donné
« tant de mécompte que ces courtiers sont souvent mal
« reçus, et il arrive que d'anciennes victimes leur mon-
« trent la fourche, mais ils sont persévérants, finissent
« toujours par tomber sur des gogos non encore étrillés
« et, comme ils ne commencent jamais leur boniment
« sans déclarer qu'ils ne s'adressent qu'aux personnes
« intelligentes capables de comprendre l'affaire, ils réus-
« sent beaucoup plus souvent qu'on ne le croit. »

Ces intermédiaires portent le nom de « démarcheurs ». Leur principal argument consiste dans l'augmentation formidable du cours des actions des grandes
Compagnies d'assurances, Vie, Incendie. Nous avons
déjà parlé de cette plus-value, nous n'y reviendrons
pas.

« C'est par milliers, conclut M. Debrock, qu'on doit
« compter les bas de laine que les assurances ont vidés.
« Si, avant de souscrire, ces malheureux actionnaires,
« qui ne savent ce qu'ils font, pouvaient seulement se
« douter combien ceux qui les dépouillent s'en mo-

---

1. Ce courtage a été même bien des fois dépassé.

« quent, disant que l'actionnaire n'est pas intéressant,
« qu'il a été créé et mis au monde pour fournir son
« argent, comme le mouton sa laine, l'abeille son miel,
« ou que c'est là un bon mollusque appartenant de
« droit aux financiers. »

Il y a quelques années, les journaux racontaient l'histoire d'une escroquerie aux actions d'assurances, qui s'était déroulée au Mans. Le titre de ce fait divers était suggestif : « Une gifle de 120.000 fr. ». La gifle, c'était le démarcheur d'une Compagnie-accidents, la G...., qui l'avait reçue. Ce courtier, ancien employé à la Caisse d'Epargne, avait été amené par ses fonctions à connaître les petits rentiers de la ville. Il leur avait démontré combien à notre époque il est périlleux de faire crédit à l'État, que celui-ci marche à grands pas vers la Banqueroute et qu'il est habile et prudent de vendre les titres de rente quand on en a, et d'acheter à la place de bonnes actions d'assurances, d'une garantie indiscutable, rapportant un intérêt élevé et susceptibles d'une remarquable plus-value, ainsi qu'en témoigne la hausse des cours des principales valeurs d'assurances, comme la Générale, la Nationale, etc... Une de ses dupes, cédant à ses sollicitations, avait réalisé toute sa fortune, atteignant environ 120.000 fr., pour acquérir les précieuses actions, mais elle apprenait bientôt qu'elle avait fait un placement ruineux. Pour se venger, le rentier lésé frappait au visage le malhonnête conseiller. Le juge du tribunal de simple police, devant lequel il comparaissait, n'eut pas la force de le condamner, et son jugement fut très sévère pour le courtier d'assurances. La

Société la G... est depuis longtemps en faillite, et le héros du fait divers, que nous venons de raconter, complètement ruiné.

M. Debrock, qui est hostile à l'assurance par l'État, estime que le gouvernement doit seulement surveiller la formation et le fonctionnement des Sociétés anonymes. « Si, dit-il, individuellement, l'actionnaire ne « doit pas être considéré comme un enfant mineur à « protéger et doit être libre de chercher des bénéfices à « ses risques et périls, il n'est pas moins vrai qu'il est « de l'intérêt général et d'ordre public que ces colos- « sales flibusteries, comme il y en a eu beaucoup trop « depuis trente ans, deviennent sinon impossibles, du « moins plus rares. »

Ainsi, d'un côté un groupe de grandes Compagnies, riches, prospères, puissantes, vendant très cher une garantie incertaine en raison des termes du contrat, et exploitant copieusement les assurés, dans l'intérêt des actionnaires ; de l'autre, une multitude de petites Sociétés douteuses, instruments d'hommes d'affaires plus ou moins louches, exploitant à la fois les assurés et les fonctionnaires : tel est, en raccourci, le tableau d'ensemble des Sociétés capitalistes.

Croire que la surveillance de l'État sera suffisante à empêcher les abus nous paraît une illusion. Avec elle ils seraient vraisemblablement moins criants et plus rares, mais ce bénéfice nous semble absolument insuf- fisant. Si l'on veut que l'assurance, comme elle le mérite, rentre dans la catégorie des œuvres de prévoyance, il ne faut pas se contenter d'un à peu près, il faut qu'on puisse compter sur elle, qu'elle ne puisse jamais dégénérer en entreprise véreuse et faire à un moment quelconque défaut à l'assuré. L'assurance doit être une opération de tout repos, et c'est un véritable scandale pour la raison que l'assuré puisse avoir à se repentir d'un acte de prévoyance.

Résumé des aléas courus par l'assuré. — Celui qui a la prétention de s'assurer doit, en définitive, prendre de minutieuses précautions pour éviter d'acheter une illusoire garantie. Avant de s'engager, il lui faudra étudier avec soin les statuts de la Société anonyme ou mutuelle avec laquelle il entend traiter, car les termes de ses statuts pourraient lui être opposés et entraîner déchéance contre lui. Avec plus d'attention encore il devra examiner les conditions générales de son contrat, voir les déclarations qu'on lui impose, les délais qu'on lui accorde, les prescriptions qu'il doit subir. Il ne lui sera pas toujours facile de remplir à cet égard tous ses devoirs. Il signera sa proposition d'assurance avant de recevoir et de pouvoir lire sa police; peut-être celle-ci lui imposera-t-elle des obligations qu'il aurait dû remplir dans celle-là. Peu importe, en matière d'assurance la loi est dure, comme nous l'a appris M. Beer.

On ne peut se conformer convenablement à une loi, si on en ignore la jurisprudence. Ce sera là une étude que ne devra pas négliger l'assuré. Elle lui sera d'autant plus nécessaire que son assureur essaiera maintes fois de lui en imposer à cet égard.

Enfin, il ne manquera pas de se renseigner sur la situation financière de son assureur; il lui faudra s'abonner à des journaux financiers spéciaux, examiner les bilans qu'ils publient et, ce qui sera peut-être plus difficile, les bien comprendre.

Va-t-on dire de bonne foi que cet ensemble de précautions peut être pris par la généralité des assurés?

Visiblement non. C'est possible peut-être dans les grandes entreprises occupant un nombreux personnel et où les compétences de tous ordres peuvent se rencontrer, mais la grande masse des assurés, le petit propriétaire, le locataire, le petit patron, Monsieur Tout-le-monde, ne le pourra pas. Et cela seul suffirait à condamner l'organisation actuelle de l'assurance, par le législateur soucieux de protéger les faibles, les imprudents, les ignorants.

On le pourra d'autant moins que les assureurs émettent quelquefois la prétention d'obliger l'assuré à venir signer les polices ou avenants dans leurs bureaux, sans lui permettre de s'adresser à un conseil. Sans doute une pareille exigence est abusive et les tribunaux la condamnent, mais peut-on toujours faire appel à eux, être constamment en procès, et n'est-il pas manifeste que la majorité des assurés aime mieux s'incliner et céder?

Voici deux exemples d'une pareille prétention, qui en dit long sur la mentalité des Compagnies. Nous les empruntons à l'*Argus* du 18 juillet 1909 :

La Compagnie « Le N... » exigeait qu'un sieur Braud, charcutier, vienne signer dans ses bureaux un avenant de mutation, et ce, parce que Braud était en relation avec une Société qui s'occupait des intérêts des assurés et dénommée « *La Défense* ». Le tribunal de Commerce de Nantes débouta la Compagnie par un jugement du 29 mai 1909, dont voici deux attendus :

« Que la Compagnie le N..., en mettant l'avenant à « la disposition de Braud simplement dans ses bureaux « où ce dernier devait venir le signer *séance tenante*, « a manifesté une prétention contraire à l'usage et à « la pratique des affaires ;

« Que Braud avait le droit d'autant plus incontesta- « ble de soumettre l'avenant à l'examen de son conseil, « que les polices et avenants d'assurances renferment « des conditions imprimées multiples dont un commer- « çant peu expérimenté en ces matières, comme l'était « Braud, saisit difficilement la portée, etc... »

Le juge de paix du 2ᵉ canton de Nantes avait eu à statuer sur un litige de même espèce entre un sieur G... et la R....., le 2 septembre 1904. Dans son jugement, qui déboute la Compagnie, il cite de nombreuses décisions qui ont eu à solutionner des différends analogues (Rouen, 6 juin 1878 ; Bordeaux, 26 février 1855 ; Lyon, 3 juillet 1900). Ceci montre. en passant, le peu de cas que les Compagnies font de la jurisprudence quand elle ne confirme pas leurs prétentions.

L'assurance est pratiquée de si injuste et de si odieuse façon, que bien des personnes qui en ont été les victimes ont renoncé à pratiquer cette opération de prévoyance. Malgré l'augmentation incessante des primes réalisées par les Sociétés d'assurances, le nombre des non-assurés est encore beaucoup plus important qu'on ne pense. En matière incendie par exemple, voici quelques chiffres que nous empruntons à l'*Annuaire statistique* : au cours de l'année 1906, les dégâts causés par les incendies se sont élevés à 97.215.334 fr., sur lesquels 83.303.865 fr. sont couverts par des Compagnies d'assurances et 13.911.469 fr. ne sont pas garantis. Ainsi, en 1906, *14 0/0 des risques ne sont pas assurés ou sont mal assurés.* Mais comment faire un reproche aux imprévoyants quand on connaît le mécanisme de la prévoyance organisée par les Sociétés financières ?

L'Assurance par l'État apportera dans toutes ces questions troubles et obscures une grande lumière et une grande simplicité. Ce sera avec elle la sécurité complète au sujet du règlement du sinistre. Pas d'insolvabilité à redouter comme avec l'assurance privée. L'État, ne recherchant pas un bénéfice toujours croissant, sera humain vis-à-vis de l'assuré. Il le préviendra des fautes qu'il ne doit point commettre, il l'avisera par des notices détaillées, claires, imprimées en caractères apparents des déclarations qu'il doit faire et des délais qui lui sont impartis, et si malgré tout l'assuré fait des fautes, elles seront réprimées par des sanctions équitables toujours proportionnées à la faute commise et au dommage que celle-ci aura pu porter aux intérêts de la collectivité.

CHAPITRE VII

L'assurance et les accidents du travail

Inconvénients et dangers de l'assurance pour le patron. — Ses inconvénients et ses dangers pour l'ouvrier. — Exploitation des ouvriers ignorants. — Marchandage et conciliation. — Rachat des rentes. — Pression exercée par les Compagnies pour faire accepter leurs médecins par les blessés. — Caractère des soins médicaux. — Traitement intensif. — Les assureurs contre le libre choix du médecin. — Dépenses médicales et pharmaceutiques en France et en Allemagne. — Les experts. — Les projets des assureurs. — Ils veulent faire échec à la loi.

Inconvénients et dangers de l'assurance pour le patron. — La loi du 9 avril 1898, concernant les responsabilités des accidents dont les ouvriers sont victimes dans leur travail, n'a rien innové en ce qui touche au contrat d'assurance, et cependant, suivant l'expression d'un parlementaire, cette loi oblige le patron à l'assurance, non par une obligation légale, mais par une obligation de fait. Tout en rendant l'assurance nécessaire au patron qui ne veut pas courir le risque de se ruiner à la suite de quelques accidents graves atteignant son personnel, le législateur a omis d'améliorer les caractères de l'assurance en vigueur, bien que les vices des conditions générales des polices d'assurances aient frappé tout le monde, depuis long-temps. Répondant à M. Bourgeois, député du Jura, qui en 1894 proposait le monopole de l'assurance-incendie, les Compagnies d'assurances à primes fixes reconnaissaient qu'une loi sur le contrat d'assurance serait bien accueillie par elles, et elles offraient même, pour la préparer, leur collaboration au gouvernement.

Ainsi la loi du 9 avril 1898, dont l'élaboration a demandé plus de dix-huit années de travaux parlementaires, et qui a révolutionné le droit français en créant, à l'encontre des stipulations strictement égalitaires du Code Napoléon, un ensemble de dispositions de protection en faveur des faibles, cette loi essentiellement sociale et dont on a pu dire même, peut-être avec quelque exagération, qu'elle était la seule loi sociale de la 3e République, cette loi n'est nullement intervenue pour protéger le patron, grand ou petit, contre l'assureur, bien qu'il fût établi combien cette protection était nécessaire.

Pourquoi le législateur s'est-il si peu préoccupé des intérêts du patron et l'a-t-il livré sans défense aux agissements des Compagnies ? A-t-il pensé qu'en créant une Caisse nationale faisant concurrence aux entreprises privées il établissait un contrepoids suffisant à leurs exigences ? C'était naïveté de sa part, puisqu'il frappait en même temps cette Caisse nationale de stérilité en limitant son intervention à la garantie des accidents suivis de mort ou d'incapacité permanente ; c'était insuffisance aussi, car, entre une Caisse publique, qui attend le client sans le solliciter, sans lui signaler même son existence, et une entreprise privée, servie par des agents, des courtiers et une publicité de tous les instants, le chef d'entreprise est entraîné manifestement vers cette dernière sans qu'on puisse dire qu'il a comparé deux institutions et qu'il a fait un choix étudié et libre.

Nous nous défendons cependant de croire que la loi a été faite au profit des assureurs et que le Parlement, en même temps qu'il donnait, dans une certaine mesure, satisfaction aux réclamations des partis avancés, livrait aux hommes de finance, pour l'exploiter, une nouvelle matière assurable, et qu'en même temps qu'une bonne œuvre, il leur faisait faire une bonne affaire sur le dos de la grosse majorité du patronat français. Nous pensons que cela n'est pas vrai, et que la longue histoire des débats parlementaires relatifs à cette loi montre qu'on a plutôt manqué de méthode que de bonne volonté.

Quoi qu'il en soit, le contrat d'assurance contre les accidents du travail procède des mêmes errements que les contrats d'assurances ordinaires, c'est-à-dire que le patron assuré perd tout le bénéfice de son contrat, malgré le paiement des primes qui ne lui sont jamais restituées, s'il n'a pas suffisamment indiqué ou précisé la nature des opérations à laquelle il se livre, si l'accident survenu à l'ouvrier ne s'est pas strictement produit à l'occasion de la profession, si les déclarations des salaires payés sont entachées d'erreur commise même de bonne foi, si l'accident n'a pas été déclaré à l'assureur dans les délais impartis, si les pièces de procédure ne lui ont été communiquées qu'avec des retards, etc... Il y a là un nombre considérable de cas de déchéances *absolues*, d'autant plus pénibles à supporter par le chef d'entreprise que les primes de couverture en matière accidents du travail sont fort lourdes, qu'elles atteignent dans certaines professions 7 à 8 o/o des salaires et qu'il est fort dur, après avoir acquitté une semblable dîme, d'être encore obligé à payer l'intégralité du coût d'un accident, parce qu'on aura omis d'exécuter quelques-unes des règles impératives de la police.

Cependant nous ne saurions passer sous silence une disposition légale favorable au patron et qui peut l'inciter à s'assurer : la loi le garantit contre l'insolvabilité de son assureur, et l'ouvrier blessé ne peut, en ce qui concerne le paiement des arrérages de rentes, se retourner contre lui au cas où la Compagnie d'assurances ne pourrait ou ne voudrait acquitter ses charges.

Il est vrai que cette *garantie spéciale* **le Patron la paye** d'une prime supplémentaire, versée à l'État, et qu'on appelle « contribution au fonds de garantie[1] ». Le remède qu'on a trouvé au mal nous semble ici quelque peu singulier. L'assureur peut être insolvable, dit-on, c'est vrai, mais qu'à cela ne tienne, patron, tu t'assureras contre son insolvabilité. Certes, cela est ingénieux et démontre que l'assurance s'applique de jour en jour à des risques insoupçonnés ; mais n'aurait-il pas été beaucoup plus simple et moins cher de sup-

1. Le versement au fonds de garantie s'est élevé jusqu'à ces temps derniers à 2 o/o du principal des patentes et coûtait 1.500.000 fr. environ aux contribuables.

primer l'assureur incertain et faillible et de le remplacer par l'assurance de l'État qui offre une garantie de tout repos ?

N'oublions pas que le remède n'a qu'une action limitée. Le patron n'est à l'abri de la déconfiture de son assureur que pour le service des rentes, mais toutes les autres dépenses qu'entraîne un accident : indemnités journalières, frais médicaux, pharmaceutiques, funéraires, judiciaires, peuvent malgré l'assurance rester à sa charge. Que dire d'une semblable thérapeutique, sinon qu'elle est un palliatif onéreux et insuffisant ?

D'ailleurs ce léger avantage que la loi accorde au patron assuré est largement contrebalancé par la situation critique où il peut être mis par le fait de l'assurance. Quelque paradoxal que cela paraisse, il vaudrait quelquefois mieux pour lui qu'il n'ait jamais songé à s'assurer. En effet, le législateur, en pensant à l'importance des charges que peut avoir à supporter un chef d'entreprise, a cru devoir, sans les atténuer, éviter au moins qu'elles viennent le frapper d'un coup et il lui a permis de s'en libérer par petites fractions. C'est ce que dit la loi dans son article 28 : « Le versement du capi-« tal représentatif de la rente ne pourra jamais être « exigé des débiteurs. » Le patron n'a donc à payer, à son ouvrier blessé, à chaque trimestre, que les arrérages de la rente. Mais tout autre est sa situation s'il est assuré et si une déchéance est venue le frapper. La Compagnie d'assurance est, en effet, de par la loi, obligée à verser le capital constitutif de la rente à la Caisse des retraites et en vertu d'une clause de la police elle exige du patron le remboursement de ce capital.

Voici un exemple, qui n'a rien de théorique et qui se présente maintes fois dans la pratique.

Un petit patron boulanger, qui occupe 3 ouvriers, par exemple, est responsable d'un accident du travail survenu à l'un d'eux. Admettons un salaire de 2200 fr., une incapacité de travail de 5o o/o, cela n'a rien d'extraordinaire, d'où une rente de 55o fr.

Si ce patron n'est pas assuré, il paiera tous les trois mois 137 fr. 5o. Ce sera une dette ennuyeuse sans doute, mais non ruineuse. S'il est assuré et qu'il ait fait quelque faute lui faisant perdre le bénéfice du contrat, s'il a par exemple omis de transmettre à la Compagnie dans les trois jours l'avis d'enquête du juge de paix ou toute autre pièce juridique, il sera tenu de rembourser à la Compagnie la valeur du capital qu'elle aura versé à la Caisse des retraites, soit, si le blessé à 35 ans, 9700 fr. environ.

Comparons les situations :

Le premier patron se libérera par un versement de 137 fr. 5o tous les trois mois : dette lourde mais échelonnée ;

Le second aura eu à payer des primes, les frais d'un procès avec sa Compagnie, plus le montant du capital, 9700 fr. Dans bien des cas ce sera pour lui la ruine.

Voilà comment l'assurance vient enlever au patron le bénéfice d'une disposition protectrice votée par le législateur.

Ses inconvénients et ses dangers pour

l'ouvrier. — Abandonnons le patron à son sort et examinons si, au regard de l'ouvrier, l'assurance présente de plus heureuses dispositions.

Laissons de côté le service des rentes, il est garanti d'une façon formelle par l'État. Mais outre les rentes, la loi accorde aux blessés des indemnités journalières, payables jusqu'à ce que la blessure soit consolidée ou guérie. Qui doit ces indemnités? Le patron. Qui doit les payer? L'assureur. Admettons que le patron fasse faillite, l'assureur qui n'est pas en rapport direct avec l'ouvrier se gardera bien d'intervenir, et l'ouvrier qui ne le connaît point ne pourra rien lui réclamer. Comment soutiendrait-il ses droits, puisqu'il n'a aucun titre?

La loi et l'assurance libre ont-elles du moins placé l'ouvrier blessé dans des conditions protectrices tellement efficaces qu'on puisse avoir la certitude qu'il reçoit toujours les soins empressés que mérite son infortune et que lui ou les siens obtiennent sans contestations pénibles les secours pécuniaires auxquels ils ont droit? Malheureusement non.

L'ouvrier qui est victime d'un accident dans son travail voit tout de suite son salaire s'abaisser de moitié. C'est une réduction bien dure pour son maigre budget, il verra la gêne, même la misère s'abattre sur son foyer. Souffrances physiques et souffrances morales réunies sont largement suffisantes pour affaiblir l'énergie des plus vigoureux. Aussi quelle aurait dû être la disposition principale d'une législation bienveillante et humaine? N'aurait-elle pas été de créer un organisme de protection tutélaire des intérêts de l'ouvrier, qui serait venu, sans appel, le réconforter dans son désarroi, lui prodiguer les ressources de l'art médical pour calmer sa douleur physique, en même temps que sans réclamation, *automatiquement*, l'allocation légale serait venue entre les mains des siens, remplacer le salaire régulier quelquefois absent pour une longe durée?

Le législateur ne l'a pas compris ainsi. Il a cru qu'il suffisait de donner à l'ouvrier des droits, des droits théoriques et de lui accorder les moyens juridiques de les faire valoir, sans se préoccuper ensuite des conditions d'exécution. Par le fait que l'assurance est obligée, il écarte le patron, qui peut être un homme généreux et bon, pour lui substituer une entreprise financière qui ne songe qu'à la défense de son coffre-fort. Ce n'est pas d'elle qu'il faudra attendre un élan spontané vers le blessé du travail. Ce sera à lui à réclamer, à solliciter, à menacer, à poursuivre. S'il ne cède pas aux conseils de l'assureur, on fera traîner le procès, on multipliera les atermoiements, les appels incidents, les interlocutoires. Car la loi n'a pas créé des tribunaux d'arbitrages pouvant solutionner rapidement les conflits entre ouvriers et assureurs, elle a maintenu le droit commun, légèrement amendé, par crainte, a-t-on dit, des tribunaux d'exception, et elle a ainsi laissé ouvriers et assureurs se débattre dans le maquis de la procédure, terrain de combat qui convient merveilleusement à ces derniers et suffirait à leur assurer l'avantage s'il ne résultait pas déjà indubitablement de la disproportion entre l'assureur riche et instruit et l'ouvrier plus ou moins besogneux, ignorant et malheureux.

On nous trouvera bien osé de lancer une semblable affirmation alors que la loi du 9 avril 1898 a accordé à l'ouvrier des privilèges spéciaux : l'assistance judiciaire de droit et une procédure automatique et rapide.

Examinons la chose de plus près. Sans assistance judiciaire accordée de plein droit à l'ouvrier blessé, il était impossible de faire admettre les tribunaux ordinaires comme arbitres des conflits survenant à l'occasion des accidents du travail. Comment, en effet, exiger de la victime d'accident, alors que son salaire est réduit, qu'il fasse les avances toujours élevées que réclament les avoués et les greffiers pour engager un procès ? L'assistance judiciaire ne pouvait donc être évitée, elle ne constitue pas une faveur mais une nécessité. Qu'accorde-t-elle au surplus à l'ouvrier ? Une simple avance des frais de justice, la possibilité d'ouvrir l'instance, mais c'est toujours à ses risques et périls que se fait le procès, et s'il le perd, ou encore s'il ne le gagne qu'en partie, des dépens seront remis à sa charge et il devra les solder. S'il ne les acquitte pas immédiatement, la Compagnie d'assurance, qui aura des frais à récupérer, ou le Trésor, sauront bien faire opposition au paiement d'une partie de ses salaires.

Ensuite l'assistance judiciaire place l'ouvrier dans une situation bien inférieure à celle de l'assureur au point de vue du procès. Tandis que le financier, pour défendre sa cause, dispose de juristes spécialisés dans les questions d'assurances et dans la jurisprudence des accidents du travail, l'assistance judiciaire accorde à l'ouvrier un avocat d'office, pris dans le jeune barreau, parmi les membres stagiaires, fraîchement sortis de l'école de droit et manquant encore de l'expérience des affaires.

C'est là une première infériorité, il y en a bien d'autres. L'avoué d'office, qui est également commis, ne voit dans le blessé qu'un client d'occasion ; il a au contraire représenté maintes fois l'adversaire, qui est pour lui un client plus constant dont il recherche le passage dans son étude. Il défendra mollement les intérêts occasionnels dont il a la charge parce qu'il aura avantage à ménager la partie adverse.

De plus, l'assistance judiciaire n'est accordée de plein droit à l'ouvrier qu'en première instance, elle ne s'étend nullement à la procédure d'appel, ni au pourvoi possible en cassation. L'ouvrier est donc limité dans son action et en somme, pratiquement, *il n'y a pour lui qu'un degré de juridiction*. Théoriquement il peut suivre son appel et pousser même plus loin, mais à ses frais et comme un justiciable ordinaire. Le bénéfice que le blessé ou ses ayants droit peuvent retirer de l'assistance judiciaire est donc fort restreint ; il est même dans certains cas contrebalancé par un inconvénient grave : l'obstacle au libre choix du défenseur.

En matière d'assistance judiciaire, en effet, c'est le bâtonnier qui désigne l'avocat d'office, et il a été signalé que des victimes d'accident n'avaient pu faire désigner l'avocat de leur choix, malgré le consentement de ce dernier.

C'est ainsi que le *Journal de la Fédération des mécaniciens de France* a signalé que certains avocats qui s'étaient mis à la disposition des organisations syndicales pour plaider des affaires-accidents s'étaient vu refuser le droit d'être commis en ces affaires.

Mais, dira-t-on, l'ouvrier n'a pas besoin d'un défenseur habile et expérimenté. La loi lui est entièrement acquise et l'affaire suit son cours automatiquement, en sorte que sa cause est pour ainsi dire gagnée d'office, les magistrats se trouvant être les véritables avocats de la victime.

C'est bien en effet l'impression qui se dégage de la première lecture de la loi, mais un examen plus étudié ne tarde pas à la démentir. Suivons le mécanisme de la loi :

L'accident doit être déclaré par le patron sous peine d'amende. S'il est grave, il donne lieu automatiquement à une enquête du juge de paix. Cette enquête est transmise au président du tribunal civil qui convoque les parties en temps utile. Si elles sont d'accord, il sanctionne cet accord par une ordonnance de conciliation qui a force d'exécution comme un jugement.

Jusque-là, la procédnre est entièrement automatique. Elle cesse de l'être dès que les parties sont en désaccord, ce que le président du tribunal civil constate par un procès-verbal de non-conciliation. Il faut alors que l'ouvrier blessé prenne l'initiative de poursuites contre son patron, c'est-à-dire qu'il requière l'assistance judiciaire, qu'il se fasse désigner un avoué, qu'il exécute enfin toutes sortes de formalités dont il n'a aucune idée et le plus souvent sans guide, dans une période triste et critique de son existence. L'assureur, lui, attend les réclamations ; il a beau connaître l'accident, il n'ira pas de sa propre initiative au-devant de la réparation. Il profitera de l'inexpérience et de l'ignorance de l'ouvrier. Si celui-ci engage tardivement son action, comme la prescription est courte, elle est acquise au bout d'un an, il se trouvera forclos et privé de son indemnité.

L'ouvrier voudrait-il se faire aider par des tiers, qu'il ne le pourrait pas. La loi prohibe sévèrement l'intervention de l'agent d'affaires qui, moyennant rétribution, offre ses services au blessé du travail pour lui permettre d'obtenir les indemnités légales. Sans doute on a eu en vue l'exploitation possible de la victime par l'agent d'affaires, habile à dépouiller ses clients, mais il fallait continuer cette action protectrice, et puisque l'ouvrier était mis en tutelle, qu'on lui défendait de rechercher de fâcheux amis, il fallait lui en donner d'autres plus sûrs à la place. Pourquoi, après le désaccord des parties, l'affaire accident du travail ne suit-elle pas un cours régulier ? pourquoi, dès qu'il est établi qu'il y a eu accident, la procédure de réparation et de sanction ne se déroule-t-elle pas d'elle-même ? S'il en était ainsi, un très grand nombre de blessés ne se verraient pas opposer ou la prescription ou un autre mode de déchéance ?

Exploitation des ouvriers ignorants. — Marchandages en conciliation. — Rachat des rentes. — L'ignorance de l'ouvrier, sa convoitise mal éclairée, sont les meilleurs atouts de l'assureur et lui permettent de régler à bon compte bien des accidents. Agent d'assurance et ouvrier, avant de se présenter à la conciliation du président du tribunal, ont fait l'accord sur une somme globale une fois donnée. N'insistons pas sur les malheureux qui ont été trompés et qui croyaient que le chiffre ainsi établi était celui de la rente, et non celui du capital ! De la réduction de capacité, l'ouvrier n'a cure. C'est un détail qui figurera au procès-verbal. Avec quelques billets de cent francs, l'assureur triomphe facilement, et l'ouvrier dupé ne s'aperçoit pas, ou s'aperçoit trop tard, qu'il a été trompé par son habile adversaire.

Fixons les idées, cela en vaut la peine.

Voilà une blessure qu'un certificat médical estime devoir entraîner une réduction de 14 o/o dans la capacité de travail d'un ouvrier, gagnant annuellement 2.400 fr. Soit, d'après la loi, une rente de 168 fr. L'assureur propose à l'ouvrier de passer outre au certificat médical et de s'accorder avec lui sur un capital. Il offre 1.500 fr. Bonne aubaine. Même si l'ouvrier sait que son certificat peut lui accorder 168 fr. de rentes, il appréciera davantage 1.500 fr. touchés en une fois. Or, 1.500 fr., c'est la valeur d'une rente de 81 fr., correspondant à une réduction de 7 o/o, et l'assureur gagne 1.300 fr. dans l'opération[1].

Par le fait de ce marchandage, la loi est violée tous les jours, dans sa lettre, dans son esprit, dans ses conséquences. L'ouvrier ne doit toucher qu'une rente,

1. En supposant l'ouvrier âgé d'environ 35 ans.

parce qu'il faut que sa vie durant elle vienne suppléer au manque à gagner qu'entraînera la blessure. Si on lui accorde un capital, il sera dissipé, et l'ouvrier, ne pouvant ultérieurement compenser sa perte de gain, retombera à la charge de la société, ce qu'on aurait voulu éviter.

Voilà comment l'esprit mercantile de l'assureur vient fausser dans son application une loi sociale au premier chef. Cette constatation ne suffirait-elle pas, à elle seule, pour écarter l'assurance commerciale du domaine des accidents du travail !

Si l'ouvrier se défend, s'il demande à ce qu'on prenne en considération le certificat qui lui accorde une réduction de 14 o/o, l'assureur ne manquera pas de lui faire observer que, la rente dépassant 100 fr., il ne pourra la transformer en capital. Et comme le capital une fois donné exerce sur l'ouvrier une véritable fascination, non pas toujours par cupidité, ou désir de fêtes et de dissipations, mais parce que la maladie l'a endetté et que les fournisseurs réclament depuis longtemps l'acquit de leurs créances, ce sera au rachat qu'il donnera la préférence, en place de la rente, modeste sans doute, mais viagère. Ce n'est pas tout : le rachat est facultatif pour l'assureur, en sorte qu'il peut toujours offrir à option par exemple 80 fr. de rente sans rachat, ou 50 fr. avec rachat. Naturellement, cette dernière combinaison tente le plus souvent l'ouvrier, d'où bénéfice pour l'assureur [1].

1. M. Petitjean dit : « Il semble que bien des difficultés pratiques s'opposent actuellement à la suppression du rachat ; nous

Voici ce que dit, à propos du rachat des rentes inférieures à 100 fr., quelqu'un qu'on ne suspectera pas de parti pris, M. Jouanny, membre de la Chambre de Commerce de Paris :

« Or, l'exercice de cette faculté a donné lieu, de bien « des parts, à des illusions excessives qu'il est néces« saire de faire cesser. *D'autre part, elle a été la prin« cipale source de bénéfices clandestins de certains inter« médiaires.* »

Étant donné que les intermédiaires, côté ouvrier, sont sévèrement prohibés par la loi, il ne peut être question, dans cette allusion de M. Jouanny, que de bonifications, accordées par les Compagnies à leurs agents, quand ils ont réussi un rachat avec bénéfices sur le dos de l'ouvrier.

« En fait, poursuit M. Jouanny, sous des pressions « de diverses natures, les ouvriers ont demandé *ou ont* « *été amenés à consentir* la fixation d'un taux d'invali« dité qui n'était pas déterminé par la *réduction réelle* « de leur capacité de travail, mais par l'idée de la faire « concorder avec une rente inférieure à 100 fr. dans le « seul but d'en obtenir le rachat et de disposer immé« diatement d'un capital dont en réalité ils n'ont pas « été toujours les seuls bénéficiaires et qui, d'autre « part, s'est trouvé ainsi INFÉRIEUR à la valeur de l'in« demnité que la loi leur garantit.

« Par contre, nous devons reconnaître que souvent

ne proposons pas de modifications à cet égard. — *J. O.*, 2 mars 1909, Doc. parl., 522.

« cette faculté de rachat a été bienfaisante en permettant
« aux honnêtes ouvriers de s'exonérer de la préoccupa-
« tion obsédante des petites dettes qu'ils avaient dû
« contracter au cours du traitement de leurs bles-
« sures. »

C'est payer cher un tel bienfait que de l'acquérir par
une diminution énorme de ce qui vous est dû. N'insistons pas, nos conclusions diffèrent, mais les faits, pour
n'être pas vus par M. Jouanny et nous au même point
de vue, n'en sont pas moins pertinents.

Pression exercée par les Compagnies pour faire accepter leurs médecins par les blessés. — Les Compagnies d'assurances ont un intérêt pécuniaire assez notable à ce que les blessés acceptent leurs médecins. Ceux-ci en effet, étant dans certains cas rétribués comme des employés de la Compagnie, reçoivent un traitement annuel qui est moins onéreux que si l'on avait à rémunérer séparément leurs diverses interventions. Mais, en général, le bénéfice que peut attendre de cette opération une grande Compagnie est forcément limité, parce qu'elle opère sur toute la France et qu'elle ne peut guère rémunérer un médecin par un traitement annuel que dans quelques villes importantes ; partout ailleurs elle aura bien son médecin, mais elle le rétribuera à la visite ou à forfait.

Aussi n'est-ce pas tant sur le bénéfice immédiat du service médical que comptent les Compagnies quand elles soignent les blessés, mais sur les réductions dans le coût des rentes qu'elles doivent servir.

Les Compagnies, pour arriver à leurs fins, exercent une pression, soit sur les patrons, soit sur les ouvriers. Aux premiers elles offrent diverses facilités : pas d'avances à faire pour le paiement des demi-salaires, pas d'ennuis pour l'établissement des certificats médicaux destinés à la mairie, etc... ; elles intimident les seconds, soit par des retards dans le paiement des demi-salaires, par la menace de procès, par la critique du traitement choisi par le médecin traitant, en faisant naître au besoin des doutes dans l'entourage du blessé pour décider celui-ci à demander son entrée à l'hôpital.

Voici deux documents judiciaires qui montrent jusqu'où on a pu aller dans cet ordre d'idées :

Le 15 juin 1906 deux ouvriers furent blessés. Les patrons, MM. D..., conseillèrent le Docteur S... ; les ouvriers préférèrent le Docteur F..., qui était médecin de leur famille. Les patrons s'emportèrent, injurièrent le Docteur F..., déclarant qu'il nuisait à l'industrie du Quesnoy. « Nous voulons, dirent-ils, que ce soit le Docteur S... ; vous irez le trouver ou nous mettrons vos parents à la porte. » Le tribunal condamne M. D... à 26 francs d'amende avec sursis. (Tribunal correctionnel de Lille, 13 décembre 1906.)

Le docteur Aristide L... s'est entendu condamner à 25 francs d'amende et à 25 francs de dommages-intérêts par le tribunal de la Seine le 23 mars 1908, sur les attendus suivants :

« Attendu que le 4 février, L... se disant envoyé par « le patron de B... s'est présenté au domicile de B..., « qui avait été victime vingt-neuf jours auparavant d'un

« accident du travail et recevait les soins du Docteur
« P... ; qu'il ausculta la victime, affirmant qu'elle n'était
« pas blessée et disant à B... et aux membres de la
« famille qui l'entouraient que si on refusait ses soins,
« il déchirerait les papiers et que B... n'obtiendrait rien
« du tout ;

« Qu'il a ainsi en 1908, à Paris, par menace de refus
« des indemnités dues en vertu de la loi du 9 avril 1898,
« tenté de porter atteinte au droit de la victime de choi-
« sir son médecin... »

Conséquences pour les blessés. — Le
médecin de la Compagnie, bien que capable de prodiguer des soins consciencieux au blessé, nous n'en
doutons pas, aura une préoccupation qui ne se rencon-
trera pas chez le médecin indépendant : celle de
ménager les deniers de la Société financière dont il est
le préposé. Les traumatismes, les lésions, les amputa-
tions seront vus par lui d'un œil optimiste, il en contes-
tera la gravité, il en atténuera les conséquences dans
ses certificats. C'est humain, et l'intérêt exerce une
action beaucoup trop prépondérante sur nos agissements pour qu'on puisse espérer qu'il en sera jamais
autrement. On a relevé de ce chef bien des abus ; nous
n'en citerons que quelques-uns, susceptibles de montrer
jusqu'à quel point les intérêts physiques et pécuniaires
du blessé peuvent être affectés par l'intervention d'un
praticien non désintéressé :

1° Le médecin de l'assureur donne des certificats
empreints de réticences, pour restreindre dans la mesure

du possible l'importance de l'accident, ou même, ne donne pas du tout de certificats ;

2° D'autres fois le médecin de la Compagnie fait perdre au blessé beaucoup de temps, en ce qui touche à la procédure, par des indications erronées sur son état. S'il n'y prend garde, la prescription vient le surprendre ;

3° Enfin les médecins des assureurs, préoccupés de diminuer le paiement des demi-salaires, ordonnent trop hâtivement la reprise du travail.

Caractères des soins médicaux. — Traitement intensif. — Au risque d'être brutal, le médecin d'une entreprise d'assurances fait tout son possible pour remettre le blessé sur pied dans le temps minimum, en sacrifiant au besoin toutes autres considérations, même celles qui sont relatives aux souffrances du sujet. On ne saurait d'ailleurs mieux expliquer cette conception qu'en donnant la parole à un médecin d'assurances :

« Le meilleur résultat sera la guérison obtenue le plus
« rapidement possible en laissant au malade le mini-
« mum de déchets. Le fait est si vrai que les Allemands,
« gens fort experts en ces sortes de choses, ont créé le
« traitement intensif.

« *L'esthétique et les procédés importent peu.*
« *Mieux vaut un pilon*, résultant d'une amputa-
« tion, bien préférable en l'espèce, à une cheville qui
« n'est plus malade, mais qui a été tellement lésée,
« qu'elle est hors d'usage.

« On comprend, dans ces conditions, toute l'impor-
« tance que peut présenter une blessure du travail pour
« aussi minime qu'elle soit, *car elle se traduit tou-
« jours par une somme d'argent,* plus ou moins
« élevée que le patron, par jugement rendu en bonne
« et due forme, *paiera à l'ouvrier*[1]. »

Relevons, en passant, l'incitation à adopter ce qui se
fait en Allemagne. C'est un argument qu'on retrouve
bien souvent sous la plume des assureurs ou des publicistes attachés à leur défense. Mais qu'on y prenne
garde, il est fort dangereux pour ceux qui s'en servent.
Pourquoi en effet se borner à signaler ce qui se passe
en Allemagne pour telle catégorie de faits et non pas
pour l'ensemble même de l'assurance? Si les Allemands
sont experts en ces matières, pourquoi accepter leur
expérience sur un point et la repousser sur d'autres?

En matière d'assurance sociale, les Allemands ont
très catégoriquement repoussé l'intervention des entreprises financières. La maladie, l'invalidité, les accidents
du travail sont assurés par des associations groupant
obligatoirement tous les ouvriers et tous les patrons
assujettis, lesdits groupements étant administrés et con-
trôlés par des fonctionnaires d'Etat. En un mot, c'est
l'assurance par l'Etat. Quand on cite cet exemple aux
assureurs français, ils ont une réponse magnifique :

Ce sont là, disent-ils, des mœurs prussiennes et qui
ne sont point applicables à des Français. « Félicitons,
« en tous cas, notre pays, dit M. Thomereau, s'il n'a

1. *Le Progrès médical* (25 juillet 1903).

« pas à subir l'application du système allemand. Nous
« ne sommes pas des Teutons, et le caporalisme
« prussien n'est pas notre fait[1]. »

C'est-à-dire que le caporalisme teuton est bon quand
il s'applique à l'ouvrier, mais qu'il est mauvais quand
il s'applique à l'assureur. Nous signalons ce mode de
discussion aux personnes qui croient à l'entière bonne
foi des protagonistes de l'assurance.

D'ailleurs, nous nous réservons de comparer tout à
l'heure, par des citations complètes, le caractère des
soins médicaux donnés en Allemagne par les associations obligatoires avec ceux qu'accordent si parcimo-
nieusement en France les Sociétés d'assurances.

Le législateur a implicitement reconnu l'impossibilité
d'obtenir des médecins des Compagnies un traitement
impartial et zélé du blessé, puisqu'il lui a accordé
expressément la liberté de se faire soigner par le praticien de son choix. Il a même garanti cette liberté en
sanctionnant par de sévères pénalités les violences
physiques ou morales qui pourraient être exercées sur
l'ouvrier pour l'entraver. La loi reconnaît comme manifeste que le médecin indépendant, désintéressé, puisque
ce n'est pas de sa poche que sortiront les fonds de règlement et qu'il n'en profitera pas non plus, que celui-
là seul peut dire la vérité sans ombre et sans fard, celle
que le juge doit connaître pour rendre une décision
équitable.

---

1. *Pourquoi l'assurance ne doit jamais être obligatoire,* par Alfred
Thomereau, rédacteur au *Moniteur des Assurances.*

Les assureurs contre le libre choix du médecin. — Dépenses médicales et pharmaceutiques en France et en Allemagne. — Ce principe du libre choix du médecin est plus ou moins ouvertement combattu par les Compagnies d'assurances. Leur sentiment, leur désir, serait de soigner à huis clos les blessés, dans leurs cliniques, dans leurs dispensaires, d'exercer sur eux une contrainte pour leur faire suivre le traitement qu'elles prescriraient, et ainsi elles fixeraient elles-mêmes les rentes des blessés, puisque le juge ne pourrait guère s'appuyer que sur les faits et les symptômes relevés par les médecins des assureurs.

Déjà M. Petitjean propose que la victime ait le droit de choisir son médecin *seulement parmi ceux qui auront déclaré accepter de soigner les blessés*, conformément au tarif des accidents du travail. Les médecins qui auraient accepté cette condition seraient groupés en associations spéciales, distinctes des syndicats médicaux.

Au Congrès de Reims, les assureurs ont proposé que les médecins pouvant soigner les accidents du travail soient désignés par une Commission de deux ouvriers désignés par le Préfet et deux assureurs sous la présidence du juge de paix cantonal. C'est aller encore plus loin dans la restriction du libre choix.

Empêcher à l'ouvrier blessé de se faire soigner par le médecin en qui il a confiance est bien, lui imposer un traitement déterminé est encore mieux. L'infatigable défenseur des assureurs, le sénateur Petitjean, propose :

« Que la victime d'accident devra se prêter aux visi-
« tes du médecin choisi par le chef d'entreprise, dans
« les conditions indiquées aux paragraphes précédents.
« LES BLESSÉS DEVRONT SUIVRE LES TRAITEMENTS ET AC-
« CEPTER L'HOSPITALISATION, dont la nécessité aura été
« reconnue par les deux médecins, ou, en cas de dé-
« saccord, par l'expert désigné par le juge de paix ou le
« président du tribunal civil, sur requête de la partie
« la plus diligente.

« Si le blessé se dérobe soit par refus, soit par dispa-
« rition, à l'une des obligations résultant des paragra-
« phes précédents, le juge de paix..... *prononcera la*
« *suppression de l'indemnité journalière pendant tout*
« *le temps où la victime se sera soustraite à ces obliga-*
« *tions.* » (Proposition de loi du sénateur Petitjean,
Journal Officiel du 2 mars 1909).

Cela se passe ainsi en Allemagne, nous dit-on. Dans
ce pays, en effet, les blessés peuvent, dans certains cas,
être quelquefois contraints, pas toujours, de se faire
soigner dans un hôpital ou dans une maison de santé.
Mais ce qu'on oublie de dire, c'est qu'en Allemagne les
blessés ne sont pas confiés à une entreprise mercantile
qui fait entrer dans ses bénéfices tout ce qu'elle peut
économiser sur leur traitement ; ce qu'on oublie de
dire, c'est que la direction des hôpitaux ou des maisons de santé allemandes est confiée à des fonctionnaires
impériaux ou provinciaux désintéressés et non pas à
des employés intéressés aux bénéfices, comme cela se
pratique en France ; ce qu'on oublie de dire encore,
c'est qu'en Allemagne, les ouvriers sont dans les caisses

de maladie appelés concuremment avec les patrons à faire partie des conseils d'administration, et que dans les hôpitaux où ils sont mis en traitement, ils sont chez eux, ou un peu chez eux, et qu'ils ne rencontrent pas, ou cette indifférence, doublée de négligence, que trouvent nos ouvriers dans les hôpitaux officiels de l'Assistance publique, ou ce zèle intéressé et cupide que leur offrent les cliniques et les maisons de santé des assureurs.

C'est une imprudence, sinon une impudence, que de vouloir comparer les choses de France aux choses d'Allemagne pour exercer une pression sur l'opinion publique en faveur de nos entreprises commerciales, pour faire modifier la loi dans un sens favorable à leurs intérêts pécuniaires.

On n'a pas craint d'avancer que le médecin de France faisait payer extrêmement cher son intervention, beaucoup plus cher que son confrère d'outre-Rhin, et que si l'on n'y mettait bon ordre, la loi sur les accidents du travail serait accaparée à son profit, au détriment de la classe ouvrière.

De ce que les frais médicaux et pharmaceutiques à la charge des Compagnies d'assurances sont passées de 6.400.000 fr. en 1902 à 12.600.000 fr. en 1907[1], les assureurs ont crié au scandale, et un des leurs, le sénateur Petitjean, a lancé dans la presse à gros tirage un article sensationnel : « Une loi sociale en péril. »

La vérité, c'est que le mouvement ascendant des

---

1. Les frais de gestion se sont élevés à un chiffre bien plus élevé en 1907 : 22.000.000.

dépenses médicales et pharmaceutiques s'explique très rationnellement :

1° Par l'extension de l'assurance à un nombre croissant d'entreprises, les salaires assurés passant en effet de 2.900 millions en 1902, à 4.200 millions en 1907; en 1906, l'assujettissement des commerçants donne aux assureurs 5 à 600.000.000 de salaires nouveaux à assurer ;

2° Par un nombre chaque année plus considérable d'accidents à traiter, augmentation qui s'explique : d'abord par le nombre plus grand d'entreprises assujetties ; par une pénétration de la loi dans les milieux ouvriers, en sorte que tel accident peu grave pour lequel on ne réclamait pas d'indemnité, il y a quelques années, se réclame actuellement du bénéfice de la loi ; ensuite, par une proportion plus considérable, dans ces accidents, de ceux dont le règlement incombe aux sociétés.

A très peu près, les accidents déclarés passent de 250.000 en 1902 à 400.000 en 1907. Ceux qui doivent être mis au compte des assureurs passent de 158.000 à 305.000 dans le même intervalle.

Si l'on veut procéder méthodiquement et utiliser les chiffres de la statistique, pour savoir si réellement le corps médical français s'est livré à des abus exorbitants, il convient donc de ne pas citer seulement des chiffres bruts, sans signification en eux-mêmes, il est absolument nécessaire de rapprocher le chiffre des dépenses du nombre des accidents auxquels elles se rapportent, en un mot, d'étudier la variation de la moyenne

des frais médicaux et pharmaceutiques par accident.
On a la surprise de constater, quand on procède ainsi,
que cette moyenne n'a pas beaucoup changé de 1902 à
1907, et qu'elle a plutôt diminué. Nous avons traité
cette question ailleurs[1], avec tous les développements
qu'elle comporte, et nous y renverrons les personnes
qui auraient des doutes, tant sur les chiffres que nous
avons adoptés, que sur les procédés de calcul; nous
nous bornerons ici à donner les résultats :

ANNÉES	COUT MOYEN PAR ACCIDENT des frais médicaux et pharmaceutiques[2]
1902	40,88
1903	43,63
1904	42,29
1905	40,95
1906	40,57
1907	41,27

Les faibles écarts de cette moyenne suffiraient à
frapper le statisticien. — Que de valeurs qui sont
réputées constantes et dont les différentes mesures sont
plus discordantes que celles-ci ! Comment se fait-il que
les assureurs, qui sont des professionnels du calcul et se

1. *Le Concours Médical*, 30 mai 1909, n° 22, p. 429.
2. Les frais médicaux et pharmaceutiques comprennent, d'après
les rapports officiels, les honoraires des médecins, les dépenses
pharmaceutiques, les frais d'hospitalisation, les frais d'expertise
et même des dépenses diverses. D'après certains rapprochements,
on peut estimer que dans ces dépenses les honoraires de médecins entrent à peine pour la moitié, ce qui porterait la rémunération moyenne par accident du docteur à 20 fr. environ, chiffre
qui n'a rien d'exagéré.

complaisent dans la science statistique, n'aient jamais songé à étudier ainsi les dépenses médicales et pharmaceutiques ? C'est visiblement un procédé un peu grossier que celui qui consiste à relever des chiffres bruts et à en montrer le grossissement en passant sous silence les faits qui peuvent l'expliquer !

C'est aussi à la suite de considérations inexactes qu'on a pu écrire que la charge médicale était en Allemagne six fois moindre qu'en France. M. Édouard Füster, qui a en effet étudié cette question dans l'*Aide Sociale* du 3o avril 1909, n'a évalué, d'après les comptes publiés par les organes officiels allemands, que certaines dépenses médicales. Nous avons établi, dans un article publié par l'*Enseignement médico-mutuel international*, qu'il n'était possible, en raison des différences dans le régime de l'assurance dans les deux pays, et du manque de détails des comptes rendus français, que de comparer les dépenses médicales et pharmaceutiques prises en bloc, en comprenant ainsi les dépenses qui, d'après les rapports officiels français, sont groupés sous cette rubrique, à savoir : honoraires de médecins, pharmaciens, frais d'hospitalisation, frais d'expertises, dépenses diverses[1]. La comparaison ainsi faite nous permet une conclusion du même ordre que si nous avions rapproché les seuls honoraires de méde-

---

[1]. Les comptes rendus officiels des Compagnies, centralisés par le Ministère du travail et de la prévoyance sociale, ne font pas connaître quelle est la véritable dépense pour honoraires médicaux et le nombre des accidents qui s'y rapportent. (Voir 6ᵉ Rapport sur l'application de la loi du 9 avril 1898.)

cins, parce qu'il y a un rapport nécessaire et sensiblement uniforme entre ces diverses catégories de dépenses, comme on peut s'en assurer en rapprochant les frais
médicaux et pharmaceutiques de nos Sociétés de secours
mutuels des mêmes dépenses dans les Caisses de maladies allemandes.

Les résultats de notre travail, dans lequel nous avons
minutieusement fait toutes les corrections nécessaires
pour que les chiffres soient comparables, ont été les
suivants :

FRAIS MÉDICAUX ET PHARMACEUTIQUES

(y compris les frais d'hospitalisation et tous moyens thérapeutiques)

	EN ALLEMAGNE	EN FRANCE
	Frais d'expertise compris	Frais d'expertise compris
1° Par travailleur complet...	3 fr. 00	3 fr. 49
2° Pour 100 fr. de salaire....	0 fr. 234	0 fr. 29
3° Par accident déclaré......	51 fr. 22	40 fr. 57

et il nous est permis de conclure :

1° Que la charge par ouvrier est à peu près égale dans
les deux pays, avec une tendance à être plus forte en
France, où le nombre des accidents par 1,000 travailleurs est un peu plus élevé ;

2° Que le coût des soins thérapeutiques de toutes sortes
pour un accident est certainement plus élevé en Allemagne qu'en France.

Ces conclusions n'ont rien qui puisse surprendre
quand on connaît l'esprit et les méthodes de l'assurance
dans les deux pays. Que les accidents soient moins
élevés en Allemagne qu'en France, cela s'explique par

l'effort considérable fait par les corporations pour développer la prévention contre les accidents. Nous voyons au budget des corporations, pour 1906, une dépense de 1.407.275 marks pour la prévention des accidents. Peut-on trouver affectation d'une somme semblable en France ? Non. En France, les assureurs se bornent à élever leur taux de primes, les assurés à rechercher la Compagnie la moins chère. Ici, l'assurance est une opération commerciale ; là-bas, c'est une œuvre de collectivité et de prévoyance sociales.

Caractère des soins médicaux dans l'assurance par l'État. — Qu'un accident coûte plus cher au point de vue thérapeutique en Allemagne qu'en France, cela s'explique par la générosité avec laquelle les Caisses de maladie et les corporations soignent leurs blessés et leurs malades. Les fonctionnaires de l'Office Impérial des Assurances l'attestent formellement dans leurs rapports, et nous pouvons signaler à nos lecteurs le passage suivant du rapport du Directeur de la Caisse d'Assurances contre l'invalidité des villes hanséatiques, M. Bielfeldt, au congrès de Rome de 1908 [1] :

« Au début, les Caisses de maladie furent peut-être « trop tentées de voir seulement leur avantage dans le « bon marché des moyens thérapeutiques qu'elles se « procuraient ; mais peu à peu, elles purent se con-

1. Congrès international des Assurances sociales, 8e session, Rome, octobre 1908, fascicule E, p. 27.

« vaincre qu'il est dans l'intérêt de la caisse, comme
« des assurés, que le secours médical soit le meilleur,
« le plus efficace et le plus durable possible. C'est ainsi
« qu'on en vint à accroître le nombre des médecins
« des Caisses, ainsi que des divers spécialistes (chirur-
« giens, laryngologistes, dermatologistes, auristes,
« oculistes, médecins de l'estomac, des nerfs, des mala-
« dies des femmes, dentistes, etc...); il faut aussi attri-
« buer à l'influence des médecins le fait que le secours
« aux malades, surtout dans les grandes Caisses,
« devinrent chaque année plus complets et plus minu-
« tieux [1]. Actuellement, on voit appliquer les méthodes
« les plus variées de la thérapeutique moderne. Les
« caisses font des examens bactériologiques et radio-
« graphiques, de l'hydrothérapie, de l'électrothérapie,
« des massages, du traitement médico-mécanique.
« On voit même les Caisses accorder des fortifiants,
« tels que du lait, du vin, de l'atropon, de l'hémato-
« gène, des eaux minérales et des aliments spéciaux
« aux malades. Dans certains cas, des infirmières sont
« envoyées à leur domicile pour tenir leur ménage, ou

1. Le mouvement des dépenses pour traitement médical (*für arztliche Behandlung*) à la caisse locale de Leipzig, la plus impor-tante des caisses de l'Empire, vient justifier ces affirmations. Voici, en effet, la marche de ces dépenses par tête assurée dans ces 10 dernières années, d'après le *Reichsarbeitsblatt* (février 1908):

1896 . . . 4 m. 84	1901 . . . 5 m. 90
1897 . . . 5 m. 02	1902 . . . 6 m. 35
1898 . . . 5 m. 36	1903 . . . 6 m. 18
1899 . . . 5 m. 77	1904 . . . 6 m. 27
1900 . . . 5 m. 78	1905 . . . 7 m. 60
	1906 . . . 8 m. 22

« bien encore on leur facilite le séjour dans des établis-
« sements de bains, des cures d'air, des séjours d'été,
« etc... »

Plus loin, le même auteur, après avoir cité le nombre
de personnes traitées dans ces conditions, ajoute :

« Ces chiffres frapperont davantage encore celui qui
« songe qu'il s'agit presque toujours de cures longues
« et coûteuses, telles que, dans d'autres pays, peuvent
« faire seules *les classes possédantes.* »

Voilà l'esprit de l'assurance en Allemagne. Pour
apprécier celui de l'assurance en France, citons le passage suivant, emprunté à l'exposé des motifs de la proposition de loi de M. le sénateur, docteur et assureur
Petitjean [1] :

« Trop de visites, trop de médicaments ou d'objets
« de pansements et trop coûteux, trop de massages
« encore ou d'électrisation et de radiographies ! »

Quel vif et saisissant contraste ! Un peu humiliant
pour nous.

Dans l'Allemagne impériale et féodale le fonctionnaire de l'empire se fait gloire de la multiplicité des
moyens thérapeutiques mis à la disposition des ouvriers
qui sont traités, dit-il, comme les riches des autres
pays. Dans la France républicaine, le Sénateur démo-
crate proteste contre le médecin qui soigne avec trop
d'égards le prolétaire et qui veut le faire bénéficier de
toutes les ressources de l'art médical.

Qu'en déduire, sinon qu'en France, étant donné le

---

1. *Journal Officiel* du 2 mars 1909, p. 525 des Documents parlement, Sénat.

système d'assurances adopté par le législateur, le blessé n'a pour sauvegarder ses intérêts et sa santé que le libre choix du médecin qui doit rester intangible? Et encore une fois, on n'a nullement prouvé que ce libre choix et la tarification actuelle étaient pour l'assurance une charge plus onéreuse que celle qui est supportée dans d'autres pays.

Il ne faudrait pas croire que l'abondance des moyens thérapeutiques mis à la disposition des ouvriers en Allemagne condamne les patrons à des sacrifices plus élevés que ceux qu'ils supportent en France. Grâce au mécanisme de l'Assurance par l'État, qui, comme nous l'avons vu, permet de grandes réductions dans les frais de gestion et d'administration, la prime moyenne réclamée aux patrons allemands est de 1,97 pour cent de salaires, contre 2,37 en France. Rapportée à un travailleur complet, cette prime est de 25 fr. 30 en Allemagne et de 28 fr. 47 en France[1].

Les experts. — Lorsque l'assureur n'a pu, malgré les procédés dont il dispose, et que nous avons indiqués, circonvenir le blessé (ou ses ayants droit) et l'amener à une conciliation avantageuse pour sa Compagnie, il a recours aux voies judiciaires. Le nombre des procès en matière accidents du travail est considé-

---

[1]. La charge du patron allemand doit s'entendre de tout ce qu'il aurait à payer pour accidents de travail, si ceux-ci étaient entièrement à sa charge. Nous n'ignorons pas qu'une partie des accidents du travail est à la charge des caisses de maladie, pour l'entretien desquelles le patron ne verse que 1/3 des dépenses, mais ce tiers dépasse de beaucoup les charges accidents de travail.

rable. La statistique du Ministère de la Justice, pour l'année 1905, indiquait que sur 23.235 affaires, 13.217 se réglaient en conciliation et que 10.018 étaient portées devant le tribunal. Ainsi, il y a procès, pour 43 % des accidents graves, et naturellement ce sont les accidents les plus graves, ceux qui donnent lieu à rentes élevées, qui font le plus souvent l'objet de procès. On ne sera pas trop frappé de l'importance du chiffre, on reconnaîtra, qu'étant donné la mentalité processive des assureurs, c'est le contraire qui aurait causé une vive surprise.

N'est-il pas extrêmement regrettable de voir des différends qui auraient pu être solutionnés, avec très peu de frais, par des tribunaux d'arbitrages donner lieu à des milliers de procès, si coûteux avec le mécanisme juridique de notre époque : frais d'avoués, frais d'enregistrement, frais de signification, vacations d'experts, honoraires d'avocats, etc...? Il n'est pas rare de voir le règlement judiciaire d'un accident du travail atteindre près de 1.000 francs, lorsqu'il a fallu aller du tribunal de 1re instance en appel et que le jugement définitif a été reporté encore devant les tribunaux pour revision.

Et que fait le tribunal? En général, sauf s'il s'agit d'une contestation purement juridique, il désignera un ou plusieurs experts, et ces derniers seront véritablement les juges du débat. Étant donnée la nature infiniment délicate de leurs fonctions, les experts ne devraient être pris par le juge que parmi les personnes n'ayant eu aucun rapport avec les parties en présence : assureur, patron, ouvrier.

Il est facile d'écarter l'expert susceptible d'avantager l'ouvrier et qui ne pourrait être que le médecin qui l'a soigné ; mais il est autrement difficile de trouver des experts tout à fait indépendants vis-à-vis des Compagnies, et c'est dans leur désignation qu'elles peuvent faire, dans bien des cas, triompher leurs intérêts.

Le § 4 de l'art. 17 de la loi du 9 avril 1898 dit seulement : « l'expert ne pourra être ni le médecin qui a « soigné le blessé, ni un médecin attaché à l'entreprise, « ou à la Société d'assurance. »

Il en résulte que si l'expert ne peut pas être le médecin de la Compagnie qui assure le blessé, il peut cependant être le médecin d'une autre Compagnie d'assurances.

Voici un document officiel qui nous le prouve : c'est la lettre suivante du premier président du tribunal de 1ʳᵉ instance de la Seine aux médecins experts :

« Monsieur le Docteur,

« Je suis informé que quelques-uns des médecins experts du tribunal de la Seine seraient habituellement employés par des Compagnies d'assurances contre les accidents,

« Je suis d'accord avec Monsieur le Premier Président de la Cour d'Appel et avec Monsieur le Procureur Général pour considérer que cette situation ne peut se concilier avec leurs fonctions d'expert, et je prie ceux d'entre vous qui seraient investis de la double qualité de me faire connaître celle qu'ils désirent conserver. »

« Recevez, je vous prie, Monsieur le Docteur, l'assurance de ma considération la plus distinguée.

Le Président : DITTE. »
(*Est Républicain* du 25 janvier 1903.)

Faut-il penser que, sur ce geste du Président Ditte, tout est rentré dans l'ordre et que les abus constatés n'existent plus? Ce serait bien invraisemblable. Une décision dont l'exécution ne peut être contrôlée (et comment le pourrait-elle?) risque fort d'être sans effet. L'ouvrier doit donc redouter de ne pas trouver dans l'expert cette haute impartialité qui serait absolument nécessaire et qui devrait même s'accompagner d'un certain parti pris de bienveillance en sa faveur, sentiment qui ne se manifeste que bien rarement, pour les raisons qu'on devine.

Les projets des assureurs. — Ils veulent faire échec à la loi. — Malgré tous les avantages de droit et de fait que leur confère la loi, les assureurs ne sont pas satisfaits. C'est que l'assurance ouvrière est pour eux une surprise. Bien qu'on puisse, dans un grand nombre de cas, éluder ou diminuer l'indemnité, dans l'ensemble il faut payer. Ce n'est pas ainsi que les assureurs professionnels comprennent leur métier. Dressés de longue date à une pratique différente, habitués à opposer d'habiles déchéances aux réclamations des sinistrés, gâtés par les gros bénéfices qu'on réalise dans les autres branches, ils sont fort mécontents des résultats que leur donne l'assurance ouvrière et ils ont entrepris une vive campagne d'opinion pour faire remettre en discussion certaines dispositions légales et les faire amender à leur avantage.

Ils veulent entraver le libre choix de l'ouvrier,

réduire les honoraires médicaux [1] pour dégoûter les médecins indépendants des blessés du travail. Lorsque ceux-ci se verront repousser par les médecins ordinaires, en raison de la modicité ou de la dérision d'un tarif à forfait, qu'on a la prétention de substituer au tarif actuellement en vigueur, ils ne pourront plus attendre de soins que des médecins des Compagnies d'assurances. Elles décideront alors en souveraines maîtresses des taux d'invalidité des blessés, et les rentes qu'elles alloueront dépendront de leur prospérité financière et de leur générosité.

Ce n'est pas tout, le blessé soigné à son domicile coûte cher. On le contraindra d'aller à l'hôpital où, moyennant un forfait journalier, on résoudra économiquement la question médicale et pharmaceutique. L'ouvrier y sera mal à son aise sans doute ; qu'importe, pourvu qu'on puisse réaliser enfin dans la branche accidents du travail les bénéfices qu'on réalise dans les autres branches. L'hôpital est fait pour les indigents, dira-t-on, eh bien, les assureurs créeront des hôpitaux à eux pour le traitement des blessés du travail. On leur confiera sans contrôle la chair ouvrière, et, grâce aux méthodes nouvelles que ne manqueront pas de découvrir leurs praticiens, un traitement intensif, qui tiendra compte de la condition sociale du blessé et de sa valeur en argent, y sera pratiqué, pour amener la solution rapide de l'accident du travail, par tous les moyens énergiques

---

1. M. Jouanny a déjà proposé un tarif forfaitaire dégressif qui réduirait de plus de 1/3, peut-être de 1/2, les honoraires médicaux. (*Bulletin de la Chambre de Commerce*).

et sans aucune de ces considérations que les assureurs considèrent comme accessoires : les souffrances du blessé, son désir de conserver telle partie d'organe, le côté inesthétique des résultats.

Si l'on songe combien les intérêts pécuniaires de l'assureur peuvent être opposés à l'intérêt médical du blessé, on sera vraiment scandalisé de leur naïve et cynique prétention. Voilà un célibataire, sans ayant droit, gravement atteint. S'il meurt, rien à payer ; s'il survit, il restera impotent avec une invalidité de 70 %, et sa rente coûtera peut-être 10 ou 15.000 fr. à la Compagnie. Et ce blessé sera confié aux assureurs ! Il entrera dans un hôpital d'assureurs où les médecins, les pharmaciens, les infirmiers directement intéressés dans les bénéfices auront plus d'intérêt à le voir mort que guéri ! C'est inadmissible et la conscience se soulève devant une pareille proposition. Nous pourrions multiplier les exemples où il y a opposition entre l'intérêt pécuniaire de l'assureur et le rétablissement du blessé dans les meilleures conditions. Faut-il faire une opération ? Ne faut-il pas la faire ? De combien d'hésitations une pareille question n'est-elle pas suivie. Les assureurs feront pencher la balance du côté qui leur sera profitable.

Mais les assureurs vont plus loin encore dans cet ordre d'idées. Ils ont la prétention de contraindre le blessé à suivre le traitement qu'ils jugeront convenable, à défaut de quoi il perdra le bénéfice des indemnités qui lui sont accordées par la loi.

« Les blessés, dit M. Petitjean dans sa proposition

de loi, « *devront suivre les traitements* et accepter l'hos-
« pitalisation dont la nécessité aura été reconnue par
« les deux médecins ou en cas de désacord par l'ex-
« pert. »

Le blessé sera donc contraint de subir une opération chirurgicale, si M. l'expert l'a ainsi décidé, et nous avons montré que souvent M. l'expert est, par raison d'état, très favorable aux intérêts assureurs. Si le blessé appréhende l'opération, tant pis pour lui. Ce n'est qu'un prolétaire et il doit penser à sa condition sociale. C'est un scandale qu'on ait pu émettre devant le Parlement français une telle proposition. Est-il admissible qu'on puisse exiger du blessé du travail qu'il se livre « comme un cadavre » au bistouri des praticiens assureurs sans qu'on tienne compte de sa sensibilité, de son émotivité, de sa volonté d'être soigné à sa guise et, somme toute, de diriger sa propre défense contre le mal d'après son libre arbitre ?

Les assureurs ne veulent pas comprendre que le rôle de leurs médecins doit être de pur contrôle. Qu'ils visitent le blessé [1], surveillent le traitement, enregistrent les négligences ou les défaillances du médecin traitant pour, en fin de compte, et le blessé hors de cause, qu'il soit possible d'en faire état, nous l'accordons volontiers ; mais ils ne doivent point aller au delà. Si même, comme on l'a affirmé avec raison, au point de vue technique, il y a un gros intérêt à la création de maisons de santé spécialement outillées pour

---

1. En présence du médecin traitant et non, comme le propose M. Petitjean, en dehors de sa présence.

le traitement des accidents, il est de toute nécessité que ces établissements aient un caractère d'absolue neutralité et que l'ouvrier puisse s'y faire soigner par le médecin de son choix.

Mais les dispositions draconiennes qui précèdent ne suffisent pas aux assureurs. Pour diminuer ou supprimer les rentes aux blessés, ils ont imaginé les théories suivantes qu'ils essaient d'abord de faire prévaloir en doctrine avant de les rendre légales, elles sont relatives :

1° A l'influence de l'état antérieur du blessé sur les conséquences du traumatisme ;

2° A la réadaptation ;

3° A la suppression de rente lorsque la réduction de capacité du travail sera minime et ne dépassera pas 5 %.

Écoutons M. Petitjean :

Les états préexistants. — « Voici, dit-il, une « catégorie d'abus contre lesquels le législateur pour- « rait peut-être intervenir dans l'intérêt d'ailleurs de « beaucoup d'ouvriers honnêtes [1]. Il s'agit des incapa- « cités temporaires, et plus particulièrement des inca- « pacités permanentes qui sont, non pas simulées, « peut-être même pas exagérées, mais faussement at- « tribuables en réalité à des états préexistants (tubercu- « lose et autres diathèses) à l'accident léger qui sert de

---

[1]. Il faut réduire la rente en tenant compte de l'état préexistant dans l'intérêt des ouvriers honnêtes !!! M. Petitjean force ici son talent !

« prétexte à la revendication. La jurisprudence déclare
« que les juges peuvent apprécier que l'état préexistant,
« la tuberculose par exemple, a pu être hâtée dans son
« évolution par l'accident et que celui-ci a été ainsi la
« cause de l'incapacité ; l'état de maladie antérieur à
« l'accident ne saurait être pris en considération pour
« éluder les conséquences légales de l'incapacité.

Et le 20e Congrès français de chirurgie (11 février
1907) s'est occupé de la question. Les assureurs ont
fait adopter un vœu de modification à la loi pour
qu'il soit tenu compte du rôle des états antérieurs et
prédispositions de manière à ce « qu'on ne grossisse
« plus une indemnité forfaitaire due à l'ouvrier en rai-
« son et en proportion seulement de l'incapacité de
« travail directement provoquée par ledit accident. »

On entrevoit, entre ces lignes, toute la tactique
future des assureurs. Quand le blessé ne guérira pas
assez vite, on invoquera la diathèse, la prédisposition.
Et ce sera facile. On trouvera toujours une tare :
tuberculose, arthritisme, scrofule, diabète, syphilis,
alcool, etc... Ce ne sera qu'un jeu pour les médecins
assureurs de découvrir dans la nature du terrain orga-
nique du blessé des dispositions tellement fâcheuses
que les conséquences de l'accident en soient de ce fait
aggravées, ce dont l'assureur ne saurait être rendu responsable. Si le blessé a fait un lourd héritage de tares
ataviques, tant pis pour lui, n'a-t-il pas en même temps
hérité de la fortune de ses parents ! L'assureur ne ré-
pondra que du blessé normalement constitué, guéris-
sant normalement, dans un temps normal !

Relevons que la jurisprudence s'est nettement montrée défavorable à la thèse de M. Petitjean. Les assureurs ont porté en effet la question devant les tribunaux, et à plusieurs reprises la Cour de Cassation a eu à connaître de la théorie des états préexistants. Six arrêts de la Cour :

$$
\begin{array}{lll}
30 & \text{juin} & 1903, \\
25 & \text{juillet} & 1904, \\
24 & \text{octobre} & 1904, \\
18 & \text{juillet} & 1905, \\
31 & \text{juillet} & 1906, \\
12 & \text{avril} & 1907, \\
\end{array}
$$

ont décidé que : « l'assureur ne saurait prétendre,
« sous le prétexte que les conséquences de l'accident
« ont été aggravées par une affection antérieure, dimi-
« nuer la réduction que subit le salaire au cas d'incapa-
« cité permanente partielle ; la réduction du salaire
« reçu au moment de l'accident est la base nécessaire
« du règlement de l'indemnité.

La Réadaptation. — « Les tribunaux, dit M.
« Petitjean, ne tiennent pas compte de cette accommo-
« dation (d'observation si fréquente, et il faut le dire si
« encourageante) qui permet à l'ouvrier jadis blessé de
« recouvrer son entière capacité de gain et même
« de travail. Il serait juste, semble-t-il, que l'accom-
« modation fût expressément assimilée à l'amélio-
« ration proprement dite, comme donnant lieu à révi-
« sion, ainsi que cela a lieu en Allemagne. »

Comme le Toinette de Molière, nous entendrons

bientôt les médecins assureurs dire au blessé : « Vous
avez perdu le bras droit, mon garçon, vous avez eu
une fière chance, car votre bras gauche ne s'en portera que mieux. Allez en paix et sans rente ! »

Les petits sinistres. — Les assureurs ne
veulent plus payer de rente pour les petites incapacités.
« Chez nos voisins » — toujours les voisins, sauf quand
il s'agit de supprimer les Compagnies — « nombre de
« décisions ont été rendues refusant toute indemnité
« aux victimes de légères mutilations, telles que la
« perte de la phalange extrême de l'index gauche, la
« perte de la dernière phalange de l'index droit, la
« légère diminution de la vision d'un œil, la perte du
« deuxième orteil droit, etc... »

La campagne des assureurs sur ce point commence
à porter ses fruits. Il y a déjà un certain nombre de tribunaux qui ont admis cette théorie, et l'*Argus* du
17 octobre 1909 publie triomphalement la liste des
décisions judiciaires actuellement rendues où le blessé
a été débouté parce qu'il ne pouvait arguer que d'une
réduction de 5 %.

Nous relevons seulement quelques cas dans cette
liste : 1° Amputation de deux phalanges de l'index
droit, réduction insignifiante, pas de rente ; — 2° réduction dans la vision, inférieure à 5/10, pas de rente ;
— 3° réduction de 5 %, pas de rente ; 4° ablation
d'un testicule, pas de rente.

Il nous semble que la perte de deux phalanges de
l'index droit équivaut à très peu près à la perte com-

plète de ce doigt. D'après Brouardel, la perte totale de l'index est tarifée 10 à 35 %; d'après Duchaufour [1], la perte de deux phalanges de l'index est tarifée de 6 à 15 %. La réduction de moitié dans l'acuité visuelle d'un œil est également tarifée par cet auteur 18 %; du 1/3, 12 %; du 1/4, 11 %. 'Si déjà, sans aucune disposition légale, les assureurs trouvent moyen de ne pas indemniser des accidents d'une certaine gravité, comme les deux que nous venons de signaler, que sera-ce quand ils auront un texte de loi qui leur sera favorable ?

Si jamais les assureurs pouvaient réussir dans le plan audacieux qu'ils ont conçu, s'ils pouvaient monopoliser à leur profit le traitement des blessés, faire triompher la thèse de l'influence des états préexistants à l'accident, la possibilité d'adaptation du blessé à son nouvel état, la suppression des petites rentes, les indemnités ouvrières deviendraient compressibles à leur gré, et avec l'esprit procédurier qui leur est propre, ils ne paieraient que quand ils voudraient. Mais, à la vérité, nous sommes convaincus que leur audace les aura pour cette fois mal servis. L'opinion, définitivement éclairée sur le mécanisme de l'assurance mercantile, imposera au législateur une refonte de la loi en ce qui touche l'organisation financière de l'assurance. Il faudra que, comme en Allemagne, l'assurance soit organisée par des mutualités officielles, fonctionnant avec des frais d'administration très réduits, et l'écono-

---

1. Duchauffour, juge au tribunal de la Seine, ouvrage sur les accidents du travail.

mie ainsi réalisée pourra être affectée à l'amélioration des moyens thérapeutiques. La création de cliniques spéciales aux accidents du travail réclamée par quelque techniciens, comme indispensable pour arriver au maximum d'effet utile dans l'art de guérir, tant à cause des nécessités d'outillage que par le besoin d'une chirurgie spécialisée, pourrait être ainsi aisément résolue, sans augmentation des primes d'assurances. Et puisque de tous côtés on crie aux économies, pourquoi vouloir les réaliser sur le dos des blessés, dont la situation malheureuse réclame toute notre sollicitude, plutôt que sur les assureurs dont les dépenses excessives de gestion et d'administration sont connues de tous et officiellement constatées ?

« Des deux objectifs de l'assurance obligatoire régle-
« mentée, disait en 1900 le Directeur de l'Assurance et
« de la Prévoyance Sociales, certitude de paiement des
« indemnités dues, **bon marché des primes**, par la
« totalisation des risques et l'absence de bénéfices de
« gestion, la solution législative française atteint le
« premier, qui est, à tout prendre, l'essentiel. Elle pré-
« fère au second la liberté de couverture. »

Puisque, après 10 années d'expériences, on reconnaît que l'assurance contre les accident du travail devient tous les jours plus onéreuse, il est du devoir du législateur de donner la préférence au système de l'assurance obligatoire réglementée, ou à un système analogue, et de sacrifier la liberté de couverture, sacrifice que nos lecteurs trouveront léger, maintenant qu'ils savent ce que vaut cette liberté.

CHAPITRE VIII

La défense des assureurs

Objections faites à l'assurance par l'État. — Résumé de ces objections publié par le *Paris-Assureur*. — Réfutation de ces objections. — Mémoire des Compagnies-Incendie. — Elles ont des
bénéfices là où l'État serait en perte. — Les Compagnies
truquent les chiffres pour établir ce paradoxe.

Les objections des assureurs. — Il est impossible de contester que l'idée de substituer à l'assurance commerciale une organisation d'État ne fasse chaque jour des progrès. Les assureurs eux-mêmes en sont effrayés et ils s'organisent pour leur défense. Ce sont surtout les agents et les courtiers qui se sentent particulièrement menacés. Ils se rendent très bien compte qu'ils sont en surnombre et que leur rôle est loin d'être toujours utile. L'assurance par l'État exercera dans ce milieu une action énergiquement parasiticide, fera disparaître des légions d'intermédiaires et ne conservera que ceux dont la collaboration sera indispensable à la bonne marche des opérations.

Bien que l'assurance privée perde du terrain, elle ne fait rien pour regagner l'estime de l'opinion publique. A-t-elle essayé de remanier la loi des contrats dans un esprit de pondération et d'équité ? Non. A-t-elle fait une tentative quelconque pour résoudre le problème que lui proposait M. Berr[1], en ces termes : « Quels sont « les moyens à adopter en vue de l'abaissement des « primes, de la répartition plus équitable de l'impôt et « surtout de la *moralisation* de l'assurance pour ainsi « dire *compromise* par le taux exorbitant des commis- « sions dépassant parfois 250 %, qu'une concurrence « effrénée entraîne les Compagnies à accorder aux cour- « tiers ? » Non. Les assureurs ne cherchent pas à amé- liorer l'institution, ils vivent dans une routine qui leur donne de très larges bénéfices, sans se préoccuper du lendemain, sans se demander si le corps social suppor- tera indéfinimeut leur pesante tutelle.

Et cependant les avertissements ne leur auront pas manqué. Toujours dans son rapport préparatoire à l'étude du contrat d'assurances, M. Berr, disait :

« Si la théorie de l'État assureur de tous les risques, « selon la formule d'Émile de Girardin, venait à être « appliquée, nous aurions l'assurance officielle et obli- « gatoire. Cette conception qui, pour certaines assuran- « ces, est passée dans la pratique, en Allemagne, en « Autriche, en Suisse, a trouvé faveur auprès de plusieurs « membres du Parlement en France.

« *Étant donné le mouvemeut universel qui se* « *manifeste dans le sens de l'Étalisme* en matière « d'assurance, l'industrie privée, dont l'importance « est sans cesse croissante, devra encore redou-

---

1. Président de Chambre à la Cour d'appel de Paris.

« bler de vigilance pour rendre évidente la supé-
« riorité du système de l'assurance privée sur le
« système de l'assurance publique. »

Les assureurs sont restés sourds à tous les appels, ils ont négligé tous les avertissements. On leur demandait des réformes, ils n'en ont point accordé, soit qu'ils jugent que leur œuvre est parfaite et qu'il est impossible de la concevoir différemment, soit, ce qui est plus probable, qu'après examen ils aient reconnu leur impuissance à la modifier et à l'améliorer [1] sans changer radicalement les méthodes et sans opérer une véritable révolution qu'ils ne peuvent, ni n'osent entreprendre.

Les assureurs, incapables de refréner les abus qui alimentent les critiques de leurs adversaires, cherchent seulement à annihiler leur action, en discréditant à l'avance, dans l'esprit de l'opinion, le système de l'Assurance par l'État. Les agents, sous-agents, inspecteurs, courtiers, experts, tous ceux qui vivent de l'exploitation des assurés, à un titre quelconque, se sont groupés dans des syndicats régionaux, très actifs, et ils espèrent, par leur nombre, faire une pression sur leurs députés ou sur leurs sénateurs pour que ceux-ci s'abstiennent de voter l'Assurance par l'État. Nous pensons que ce moyen d'intimidation sera peu efficace, car si nombreux que puissent être les divers agents employés par les Sociétés d'assurances, le nombre de leurs dupes est

---

1. Comme par exemple la tentative avortée du Syndicat des Compagnies-Incendie pour abaisser le taux des courtages seulement de 25 à 20 °/₀.

encore plus grand, et le pays tout entier regardera comme un bienfait leur disparition.

Les candidats au Parlement, surtout les candidats républicains, qui inscriront dans leur programme le monopole de l'assurance sont sûrs de plaire à la masse du corps électoral. Ils perdront sans doute les voix des professionnels de l'assurance, mais ils ne les auraient pas recueillies par leur silence, les milieux assureurs étant généralement très conservateurs.

Il n'y a d'ailleurs pas que les partis de gauche qui soient favorables à cette réforme sociale : les hommes politiques qui lui sont acquis vont de l'extrême gauche à l'extrême droite, car les assureurs n'ont eu aucun ménagement et ils ont indisposé tout le monde, sans distinction de parti. On peut dire sans exagération que les Compagnies d'assurances ne trouveront pour les défendre que ceux qui leur sont attachés par un intérêt pécuniaire immédiat. Quelque grand que puisse être leur nombre, il est infiniment petit par rapport à l'ensemble des électeurs, et quand bien même ils seraient 150.000 [1], cela ne représente jamais que le centième environ de l'ensemble des électeurs inscrits.

Les publicistes de l'assurance, et ils sont nombreux, se sont attachés à discréditer les entreprises de l'État. A ce jeu ils gagnent la faveur de leurs lecteurs, tous ou à peu près tous, employés ou agents d'assurances, qui sont ainsi instruits des arguments propres à défendre

1. D'après *Paris-Assureur*, qui est peut-être intéressé à grossir le chiffre.

le maintien du *statu quo* devant le corps électoral. Nous avons relevé, dans le *Paris-Assureur* de 1909, un résumé des différents reproches qu'on formule contre l'Assurance par l'État. Nous croyons intéressant de publier les principaux d'entre eux, en les faisant suivre de quelques mots de réfutation. Nos lecteurs pourront se rendre compte combien, dans leur polémique, les assureurs masquent le véritable aspect des problèmes, fardent audacieusement la vérité et évitent surtout de faire allusion à leurs propres abus.

Contre l'assurance par l'Etat. — Résumé du *Paris-Assureur*[1]. — Réfutation.

L'Etat est un mauvais producteur, comme le pre   son exploitation des postes, des télégraphes, des téléphones, des chemins de fer, des tabacs et des assurances-vie et accidents qui sont toujours en perte depuis 50 ans.

Pour empêcher ou du moins retarder l'inévitable transformation de certains monopoles de fait, qui enrichissent des capitalistes, en services publics, dans l'intérêt de la nation, on a répandu un discrédit immérité sur nos administrations publiques. — Celles-ci ne se défendent pas. Il n'en est pas de même des entreprises menacées. Les chemins de fer, pour éviter le rachat, les Compagnies d'assurances, par crainte de l'assurance par l'Etat, savent comment elles doivent traiter la Presse qui agit sur l'opinion publique. Aussi les grands

---

1. Les objections des assureurs sont reproduites textuellement en petits caractères. Notre réponse en caractères ordinaires.

journaux qui reçoivent leurs annonces, réservent leurs critiques pour les administrations de l'Etat.

Or, la France jouit d'un corps de fonctionnaires très dévoués à la chose publique. Les services publics sont économiquement gérés et toujours dans l'intérêt général. Sans doute, tout est loin d'être parfait, mais le public a une action directe sur ces services, et il peut réclamer et obtenir des réformes par l'intermédiaire du Parlement.

Les Postes, Télégraphes, Téléphones [1] ont donné, en 1906, un bénéfice de 47.000.000, versés au Trésor, et représentant 15 % des recettes. Ce n'est pas un bénéfice industriel négligeable et cependant il apparaîtrait plus élevé si la comptabilité publique permettait d'établir les résultats comme ceux d'une entreprise financière. Les bénéfices en question ont été réalisés malgré la réduction du port des lettres, des communications téléphoniques, etc...

Les chemins de fer de l'État [2] ont versé au Trésor, en 1905, un excédent de 15 millions. Les résultats des chemins de fer de l'Etat sont moins bons que ceux des grands réseaux (dépenses rapportées aux recettes : 72 % à l'État, 51 % dans les grands réseaux), parce qu'on n'a laissé exploiter à l'État que les lignes pauvres, qui ne pouvaient donner de bénéfices et que les capitalistes ne voulaient pas exploiter. La preuve, c'est que la recette kilométrique est de 18.000 fr. à l'État contre 43.000 en moyenne dans les réseaux.

1. *Annuaire statistique*, 1907.
2. Ibid.

Les tabacs [1], en 1907, ont laissé à l'État un bénéfice de 386.000.000, sur un chiffre de vente de 472.000.000, soit 82 %. Il est vrai de dire que le monopole des tabacs est surtout fiscal.

Les assurances-Vie, Accidents, la Caisse nationale des retraites n'ont jamais coûté un sou au Trésor, car ce sont des organisations autonomes, vivant sur leurs ressources propres.

La Caisse Nationale d'Assurance au décès laisse un bénéfice qui, accumulé depuis l'origine, s'élève à 500.000 fr.

La Caisse Nationale Accidents a effectué depuis l'origine 11 millions de recettes, elle n'a eu que 2 millions de dépenses. Les subventions de l'État ne se sont élevées qu'à 2 millions et ont cessé en 1899.

Mais ce qui est important à relever, c'est que la gestion des assurances par l'État est infiniment moins onéreuse que celle des Compagnies. Ainsi *la Caisse Nationale des Retraites* ne dépense pour ses frais administratifs que 2 % des versements, tandis que les Compagnies d'assurances sur la vie dépensent 12 %, et même 15 et 18 % pour les associations tontinières ; *la Caisse Nationale d'Accidents* dépense, pour sa gestion et pour son installation matérielle, 10 % de ses primes, et elle ne réalise pourtant qu'un chiffre relativement restreint de cotisations. Pour les Compagnies à primes fixes, le même chiffre s'élève à 23 %.

**.*

[1]. *Annuaire statistique,* 1907.

L'État assureur c'est un nouvel impôt dont on augmentera lentement chaque année l'importance, soit en grossissant les primes d'assurances soit en diminuant les coefficients d'indemnité. Voir le fonctionnement des Caisses d'Assurances de l'État depuis 50 ans : la Caisse Nationale des Assurances contre les Accidents (loi de 1898) augmente chaque année son tarif, de la façon la plus illégale du reste.

Pourquoi le versement de l'assuré s'appellerait-il *impôt*, quand l'assurance sera faite par l'État, tandis qu'il s'appelle *prime* quand on le verse aux Compagnies? Dans l'assurance par l'État, conçue au moyen de mutualités autonomes, les primes reçues ne pourront jamais être confondues avec l'impôt.

La Caisse Nationale au décès a modifié son tarif, exactement comme les Compagnies-Vie en 1894, quand elles ont cessé de se baser sur le taux de 4 %. La Caisse vient d'ailleurs d'abaisser son tarif en 1907.

La Caisse Accidents a augmenté ses tarifs pour amener la péréquation de ses recettes et de ses dépenses, exactement comme les Compagnies qui ont élevé le taux de leurs primes depuis 1898. — Il est absurde de trouver cela illégal. Le tarif de la Caisse-Accidents est bien plus avantageux que celui des Compagnies, toutes choses égales d'ailleurs.

.•.

L'État assureur, c'est la tarification arbitraire et l'indemnité du bon vouloir augmentées ou diminuées suivant la situation de l'assuré, ses opinions politiques ou sa religion.

Rien n'est plus arbitraire que la tarification des Compagnies notamment dans l'Incendie, où le taux varie du simple au quintuple suivant les pays. — Dire que l'État tient compte des opinions religieuses des assurés c'est énoncer une calomnie sans fondement.

.·.

L'État assureur-accidents se réserve le droit d'augmenter ou diminuer à son gré de 30 à 60 °/₀ le taux des primes arrêté chaque année par décret.

Exactement comme les Compagnies, qui se réservent d'augmenter ou de diminuer la prime suivant les risques particuliers à l'entreprise assurée. — Objection bien frivole.

.·.

L'État assureur, c'est 200.000 places nouvelles pour les amis du pouvoir et ses électeurs auxquels il faudra que dans 20 ou 30 ans le contribuable serve une retraite.

Pourquoi nouvelles, puisque le rédacteur de ce catéchisme estime plus loin que l'assurance occupe en France 150.000 personnes ? Pourquoi 200.000, puisque l'Assurance par l'État fera l'économie d'une foule de courtiers qui ne jouent aucun rôle utile ?

Pourquoi le contribuable aura-t-il des retraites à faire au personnel, puisque les mutualités autonomes paieront leurs employés sur leurs recettes exactement comme les Compagnies ?

.·.

L'État assureur, c'est la suppression de toute réclamation,

de tout recours, de tout procès. Se reporter au paiement
des impôts, des patentes ou des taxes perçues par l'État.

Nous espérons bien que l'assurance par l'État supprimera tous les procès, toutes les chinoiseries de procédure, dans lesquelles se complaisent les assureurs
actuels. — Un système d'arbitrage, simple et peu
coûteux, remplacera l'appareil juridique actuel.

.·.

L'État assureur c'est la perte pour le budget d'un revenu
annuel de 3o à 4o millions d'impôts de toutes sortes pour
lesquels il faudra trouver autre part une compensation.

Objection d'un étourdi, car rien n'empêche l'État de
maintenir les impôts actuels sur les assurances et de
substituer aux taxes sur le revenu des actionnaires des
taxes également rémunératrices qu'acquitteraient les
mutualités d'assurances autonomes.

.·.

L'État assureur c'est l'incertitude des budgets, à la merci
de catastrophes toujours possibles. — L'incendie de Hambourg a coûté 175 millions, celui de Chicago en 1871 un
milliard, en 1903 celui de Baltimore a coûté 5oo millions,
celui de San Francisco en 1906 a coûté un milliard, et celui
de Valparaiso 5oo millions.

Il est rare que les défenseurs des assureurs ne nous
racontent pas quelque histoire d'Amérique. — A beau
mentir qui vient de loin. — Il faudrait connaître l'histoire de ces incendies. Pourquoi ne pas prendre des
exemples en France ?

Nous savons que les incendies de San Francisco et de Valparaiso sont dus à des tremblements de terre. — Or, toutes nos Compagnies françaises ont soin de spécifier **qu'elles ne paient pas** les dommages d'incendie ou autres occasionnés par les volcans et les **tremblements de terre** [1]. Le rédacteur du *Paris-Assureur* pêche-t-il pas ignorance, par inadvertance ou par manque de bonne foi ? Il ne faudrait pas cependant se borner à émettre des arguments. Il faudrait qu'ils signifient quelque chose.

．．

L'État assureur c'est l'assurance obligatoire de tous les risques, bons ou mauvais. C'est une prime à la négligence, c'est une entrave à toute amélioration des risques.

L'assurance obligatoire, c'est l'abomination de la désolation ! M. Thomereau, du *Moniteur des Assurances*, a écrit jadis une brochure : *Pourquoi l'Assurance ne doit jamais être obligatoire.* Or, l'*Argus* du

1. Les Compagnies anglaises qui assuraient un grand nombre de risques à San Francisco ont, bien qu'elles n'y fussent pas strictement tenues, réglé un grand nombre d'incendies. — Elles se sont taillé là une belle réclame sur le dos des Compagnies allemandes qui ont invoqué la clause d'exclusion. — Leur attitude n'a pas été approuvée par l'*Argus* qui dit : « Les Compagnies françaises *ne sauraient marcher dans cette voie* qui nous paraît quelque peu aventureuse. » Et il propose à ces Compagnies de libeller ainsi la clause de déchéance : « La Compagnie ne « répond en aucun cas des incendies ou dommages quelconques, « qui seraient, les uns ou les autres, la conséquence directe ou « indirecte des volcans, tremblements de terre, ouragans, trombes, « cyclones et tous phénomènes météorologiques autres que la « foudre. » (*Argus* du 14 février 1909.)

10 octobre 1909 publie un article du Directeur de la
Bâloise-Incendie, relatif à un projet d'assurances *obli-*
gatoires en Suisse par le Consortium des Compagnies
d'assurances opérant dans ce pays. Il y est dit notamment : « Selon notre conviction, le moyen le plus rapide
« et le plus efficace d'organiser l'assurance contre l'in-
« cendie, c'est de proclamer *l'obligation à l'assurance.* »

Ainsi l'assurance obligatoire n'est pas contraire aux
principes, à la condition que ce soit les assureurs qui
l'exploitent !

**

L'État assureur c'est le commencement de la spoliation
générale. — Après les assureurs, les banquiers, les propriétaires ; après les propriétaires, les industriels et les commerçants, puis la ruine.

L'assurance n'est ni un commerce, ni une industrie. — Elle n'est la propriété de personne. C'est une
œuvre de prévoyance qui doit être organisée par la collectivité au mieux de l'intérêt général. — Et en le faisant
elle n'accomplit aucune spoliation.

**

L'État assureur c'est l'inquisition et la délation du haut
en bas de l'échelle sociale.

Est-ce que les Compagnies se gênent pour examiner
la comptabilité des patrons qu'elles assurent ? Est-ce
qu'elles ne font pas vérifier les risques en tout temps
par leurs inspecteurs ?

**

L'État-assureur c'est la ruine de 150.000 citoyens, agents ou employés d'assurances, enfants de leurs œuvres, travailleurs honnêtes et laborieux.

Pourquoi la ruine ? Tous les agents utiles des Compagnies d'assurances passeront au service des Mutualités d'État : ils y gagneront une sécurité qu'ils n'ont pas, et ils pourront travailler en pleine indépendance pour une œuvre de prévoyance au lieu qu'actuellement ils ne sont préoccupés que d'enrichir leurs patrons.

* *

L'État assureur c'est une prime à l'incendie en temps de grève et de mouvement populaires. Pour ruiner son adversaire politique, on fera tout flamber, comme pendant la Commune.

Et pourtant pendant la Commune l'assurance-incendie n'était pas à la charge de l'État ! Alors ? Il est vrai que les Compagnies, par crainte de se ruiner, stipulent toujours *qu'elles ne paient pas* en cas d'insurrection, d'émeute, de complot, de mouvement populaire quelconque[1]. L'État assureur n'a qu'à prendre la même précaution pour que l'objection se réduise d'elle-même.

* *

L'État assureur, mais tous les pays qui ont esssayé de l'assurance officielle y ont vite renoncé, en totalité ou en partie. — Voir la Suisse, l'Allemagne et la Russie.

---

1. Exemple, les Compagnies françaises qui opèrent en Turquie et qui se sont refusées à régler les incendiés d'Adana.

L'Allemagne, l'Autriche, la Hongrie, la Suède ont créé des Mutualités patronales et ouvrières, sous la direction de fonctionnaires, avec un contrôle d'État, pour l'assurance des accidents du travail, et l'assurance-maladie. — Ces pays n'ont pas envie d'en changer et ils raillent assez l'exploitation dont les pays latins sont victimes au nom de la liberté. L'assurance obligatoire contre l'incendie se pratique encore dans nombre de pays allemands, suisses, scandinaves, et personne ne s'en plaint.

.*.

L'État assureur c'est la ruine du contribuable, qui verra augmenter d'abord ses primes d'assurances pour faire face aux dépenses du nouveau monopole et qui plus tard verra augmenter ses contributions pour faire des pensions aux 200.000 nouveaux pensionnaires.

Pourquoi augmenterait-on les primes puisqu'on commencera par économiser les courtiers, les administrateurs, les dividendes, et que les frais généraux seront moins élevés? — L'assurance sera un service *autonome*, qui devra payer ses fonctionnaires, et les pensions des fonctionnaires d'assurances ne s'inscriront nullement au budget. — D'ailleurs on ne voit pas pourquoi il faudrait 200.000 fonctionnaires. C'est un chiffre en l'air.

.*.

L'État assureur c'est le règne de la fraude et du vol, si facile en matière d'assurance, et tout le monde sait que voler l'État, ce n'est pas voler.

A en croire les Compagnies, il est difficile que l'État soit plus volé qu'elles ne le sont elles-mêmes. On les trompe sur la valeur des risques-incendie, on fait de fausses déclarations, on cache ses tares pour se faire assurer sur la vie, et les pauvres Compagnies en sont réduites à soulever d'innombrables déchéances à leurs assurés menteurs. — Nous croyons au contraire qu'il sera facile à l'État d'obtenir des déclarations sincères des assurés, lorsqu'il n'y aura plus de gens intéressés à les tromper pour faire une affaire ou gagner une commission.

∴

L'État, assureur général, Incendie, Accidents, Vie, etc... c'est la danse des millions dispersés dans des virements habiles, c'est la disparition des sages réserves actuellement réalisées par les Compagnies d'Assurances et qui iront retrouver les milliards des Caisses d'Epargne et le milliard des religieux.

Les virements ! Avec ce mot dont personne ne comprend la portée, on a essayé de calomnier toutes les opérations de la comptabilité publique. — Or, il n'y a pas de virements possibles entre les chapitres d'un budget. — Il n'y aura pas de virements possibles entre les comptes d'assurances et le Trésor, si l'Assurance d'État fonctionne avec des établissements autonomes.

Les adversaires de nos institutions actuelles ne reculent pas devant l'absurdité d'une calomnie. Ils ont discrédité l'œuvre des Caisses d'Epargne, et les bons gogos qui les écoutent ont préféré porter leur argent

aux rayons de M. Jaluzot ou acheter des valeurs, qu'on
ne négocie même plus à la Bourse des Pieds-Humides.

∴

L'État assureur, mais il agira envers les assurés comme
une société commerciale et défendra son budget avec une
attention vigilante. — Lire le discours du député de la
Marne, M. Mirman, à la séance du 9 juin 1904 : « Le mo-
« nopole de l'assurance ne saurait apporter à l'État un
« profit, y rechercher pour lui une source de revenus et
« qui permettent d'alimenter la Caisse des Retraites me
« paraît un des plus énormes paradoxes que se soit jamais
« permis la fantaisie de certains hommes politiques. »

Si l'État assureur défend son budget avec une attention vigilante, il n'y aura pas le gaspillage des fonds
dont on parle à l'argument précédent, pas plus que le
vol et la fraude. — Il faudrait mettre un peu de logique dans la critique et ne pas faire au projet d'assurance par l'État des reproches contradictoires.

Nous ne préconisons pas l'établissement d'un système
public d'assurances uniquement pour fournir des ressources au Budget, mais il est certainement possible
de faire en assurance de 100 à 150 millions d'économies, dont une partie pourrait être affectée au service
des retraites ouvrières.

∴

L'État assureur, mais pour les assurés c'est à tous les
guichets la litanie des vexations administratives. — Voyez
aux Postes, aux Télégraphes, aux Contributions, aux
Douanes, aux Octrois, dans les Ministères, enfin partout où

Il y a des fonctionnaires qui au même titre que les Demoiselles du Téléphone sont des êtres assermentés, infaillibles, et des représentants inviolables de l'État.

Tandis qu'avec l'Assurance par les Compagnies on est très aimable, très accueillant, tant qu'il n'est questions que de payer des primes. — Mais quand il y a un gros sinistre à régler, les fonctionnaires des Compagnies vous envoient joliment promener et ne répondent plus qu'aux sommations sur papier timbré. — Les agents des Compagnies, pour être infaillibles, n'ont pas besoin d'être assermentés, ils ne peuvent pas se tromper, parce qu'ils font retomber toutes les erreurs des contrats sur le dos de l'assuré.

L'État assureur, c'est la prime d'assurance payable chez le percepteur, à ses jours, à ses heures, avec la série de contraintes multicolores mais non gratuites ; c'est, en cas de non-paiement, la poursuite immédiate, la saisie, l'affichage et la vente.

Les Compagnies poursuivent avec une impitoyable rigueur ceux qui ont traité avec elles et qui ne paient pas leurs primes, tout en étant solvables. Avec cette circonstance particulière qu'elles réclament la prime, mais qu'il est entendu qu'elles se refusent à vous indemniser du sinistre, s'il se produit dans la période du retard.

L'État assureur c'est la lutte avec les assureurs officiels,

avec les agents et les architectes-voyers, avec les experts,
avec les juges ou avec les employés salariés par l'État et
tous adversaires du sinistré, qui recevront des instructions
d'avoir non pas à étudier une affaire, mais d'avoir à exécuter tel ou tel ordre émanant de leur chef immédiat, soit officiel, soit occulte. — Se reporter à la situation actuelle et
méditer les derniers jugements ou arrêts dans lesquels la
la politique prime le droit et l'équité.

Est-ce que par hasard les agents des Compagnies
qui procèdent aux règlements sont des amis du
sinistré ? Est-ce qu'ils ne reçoivent pas des ordres for-
mels de ne payer les dommages qu'à la dernière extré-
mité et quand ils ne peuvent pas faire autrement ?
Est-ce que ces fonctionnaires ne sont pas plus dans la
dépendance de leurs patrons, qui peuvent les renvoyer,
s'ils déplaisent, que les fonctionnaires d'une administration publique qui leur donnera un statut et des garanties ?

Si les assureurs n'ont pas confiance dans les juges,
pourquoi font-ils si souvent appel à leurs bons offices
pour juguler les assurés ? Nous voulons que les différends d'assurance se règlent par l'arbitrage, suivant
le procédé des Compagnies d'assurance quand elles
ont des différends... *entre elles... à propos de réassurances.*

**Le mémoire des Compagnies d'assu-
rance contre l'incendie.** — La plupart des critiques de *Paris-Assureur* contre l'assurance par l'État
sont empruntées au mémoire des Compagnies à
primes fixes contre l'Incendie, publié en réponse au
projet de monopole de l'assurance-incendie déposé par

M. Bourgeois, du Jura, en 1894. Ce mémoire soulevait encore quelques objections, qui, étant donné leur caractère spécial, ne laisseraient pas que de produire une certaine impression contre notre thèse, s'il n'y était répondu.

Les voici, en substance :

1º L'État aura un pourcentage de sinistres supérieur à celui des Compagnies, parce qu'il ne pourra pas comme elles faire un choix dans les risques; il devra accepter les mauvais comme les bons, l'assurance devenant un droit pour tout le monde.

2º L'État ne pourra pas limiter sa garantie, se fixer un « plein » comme les Compagnies, par là il devra réparer l'intégralité d'un dommage comme l'incendie du « Bon Marché », d'une grande usine, etc... Ce sera ruineux pour lui. Il ne pourra non plus rien céder en réassurance et répartir ses risques entre un grand nombre d'assureurs, comme on le pratique actuellement, ce qui fait qu'en cas de désastre chacun d'eux n'est frappé que pour une fraction insensible.

Une étude de ces deux objections va nous montrer qu'elles sont plus apparentes que réelles.

Il est certain que chaque Compagnie s'efforce de sélectionner les risques qu'on lui soumet, d'accepter les bons et de rejeter les mauvais; mais ce choix est très incertain et tel risque rejeté par une Compagnie est accepté par une autre. En général les Compagnies pratiquent plutôt ce choix en résiliant le contrat avec leur assuré après un sinistre; or, un assuré, particulièrement frappé une année, ne présente peut-être pas un risque beaucoup plus dangereux qu'un autre épargné dans le même temps. Une longue observation serait nécessaire pour résoudre la question, mais les Compagnies n'en ont ni le temps, ni les moyens. Un sinistre un peu important est-il survenu, elles appliquent la résiliation, elles seront au moins à l'abri des sinistres qui pourraient se produire pendant la période pour laquelle la prime a été payée. Tant pis pour l'assuré, qu'il aille se faire garantir ailleurs. Nos Caisses nationales n'ont jamais pratiqué l'assurance avec ce dédain des droits de l'assuré, et elles ne se sont pas réservé la faculté de résilier un contrat après un sinistre.

Quoi qu'il en soit, bon ou mauvais, la concurrence est trop active pour qu'on ne trouve pas toujours moyen d'assurer un risque, soit à une Compagnie, soit à une autre. Qu'importe alors que l'État ne puisse pas faire de choix puisqu'il se substitue à l'ensemble des Compagnies? Il se peut, qu'en agissant ainsi, il ait un pourcentage de sinistres supérieur à celui d'une Compagnie en particulier, qui aurait des employés spécialement habiles dans leurs acceptations, mais il n'y a aucune bonne raison pour que ce pourcentage soit supérieur à celui qu'accuse l'ensemble des Compagnies.

On pensera peut-être à certains risques inassurables, parce que l'assuré est malintentionné, et que les Compagnies peuvent repousser librement, tandis que l'État sera contraint de les accepter. Tout d'abord faisons remarquer que la surveillance de ces risques sera beaucoup plus facile avec le monopole, entreprise unique, somme toute, qu'avec une infinité de Compagnies rivales ; que le risque très dangereux, suivi pendant tout le temps nécessaire pour qu'on puisse en mesurer convenablement l'importance, sera taxé en conséquence ; que le risque présenté par l'assuré ayant donné des preuves suffisantes de malveillance pourra parfaitement être rejeté. L'assurance deviendra parfaitement un droit, mais, comme de tous les droits, pourra le perdre celui qui aura été convaincu d'en avoir mal usé.

L'objection pourrait paraître plus fondée en ce qui regarde l'assurance sur la Vie, car si cette dernière devient un droit, l'État semble obligé d'assurer tout venant. Nous estimons que l'État, tout en écartant les exagérations des visites médicales actuelles des Compagnies, ne pourra assurer que ceux qui sont dans un état normal de bonne santé. Il conviendra donc d'entourer cet examen médical de toutes garanties pour ne léser aucun candidat à l'assurance.

Examinons maintenant la deuxième objection. Une Compagnie, qui redoute, étant donné que ses moyens sont limités, de ne pouvoir payer un trop gros sinistre qui viendrait à sa charge, limite sa garantie à un maximum qu'on appelle « plein ». Celui qui veut être garanti au delà du plein, est donc obligé de s'adresser pour le surplus à une autre Compagnie. En matière incendie par exemple, un risque important se trouve assuré par plusieurs Compagnies en co-assurance. Les réassurances procèdent de la même préoccupation : si une Compagnie a assumé une charge qu'elle juge trop lourde à supporter seule, elle en cède une partie à une ou plusieurs autres sociétés avec qui elle est en relation.

Mais ces divers procédés de division des risques qui constituent, en définitive, une assurance mutuelle des assureurs, n'intéresse pas l'État, parce qu'il sera un assureur tellement puissant, qu'il pourra à lui seul assumer tel risque important qu'une Compagnie isolée n'aurait pu garantir sans péril éventuel. Son plein pourra être vingt ou trente fois plus élevé que celui de chacune des 20 ou 30 Compagnies qu'il remplacera[1].

Quand nous disons que l'État assureur n'est pas intéressé par cette division des risques qu'est la réassurance, nous nous plaçons au point de vue théorique de l'État assureur unique, mais comme dans la pratique il paraît préférable, dans l'intérêt d'une bonne administration, de créer des établissements régionaux, il conviendra que chacun d'eux ait un plein et que les risques très importants soient uniformément répartis sur toutes les mutualités régionales du pays. Chaque établissement constituera une caisse autonome, mais tous les établissements seront placés sous la dépendance d'un organe central qui veillera à ce que les règles fort judicieuses de la division des gros risques soient observées.

Rapport des primes aux capitaux assurés. — Les assureurs incendie prétendent en outre, dans leur mémoire, que le taux des primes est plus élevé dans

---

1. La plus forte Compagnie d'assurance contre l'incendie est l'Union, qui encaisse un peu plus de 20 millions de primes. Mais l'État assureur encaissera de 170 à 180 millions de primes.

les pays qui pratiquent l'assurance par l'État que dans
les pays qui comme la France ou la Belgique jouissent
de l'assurance privée. Pour justifier cette audacieuse
affirmation, le mémoire s'appuie sur le rapport présenté
par M. Béchard, représentant du Peuple à l'Assemblée
Nationale Législative, le 10 mai 1851, sur la proposition de M. Huguenin, tendant à faire rentrer dans le
domaine de l'État les assurances contre l'incendie.

On aurait pu attendre, de l'érudition des assureurs,
un document de plus fraîche date. Mais il import peu,
et le caractère de l'argument ne saurait être modifié par
des chiffres plus récents. Les Compagnies font en effet,
sur ce point, comme sur beaucoup d'autres, des comparaisons sans valeur, parce que les choses qu'on compare sont dissemblables.

Voici ce que disait le représentant Béchard :

« Comparons maintenant le taux des primes.

« En France et en Belgique, la prime, comprenant
« les bénéfices des Compagnies et embrassant les
« risques plus chanceux du mobilier et des marchan-
« dises, est de 85 centimes par 1000 francs. Dans les
« États assureurs, cette prime est beaucoup plus forte.

« En Bavière la moyenne est. . . . 1.87 par mille
« En Saxe. . . . . 1.79   —
« Grand-Duché de Bade. . . . . . 1.38   —
« En Prusse . . . . 2.83   —
« En Suisse . . . . 2.50   —

C'est de cette comparaison que les Compagnies tirent
vanité. Mais il suffit d'y regarder de près pour voir que
l'on ne peut faire des comparaisons de ce genre.

En effet, étant donnée la législation en France, on s'assure pour les risques locatifs, pour le recours des voisins, pour le recours du locataire, etc... et chaque fois il y a un capital assuré. Or, plusieurs de ces dispositions légales sont, nous l'avons dit, particulières à notre pays. Par conséquent, chez nous les Compagnies comptent le même capital assuré plusieurs fois, ce qui grossit le chiffre total exagérément et réduit la prime moyenne.

En outre, dans la plupart des États assureurs, l'assurance est précédée d'une évaluation exacte de la chose assurée, et la demande de garantie est strictement calculée sur le risque. En France, on sait que les assurés, cédant à la sollicitation des agents, se font garantir pour des sommes supérieures à la valeur réelle du risque. Comme l'assureur n'a jamais à payer qu'une somme inférieure au capital assuré, il peut évidemment appliquer un taux moindre que si la prime était calculée sur la valeur réelle. Enfin, la plupart des assurances d'État ont à leur charge les risques dangereux, et il se trouve que les risques simples et de faibles taux sont couverts par des Compagnies privées.

Toutes ces considérations expliquent surabondamment que toute comparaison est impossible entre *les taux moyens* de primes entre les assurances d'État et les assurances privées.

« Il est toujours dangereux en matière d'assurance « contre l'incendie de comparer un pays à un autre », dit M. Alglave, qui essaie seulement de comparer les primes moyennes en Suisse et en Allemagne. Il est encore fort aventureux de comparer les primes moyennes dans un même pays entre les assurances d'État et les assurances privées, car ces dernières font des sélections dans les risques et ne choisissent en général que les risques peu exposés, susceptibles de leur procurer des bénéfices — on sait, surtout en assurance-incendie, que les faibles risques donnent toujours plus de bénéfices que les risques dangereux.

Voici néanmoins une comparaison que nous empruntons à l'ouvrage de M. Paul Alglave[1] :

« Il résulte de ces chiffres que les primes perçues par « les Sociétés se sont élevées à environ 1.25 %₀₀ tant « pour les Sociétés mutuelles que pour les Sociétés par « actions. Tandis que la moyenne pour les Sociétés « publiques est de 1.15 %₀₀, soit une différence de « 1/11 de la prime en moins. » Il s'agit de la moyenne des primes en 1897, en Suisse, d'une part dans les assurances de cantons, d'autre part, dans les assurances privées pour les risques Suisses.

Notons, en passant, que la prime moyenne des entreprises financières d'assurance n'est plus 0.83 %₀₀, comme en France, mais 1.25. Comme nous l'avons dit, mais il n'est pas inutile de le redire, la législation en matière d'assurance a une répercussion sur ce taux moyen, en raison des assurances incidentes, recours

1. *L'État et la Province-assureur en Suisse et dans les pays Scandinaves*, p. 368. La comparaison ne permet aucune conclusion puisqu'il faudrait savoir si les deux systèmes d'entreprise ont couvert les mêmes risques.

locatif, des voisins, etc..., Les chiffres viennent pleinement confirmer notre appréciation.

On peut, il nous semble, jeter quelque lumière dans
la comparaison des résultats financiers en rapprochant
du taux moyen de prime *le taux moyen d'indemnité.*

L'ouvrage de M. Alglave, que nous venons de citer,
nous donne, pour mille de capitaux assurés, pour les
primes et pour les indemnités, les taux moyens suivants,
dans les Établissements cantonaux d'assurance en
Suisse.

	Primes	Indemnités	% des Primes
en 1885	1.27	0.88	73
en 1895	1.15	0.82	74
en 1899	1.08	0.83	74

Il est facile de faire le même rapprochement dans les
entreprises financières d'assurances et de rapprocher
les pourcentages des indemnités des pourcentages de
primes. On efface ainsi en partie les différences des
deux systèmes quant à la législation et à la nature des
risques.

On voit ainsi qu'en 1907, les Compagnies françaises à
prime fixe contre l'incendie réclamaient une prime
moyenne de 0.73 pour 1.000 de capitaux assurés, alors
qu'elles ne donnaient aux assurés sous forme d'indemnité que 0.38 par 1.000 de capital assuré.

C'est-à-dire que, tandis que l'assurance publique peut
rendre aux assurés les 3/4 de leurs primes [1], l'assurance

1. Nous négligeons ici les constitutions de fonds de réserve, etc..,
qui pourraient montrer que le rendement est plus élevé.

privée par les Compagnies ne leur en rend que la 1/2.

La conclusion qu'on peut tirer de tous ces rapprochements est toujours la même. — Les frais d'administration des Compaguies privées, courtages et frais de gestion, sont trop élevés. — L'assurance publique seule peut réduire ces frais et en même temps le prix de l'assurance.

L'État fera des pertes là où les Compagnies réalisent de gros bénéfices.

— Pour détourner le Parlement du monopole, les assureurs n'ont pas craint d'affirmer dans leur mémoire, avec des chiffres, que le jour où l'État leur serait substitué, les opérations se traduiraient pas un déficit. C'est là un argument destiné à produire une grande impression sur tous les hommes politiques qui pensent trouver dans l'assurance publique un élément de recette budgétaire. Si l'exercice du monopole doit être une source de dépenses pour le Trésor, si seulement il est contestable qu'il puisse être pour lui une ressource certaine, inutile de surcharger l'État de nouveaux embarras, laissons l'assurance aux financiers. On voit tout le bénéfice que les Compagnies peuvent retirer de l'argument; aussi, pour semer le doute dans l'esprit public, n'ont-elles pas hésité à indiquer quels seraient à leur avis les charges et les profits du nouveau monopole.

A les en croire, l'État aurait à combler un déficit d'au moins 8 millions, ou à surélever les primes.

Voilà un calcul qui paraît bien surprenant. Eh quoi !

les assureurs dépenseraient au moins 25 % des primes en courtages, 15 % en frais généraux, 10 % en bénéfices, et l'État, qui n'aura pas de concurrent et pas de courtier, qui gérera à meilleur marché, sera en perte !

Voici les explications des assureurs. L'État, disent-ils, sera obligé d'expertiser chaque risque avant de l'assurer. On peut compter 7 millions de polices. En admettant qu'une police ne donne lieu à une expertise que tous les 5 ans, il y aura à vérifier chaque année : 1.400.000 contrats. En admettant que chaque expertise revienne en moyenne seulement à 15 francs, le service d'évalution du capital assuré coûtera annuellement 1.400.000 $\times$ 15 = 21 millions de francs.

Les frais d'écritures dans les départements peuvent être estimés. 3.000.000

Les frais d'encaissement, à raison de 5,63 % des primes 8.450.000

Les frais d'administration centrale. 1 % 1.500.000

Ces divers calculs sont basés sur un encaissement par l'Etat de 150 millions de primes. Le mémoire des Compagnies remonte à 1894, et, à cette date, cette estimation de l'ensemble des primes assurances était acceptable.

Dans ces conditions, poursuit le mémoire, voici les recettes et les dépenses du monopole, *en admettant que la proportion des sinistres ne soit pas plus élevée qu'avec les Compagnies.*

RECETTES :	DÉPENSES :	
150 millions	Sinistres.........	89.580.000
	Frais de mono-pole..........	30.000.000
	Impôts (équiva-lent des im-pôts actuels)..	25.000.000
	Annuité de rachat d'après le calcul de M. Bour-geois.........	13.000.000
	Total.......	157.580.000

Déficit : 7.580.000.

Pour faire la partie plus belle à leurs contradicteurs, les rédacteurs du mémoire n'ont porté comme frais de monopole que 30.000.000, alors que leurs évaluations dépassaient 35.000.000, savoir :

Frais d'estimation des valeurs assurées..	21.000.000 fr.
Frais d'écritures dans les départements..	3.000.000 —
Frais d'encaissement....................	8.445.000 —
Frais d'administration centrale.........	1.500.000 —
Non-valeurs...........................	1.500.000 —
Total.............	35.445.000 —

Le déficit n'en serait donc que plus certain.

C'est probablement en tablant sur de pareils calculs que M. Thierry s'écriait un jour à la Chambre : « Nous « vous démontrerons que le monopole est un leurre « pour l'État. »

Discutons maintenant ces chiffres.

1° Frais d'estimation des valeurs assurées, 21 millions.

Pourquoi l'État ferait-il procéder au moins tous les 5 ans, à une évaluation de l'importance des risques

assurés, alors que les Compagnies s'en dispensent ?
Nous n'ignorons pas que dans certaines législations
étrangères, surtout en ce qui concerne l'assurance
immobilière, on procède à une estimation des choses
assurées préalablement à l'établissement du contrat,
mais cela n'est pas une obligation inhérente au fonctionnement de l'assurance par l'État. Surtout en ce qui
concerne les risques mobiliers, et c'est précisément
pour ceux-là que l'ensemble des estimations préalables
seraient onéreux, on ne voit aucune nécessité de pratiquer cette opération à laquelle ne procèdent pas les Compagnies actuelles. Si on imagine que l'État, en prenant
les assurances à son compte, va multiplier les opérations inconsidérément, il n'est pas difficile de prouver
qu'il se ruinera. Pourquoi, à tant faire, ne pas mettre
au compte de l'assurance la fameuse revision du cadas-
tre, et lui en faire payer les frais ? Nous considérons
que l'assurance par l'État se pratiquera en ce qui concerne l'estimation des choses assurées, exactement
comme avec les Compagnies, et que l'État assureur
fera vérifier les déclarations des assurés, seulement
quand il le jugera à propos. Il y aura donc un service de vérification des risques, comme dans les
Compagnies, dont la dépense rentrera dans les frais
généraux...............................

Si donc à retrancher des dépenses. . 21 millions.

Le mémoire estime que, sur 150 millions de primes,
l'État aura environ 59 % de sinistres. Cette moyenne
résulte des chiffres des années 1893 ou 1894. Dans cette
période l'assurance incendie, pour des raisons finan-

cières, subissait une crise. Actuellement le taux est beaucoup moins élevé. L'année 1907 donne 52 %. C'est la moyenne probable, mais nous conservons le taux de 59 %, cela fera compensation avec diverses dépenses que nous aurions pu ne pas évaluer et avec le fait certain que l'État assureur réglera des indemnités dans des cas où les Compagnies ne paient pas.

Nous adoptons également, bien qu'ils nous paraissent exagérés, les divers frais d'encaissement et d'écritures. Bornons-nous à relever les 25 millions d'impôts portés en dépenses. Est-ce inadvertance ou est-ce duplicité des auteurs du mémoire, le fait est que ces 25 millions sont portés deux fois en dépense. En effet, lorsque les assureurs estiment à 150 millions les primes qu'encaissera l'État assureur, il s'agit des primes nettes d'impôts, car c'est un usage des Compagnies de ne porter dans leurs comptes-rendus en recettes, que les primes nettes d'impôts : elles considèrent, en effet, qu'elles sont chargées seulement de recueillir ces impôts pour le compte du Trésor. C'est donc par rapport à ces primes nettes qu'est établi le pourcentage des sinistres. Une exception a été faite à cette règle pour la taxe de 12 francs par million de capitaux assurés qui doit d'après la loi être supportée par l'assureur. Au surplus, voici les recettes et dépenses de l'Un..., Compagnie-Incendie (en 1907).

RECETTES :

Reliquat..................	511.660,14
Assurances en 1907........	20.183.487,07
Intérêts..................	657.119,52
	21.352.266,73

DÉPENSES :

Sinistres......................... 11.342.104,98
Commissions.................... 5.202.272,77
Frais généraux................. 1.453.446,45
Patente et autres contributions.. 221.147,36
Taxe de 12 fr. par million........ 204.838,54
Participation dans les bénéfices... 230.615,60
Réserves pour risques en cours... 370.000
Bénéfice......................... 2.327,841,03
                                 ‾‾‾‾‾‾‾‾‾‾‾‾‾
                                 21.352.266,73

Il est clair que le gros des droits versés à l'État, qui s'élèvent pour cette Compagnie à près de 3 millions, ne sont pas portés en dépense et que le chiffre de 20 millions de primes est net.

Par conséquent les 150 millions de primes sur lesquels table le mémoire des assureurs est un chiffre de primes nettes. En en défalquant 25 millions d'impôts actuellement perçus par l'État, on les met dans le calcul **deux fois** à la charge des assurés.

Ci donc en réduction des dépenses.   .   25 millions.

Total des réductions, sans modifier les données du mémoire : 46 millions. La perte de 7 millions 580.000 fr. se transforme donc en un bénéfice de 38.420.000. fr. pour l'État. On peut tabler largement sur 40 millions, les assureurs ayant supposé que le monopole de l'État aurait des frais d'administration beaucoup plus élevés qu'ils ne seront en réalité. Ce chiffre de 40 millions serait même dépassé largement à l'heure actuelle où l'on peut estimer à 170 millions les primes-incendie et à 52 % seulement le coût des sinistres.

Il nous paraît suffisamment établi que quand les assureurs à primes fixes contre l'Incendie prétendent que l'assurance par l'État donnera des pertes au lieu de fonrnir des bénéfices, ils n'appuient cette affirmation que sur des calculs erronés — erronés volontairement, — car on ne saurait douter un seul instant de leur compétence à manier des chiffres bien connus d'eux.

CHAPITRE IX

Historique des propositions de Loi tendant à instaurer en France l'assurance par l'État

Les projets pendant la 2ᵉ République. — Reprise de ces projets vers 1879. — Propositions récentes de MM. Carlier et Couderc. — L'assurance par l'État à propos des accidents du travail. — Le projet de MM. Ricard et Guieysse. — Les votes de la Chambre et les objections du Sénat. — La plupart de ces dernières ont été contredites par les faits.

Les projets pendant la 2e République. — Dès 1846 quelques conseils généraux émettent des vœux sur la suppression des Compagnies. En 1848 deux projets de loi sur cette question furent déposés à l'Assemblée Nationale, l'un par Louis Blanc, l'autre par Garnier-Pagès. Ils comportaient la transformation en monopole d'État de toutes les assurances.

Le 8 juin 1848, M. Duclerc, Ministre des Finances, présenta au nom de la Commission du pouvoir exécutif un projet de décret tendant à ce que l'État prît possession de l'assurance contre l'incendie, en faisant obligatoire l'assurance des immeubles et du mobilier personnel, et facultative l'assurance des marchandises, du matériel industriel, des récoltes, du bétail, etc... Ce projet de décret était très sommaire et laissait à une loi et à des arrêtés ultérieurs le soin de définir les droits des assurés et ceux de l'État assureur et de régler toutes les mesures propres à l'organisation des services administratifs.

Le 28 avril 1851, le représentant du peuple Huguenin reprit le projet de M. Duclerc, qui avait été retiré par un autre Ministre des Finances, et, lui donnant plus d'ampleur dans les détails, déposa une proposition de loi en 25 articles conférant à l'État le monopole de l'assurance contre l'incendie.

La proposition Huguenin ne rend l'assurance obligatoire que pour les immeubles. Elle ne porte que sur les 4/5 ou les 3/4 de la valeur des choses assurées, le propriétaire doit subir la perte du surplus en cas de sinistre. L'assurance est faite par le maire, suivant l'estimation préalable faite par des experts désignés par le Conseil Municipal. Lors du sinistre, le Préfet désigne les citoyens chargés de fixer l'indemnité sur une liste de noms formant le Jury départemental d'estimation des pertes. L'indemnité est fixée par le Conseil de Préfecture après nouvelle expertise s'il y a lieu. Un recours au Conseil d'État est offert aux intéressés lorsque le litige a une importance supérieure à 10.000 francs. Les primes sont ajoutées à [la cote des contributions directes et perçues dans les mêmes conditions que celles-ci.

Le représentant du peuple Huguenin nous paraît s'être fait de l'assurance une idée un peu trop simpliste. Supposer que les maires ou leurs adjoints pourront fixer le taux des primes, c'est admettre qu'il n'y a pas en assurance des difficultés d'appréciation dans les risques, difficultés qui demandent l'intervention de personnes ayant l'habitude de traiter ces questions ; c'est supposer aussi que le travail administratif est très réduit, alors que, le nombre de polices à établir devant être naturellement considérable, ce travail doit absorber l'activité de fonctionnaires spéciaux.

Mais on peut faire au projet Huguenin un reproche plus grave. Il accorde en effet aux fonctionnaires détenant la puissance publique, comme les Préfets et les Maires, un autorité considérable. Il introduit par conséquent la politique dans les affaires d'assurances, alors que celles-ci, n'intéressant que les intérêts économiques des citoyens, doivent de toute nécessité se régler sur un terrain neutre au point de vue politique ou confessionnel. En un mot l'État assureur ne doit avoir rien de commun avec l'État souverain, sinon on rend très légitimes les critiques des adversaires du monopole lorsqu'ils redoutent le fameux « fait du prince », par lequel l'État souverain résout en sa faveur des conflits qu'il peut avoir avec ses administrés, ou quand ils prétendent que les assurés bénéficieront d'indemnités plus ou moins fortes suivant qu'ils seront plus ou moins les amis du pouvoir.

On ne voit d'ailleurs aucune bonne raison pour conférer aux fonctionnaires chargés de l'administration générale des attributions dans l'organisation de l'assurance, celle-ci exigeant en effet des qualités et des compétences spéciales. On ne saurait dire au surplus que l'assurance intéresse la sécurité publique, puisqu'elle est actuellement entre les mains des entreprises privées.

Le projet de M. Huguenin comporterait d'autres critiques : Pourquoi l'assurance ne serait-elle que partielle et ne dédommagerait-elle jamais l'assuré de la totalité de ses pertes ? Pourquoi faire la juridiction administrative juge des litiges en matière d'assurance, alors que les magistrats administratifs présentent des garanties d'indépendance moindres que les magistrats ordinaires ? enfin la prime ne saurait être assimilée à l'impôt et payée dans les mêmes conditions, parce que, tandis que l'impôt est d'une détermination simple reposant, soit sur la déclaration du contribuable, soit sur la classification de l'administration, la prime est au contraire très complexe dans sa fixation et très variable parce qu'elle dépend de plusieurs facteurs pouvant varier au cours d'une même année : valeur des choses assurées, nature du risque, situation du risque.

En résumé, l'assurance a sa technique particulière et il importe qu'elle soit exploitée par des gens ayant la pratique de cet art et non point par des fonctionnaires, tout à fait ignorant des choses qui lui sont propres et qui auraient cette besogne en surcroît de celles dont ils ont habituellement la charge.

Cette manière de voir a d'ailleurs été adoptée par le législateur toutes les fois qu'il a cru devoir faire une concession aux idées de l'Assurance d'État et créer des Caisses Nationales. La Caisse des retraites pour la vieillesse, les Caisses Nationales d'assurance au décès, contre les accidents, sont des établissements autonomes gérés par des fonctionnaires spéciaux et n'ayant pas d'autre besogne. Ces Caisses, sauf pour la Caisse des retraites, font un chiffre relativement restreint d'affaires ; qu'adviendrait-il d'une entreprise comme le monopole si elle était confiée accessoirement à des fonctionnaires ayant par ailleurs d'autres attributions ? La prime n'est jamais considérée par les Caisses Nationales comme un impôt et les différends qu'elles peuvent avoir avec leurs assurés sont du ressort du droit commun. L'État assureur n'utilise de l'administration actuelle que les percepteurs, receveurs des Finances, trésoriers-payeurs dont il fait ses agents d'encaissement ou de versement dans la même mesure où il pourrait utiliser les établissements de crédit ou l'Administration des Postes.

Le Second Empire n'a produit aucune manifestation législative en faveur du monopole d'État. Cette période de notre histoire a été des plus favorables aux grandes Compagnies financières, et nous ne sommes pas étonnés de ne rien trouver dans les Annales du Corps Législatif de défavorable aux Sociétés d'Assurances.

Reprise des projets sous la 3ᵉ république. — Les législatures de la 3ᵉ République voient au contraire se multiplier les projets : en 1879 une proposition de M. Vacher qui ne comportait pas l'obligation, en 1890 une proposition de M. Bourgeois pour la création de mutuelles incendie pour les biens départementaux et communaux, une autre de M. Quinsac pour l'assurance par l'État des récoltes, en 1863 une proposition de M. de Cassagnac sur les Assurances agricoles, d'autres de M. Jonnart, Rey et Lachièze, Rivet et Chollet, etc..., en 1894 une proposition de M. Viger pour la création de mutuelles agricoles et une de M. Bourgeois (du Jura) sur le monopole de l'assurance-incendie.

Cette dernière proposition eut un grand retentissement, et les assureurs défendirent leurs entreprises dans un mémoire que nous avons déjà cité. M. Bourgeois voulait l'assurance-incendie obligatoire, les primes étaient fixées chaque année par la loi des finances, elles étaient perçues par les agents du Trésor, une Commission d'assurance réglait au Ministère du Commerce et de l'Industrie les détails de l'organisation, enfin il était procédé au rachat des Compagnies en exploitation par le remboursement aux actionnaires de la valeur de leurs actions d'après le cours moyen des dix dernières années.

Dans ces derniers temps nous devons enregistrer la proposition de loi déposée par le groupe socialiste le 27 février 1908 tendant à constituer le monopole de toutes les assurances au profit de l'État pour alimenter la Caisse des Retraites ouvrières. Cette proposition ne comporte que 6 articles : elle pose le principe de l'assurance par l'État plutôt qu'elle n'envisage ses modalités de fonctionnement, elle conçoit une assurance centralisée, administration unique pour toute la France, avec des services départementaux et communaux, et laisse pour le surplus à un règlement ultérieur le soin de fixer les détails. Cette proposition n'est qu'une invitation au gouvernement de mettre à l'étude le monopole, elle ne saurait être envisagée comme une solution de la question.

Plus récemment, le 12 juillet 1909, M. Couderc, député de la Haute-Garonne, a déposé une proposition de loi relative à l'exercice du monopole de toutes les assurances. Elle nous paraît mériter les même critiques que celle de M. Huguenin. On ne voit guère pour quelle raison la direction de l'enregistrement serait chargée de l'assurance en France, ni pourquoi ce service aurait à sa tête le conservateur des hypothèques dans l'arrondissement et le receveur de l'enregistrement dans les cantons. S'il s'agissait d'une attribution nouvelle peu importante, ne nécessitant pas la création de nouveaux employés, nous concevrions très bien qu'on en chargeât quelques fonctionnaires, qu'on rétribuerait pour ce surcroît de besogne, mais, et nous espérons bien ne pas enlever une illusion à M. Couderc, le monopole de l'assurance exigera des milliers d'employés, et nous ne voyons pas très bien comment il pourrait être avantageux de les mettre sous les ordres de fonctionnaires occupés à d'autres travaux, au lieu de

les faire diriger par des spécialistes. Le monopole de
l'assurance sera un service suffisamment important pour
avoir son personnel en propre. Confier aux percepteurs,
receveurs-buralistes, buralistes sous les ordres du conservateur des hypothèques qui discutera en dernier
ressort les moyens ou les combinaisons financières, le
mécanisme de l'assurance sur la vie, c'est se faire de
celle-ci une idée un peu trop succincte et imaginer
qu'elle se réduit à la signature des contrats. M. Couderc fait, en outre, dépendre des tribunaux administratifs la solution des difficultés qui naîtront entre
l'État assureur et les assurés. Nous avons dit plus haut
notre sentiment à ce sujet.

Les diverses propositions qui précèdent et qui éma-
nent de l'initiative parlementaire, n'apportent pas des
indications bien précises sur ce que doit être l'organisation rationnelle du service public des assurances.
Quelques-unes même n'ont pas été sans motiver certaines critiques légitimes et peut-être ont-elles fait plus
de tort à la cause de l'assurance par l'État qu'elles ne
lui ont été utiles. Il n'en sera pas de même des propositions suivantes que nous allons étudier et qui ont été
présentées au Parlement à propos de l'assurance contre les accidents du travail. Le problème a été ici serré
de bien plus près, et si, dans cette discussion particulière,
on n'a pas abouti à l'assurance organisée par l'État,
c'est parce qu'elle s'est heurtée à la résistance systéma-
tique du Sénat.

L'assurance contre les accidents du

travail. — Les divers projets. — L'élaboration de la loi du 9 avril 1898, qui est la loi originaire sur les accidents du travail, a duré près de 18 ans. Dans cette longue période, il a été émis par les divers membres des deux Chambres bien des propositions, mais on peut dire que les promoteurs de la législation nouvelle avaient pensé tout d'abord à organiser l'assurance par l'État et que cette conception a toujours été celle de la Chambre des Députés.

Les premières propositions de loi de M. Peulevey, de M. Félix Faure, prévoient la création de Caisses Nationales d'assurance contre les accidents du travail. M. le Comte de Mun proposait de rendre responsable des accidents du travail, la corporation, c'est-à-dire le groupement des patrons et des ouvriers de même profession. Idée d'une heureuse harmonie, qui n'avait que le défaut de ressusciter par un certain côté une forme abolie du passé et de heurter l'esprit des hommes de ce temps sur les bienfaits de la Révolution.

Le premier texte de loi, voté par la Chambre des Députés le 10 juillet 1888, comportait une assurance d'État, organisée d'une façon particulière. Elle comprenait, d'une part, une Caisse d'assurance contre les accidents, qui n'était autre que la Caisse Nationale créée en 1868, mais dont le rôle était agrandi, et d'autre part, des syndicats d'assurance mutuelle formés par des groupements patronaux. Ces derniers remboursaient à la Caisse les paiements que celle-ci avait faits aux blessés du travail. Les patrons qui n'étaient pas affiliés aux syndicats d'assurance mutuelle s'assuraient directement à la Caisse Nationale.

Ce texte fut repoussé par le Sénat, et parmi les arguments qui furent émis à cette époque, il convient de citer ceux du rapporteur de la Commission, M. Tolain. Cet honorable sénateur, après avoir constaté *que l'assurance obligatoire compte un grand nombre de partisans parmi les industriels*, qui la considèrent comme la seule mesure qui puisse donner la sécurité aux patrons comme aux ouvriers, la repousse parce que l'initiative privée a déjà organisé l'assurance et qu'il lui répugne de contraindre ceux qui s'assurent volontairement et qu'il est en outre dangereux d'arrêter *les combinaisons, les procédés nouveaux que pourrait découvrir l'initiative privée.*

Il est à peine nécessaire de relever ce qu'il y a de puéril dans cette argumentation. Ceux qui ont de leur propre initiative formé l'assurance mutuelle ne se plaindront pas de voir leur idée se généraliser et s'appliquer à tout le monde. Quant aux procédés nouveaux que pourrait découvrir l'initiative privée — entendez les assureurs — et dont il serait fâcheux d'ôter le bénéfice aux industriels, on sait qu'ils consistent dans des combinaisons tout à fait obscures pour les assurés, mais grâce auxquelles on leur extorque 3o, 4o, 5o pour cent de la prime sous prétexte de frais d'administration. En assurance, il n'y a pas de découverte qui permette de réduire le montant des sinistres ; tout ce qu'on doit chercher à réaliser, c'est la réduction des frais de gestion, et celle-ci s'obtient par l'assurance publique et la suppression de l'assurance privée.

Le Sénat ayant repoussé toute assurance d'État, le projet de loi fit retour à la Chambre des députés. Le 18 juin 1890, M. Jules Roche, Ministre du commerce, et dont les opinions sont fort éloignées du collectivisme, proposait à nouveau une organisation nationale de l'assurance. Chaque année, le capital des rentes, le montant des indemnités payées, les frais de gestion et les versements à un fonds de réserve étaient répartis par la Caisse Nationale d'assurance entre les chefs d'entreprise assujettis, proportionnellement aux salaires des ouvriers qu'ils avaient occupés. On paraissait ne pas vouloir tenir compte des différences dans l'importance des risques des entreprises industrielles d'après la nature de leurs travaux.

Projet de MM. Ricard et Guieysse. — MM. Ricard et Guieysse proposèrent l'assurance mutuelle obligatoire. Les chefs d'entreprise étaient groupés en circonscriptions départementales. A la tête de chaque circonscription, une commission classait les industries par catégorie et fixait le coefficient de risque inhérent à chacune d'elles, au moyen duquel on répartissait les charges. La Caisse Nationale des accidents réglait les sinistres. Les patrons qui voulaient rester leur propre assureur étaient obligés de verser un cautionnement.

Ces principes furent commentés et développés par M. Louis Ricard dans son rapport du 25 février 1892.

Les circonscriptions étaient divisées en sections. A la tête de la circonscription ou de la section se trouvait un comité directeur ou un comité de section. Le comité directeur administrait la circonscription d'assurance : il établissait la liste des établissements assujettis, fixait les cotisations, veillait au paiement des indemnités, etc... Les comités de section jouaient le rôle que jouent les agents généraux auprès des Compagnies : ils renseignaient le comité directeur sur la nature des risques, sur les accidents, sur les indemnités qui cessaient d'être dues, etc...

Pour obtenir une application méthodique de la loi, en même temps qu'équitable et désintéressée, et pour coordonner le travail de toutes les circonscriptions, le projet instituait un Conseil supérieur des accidents du travail. La principale de ces attributions était de déterminer les industries assujetties.

Les dépenses d'une circonscription étaient réparties chaque année entre les assurés ; ces dépenses comprenaient le versement à la Caisse nationale du capital représentatif des pensions. On adoptait le système de la capitalisation, et non celui de la répartition, ce dernier, suivant l'expression de M. Ricard, ayant l'inconvénient de rejeter les charges d'une époque sur les générations futures. Les primes étaient recouvrées, d'après un rôle rendu exécutoire par le préfet, comme en matière de contributions directes. Les intéressés pouvaient réclamer contre le coefficient de risque qui leur était assigné ou contre leur assujettissement. Ils adressaient la déclaration des salaires payés aux ouvriers ou employés au maire de la commune, qui la transmettait au comité de section, lequel la transmettait, après contrôle, au comité directeur. Un recours contentieux était ouvert aux industriels devant le Conseil de Préfecture en ce qui concerne le classement de leur industrie ou le montant de leur cotisation.

Le projet de M. Ricard permettait aux industriels, soit isolément, soit groupés en syndicats, de rester leurs propres assureurs, mais ils devaient déposer des cautionnements en rapport avec l'étendue probable de leurs charges. Les capitaux constitutifs des pensions étaient toujours constitués à la Caisse nationale. Celle-ci assurait le paiement des arrérages dus aux rentiers par l'intermédiaire des receveurs des finances et des percepteurs.

Ce projet était très bien étudié, et bien qu'à certains égards il appelât quelques réserves, il se trouvait bien supérieur aux systèmes antérieurs et surtout au système chaotique qui a été adopté dans la suite. Nous lui reprocherons une méconnaissance des besoins matériels de l'assurance. Il est visible que les comités de section et les comités directeurs n'auraient pu assumer les travaux que le projet leur attribuait. L'assurance exige un assez gros travail administratif, et il nous semble qu'en matière administrative, il faut toujours une direction. Les comités et les conseils ne conviennent que pour les délibérations. La fixation des primes dépend encore de travaux statistiques, qui ne peuvent être effectués que par un

personnel spécialisé, de même que la vérification
des risques industriels assurés ou celle des salaires
déclarés. Dans ces conditions, le système de M. Ricard aboutissait à une administration propre, tandis
qu'il semblait bien qu'on avait eu le désir de s'en
passer.

Puisqu'on ne peut faire de l'assurance sans une
administration adéquate, on ne voit pas pourquoi cette
administration ne procéderait pas au paiement des indemnités, comme elle procède au recouvrement des
primes, et l'idée d'une Caisse centrale d'assurances ne
nous paraît pas avantageuse. L'intervention des Conseils de Préfecture pouvait aussi prêter à critique,
étant donné leur caractère.

Les objections du Sénat. — Mais ce ne fut
pour aucune de ces raisons que le projet Ricard fut
combattu au Sénat. C'est principalement sur le terrain
de l'obligation que M. Poirrier, Rapporteur de la Commission sénatoriale, fit porter le gros effort de sa critique. On ne songe pas, disait-il en substance, à obliger
l'industriel à s'assurer contre les risques de mauvaises
créances, contre l'incendie, à contracter une assurance
en cas de décès, et cependant l'un ou l'autre de ces
événements : mauvaises créances, incendie, décès,
peuvent causer la ruine de son entreprise et compro-
mettre gravement la situation de ses créanciers...
L'État fera toujours moins bien les affaires des
citoyens que les citoyens eux-mêmes. En substi-
tuant sa prévoyance à celle des industriels, l'État

en arriverait vite à étouffer l'initiative individuelle...

On voit par quels sophismes l'assurance obligatoire
était combattue. Tandis que, par ailleurs, M. Thevenet
déclarait : « Nous ne faisons pas de l'assurance obli-
« gatoire, mais de l'assurance obligée en fait », M. Poirrier réclamait la liberté pour l'industriel, non seulement de se ruiner, mais encore de rejeter sur les
autres la conséquence de son imprévoyance. Puisqu'en
effet, l'ouvrier blessé doit, coûte que coûte, recevoir sa
pension, même lorsque son patron imprévoyant s'est
ruiné, c'est à la collectivité à payer pour lui. M. Poirrier ne recherchait pas, non plus, si la question de l'assurance obligatoire du projet Ricard n'était pas moins
onéreuse que l'assurance obligée de M. Thevenet. Sans
doute cette question de gros sous ne l'intéressait pas,
et il estimait que la France était assez riche pour se
payer la gloire de l'assurance libre.

Acharné contre le projet Ricard, M. Poirrier n'hésita
pas à frapper l'imagination de ses collègues par le
récit de difficultés extraordinaires qu'à l'en croire, son
adoption allait soulever. D'après lui, l'accumulation
des capitaux dans les Caisses de l'État allait être
énorme. En moins de dix ans, prétendait-il, les Caisses
de l'État renfermeront plus d'un milliard. Ce milliard
viendra s'ajouter aux milliards des Caisses d'Épargne,
et ainsi on privera l'industrie des capitaux qui sont
nécessaires à son activité.

M. Thevenet reprendra plus tard l'argument : « Nous
« sommes déjà effrayés, dira-t-il, de l'accumulation

« énorme des capitaux dans nos Caisses d'Épargne, et
« nous ne continuons à les tolérer que parce que nous
« voulons encourager l'esprit de prévoyance et d'éco-
« nomie : mais dans la matière qui nous occupe, il ne
« s'agit ni de prévoyance ni d'épargne, il s'agit de notre
« travail national et de son avenir : notre industrie ne
« retirera aucun avantage de cette accumulation de ca-
« pitaux et l'État endossera en réalité, sans compensa-
« tion, des responsabilités qui peuvent n'être pas sans
« danger pour l'avenir. »

On remarquera le vague de toutes ces appréhen-
sions. Quel danger y a-t-il à ce que les capitaux affluent
dans les caisses de l'État, si ces capitaux sont convenablement employés en achat de valeurs productives d'intérêt ? Pourquoi y aurait-il danger quand c'est dans les
Caisses de l'État que vont les capitaux, et n'y en a-t-il
point quand ces capitaux vont dans les Caisses des
Compagnies d'assurances ? Car enfin, il ne faudrait pas
abuser des sophismes, et MM. Poirrier et Thévenet ont
singulièrement discrédité l'intelligence de leurs collègues
lorsqu'ils leur ont fait accepter que l'assurance obligatoire, ou plutôt l'assurance par l'État, privera l'industrie
de certains capitaux et qu'il n'en sera pas de même de
l'assurance libre ! Pour ne pas priver l'industrie de
capitaux, il fallait ne pas faire la loi en faveur des blessés du travail, mais du moment qu'on en reconnais-
sait l'impérieuse nécessité, il était bien évident qu'il
faudrait des capitaux pour assurer le service des
pensions. Voulait-on du principe de la répartition ? Pas
même, puisque ce principe adopté en Allemagne ne se

conçoit que dans une assurance d'État[1]. Le système de l'assurance exige | impérieusement la capitalisation, c'est celui qui fonctionne en France, et il a conduit à la redoutable accumulation des capitaux si appréhendée par MM. Poirrier et Thévenet. Au 31 décembre 1907 — 9 ans après la mise en vigueur de la loi, — il y avait comme capitaux représentatifs des pensions[2] :

A la Caisse des retraites . . . . 130 millions.

Dans les Compagnies d'assurance . 46 millions.

Total. . . . 176 millions.

Nous voilà bien loin du milliard de M. Poirrier. La Caisse d'assurance d'État aurait pu gérer aisément un pareil capital puisque la valeur des rentes en cours à la Caisse Nationale des Retraites à la même date, pour les pensions ordinaires, s'élève à 1 milliard 205 millions.

En réalité, MM. Poirrier et Thévenet attaquaient par tous les moyens l'assurance par l'État. Que penser de l'effroi de ce dernier devant l'accumulation des capitaux dans la Caisse d'Épargne ? N'est-il pas comique ou navrant de voir une semblable attitude devant la constatation d'un fait plutôt agréable et rassurant ? Et quelles sont ces responsabilités qui peuvent n'être pas sans danger pour l'avenir et que l'État endossera sans compensation ?

Il y a plus, M. Poirrier appréhendait l'injustice dans la fixation des cotisations dans l'assurance par l'État,

---

1. Il est d'ailleurs, à partir d'un certain temps, plus onéreux que le système de la capitalisation.

2. 6e Rapport annuel, p. 74.

comme si l'assurance libre n'était pas à cet égard une
source plus grave d'abus. Il pensait encore que la collectivité patronale serait dépourvue de ces sentiments
humanitaires qui animent heureusement certains
patrons, et n'aurait pour unique souci que la défense
de sa caisse. Ne relevons ce dernier argument que
pour regretter que M. Poirrier n'ait pas songé à nous
faire connaître les sentiments humanitaires que mani-
festeraient, à son avis, les Compagnies financières d'assurance vis-à-vis des ouvriers blessés !

Le Sénat ayant adopté les conclusions du Rapporteur
de la Commission, la Chambre fut appelée à délibérer
à nouveau en 1897. Le Rapporteur de sa Commission,
M. Maruéjouls, n'hésita pas à revenir à l'assurance
d'État par le groupement obligatoire des assujettis dans
des circonscriptions territoriales. Il se plut à détruire
les arguments sénatoriaux sur les dangers de l'accumulation d'énormes capitaux dans les Caisses de l'État et
le défaut qu'ils feraient à l'industrie : « Où a-t-on
« appris, disait-il, que l'industrie manque de capitaux ?
« Jamais le taux de l'argent ne fut aussi bas qu'aujour-
« d'hui. Tout le monde s'accorde à prédire qu'il bais-
« sera encore. Les capitaux sont si abondants qu'ils
« émigrent ; on en trouve toujours pour créer des
« entreprises à l'étranger, même avec la moindre appa-
« rence de succès.....

« Enfin, la prospérité toujours croissante de l'industrie
« allemande démontre à l'évidence que l'obligation de
« l'assurance n'est pas une cause d'affaiblissement éco-
« nomique pour le pays qui l'adopte. »

Le projet de M. Maruéjouls ne vint pas en discussion parce que le Gouvernement, désireux de trouver un terrain d'entente entre les deux Assemblées, substitua à l'assurance obligatoire, *ou plutôt à l'assurance d'État*[1] contre les accidents du travail, une assurance obligatoire contre l'insolvabilité du patron ou de son assureur. Cette formule, qui laissait la place à l'action des Compagnies privées d'assurance, trouva facilement grâce devant le Sénat, bien qu'elle comportât l'obligation, c'est-à-dire la négation de la liberté, qu'elle fût injuste, parce que le patron assuré paie pour son insolvabilité comme le patron non assuré, et que la prime que demande l'État soit sans aucun rapport avec la risque. On sait en effet que la contribution au fonds de garantie est de 2 ou 1 % du principal des patentes, et il est bien évident que cette cotisation ne correspond nullement à l'importance des sommes que l'État devra payer pour le patron, laquelle dépend du danger de l'entreprise et non de la patente.

Nous devons retenir de ce rapide exposé que, sans la résistance du Sénat, l'assurance contre les accidents du travail n'aurait pas été confiée à des Compagnies financières et qu'elle serait à l'heure actuelle l'œuvre de mutualités patronales, limitées dans des circonscriptions territoriales et fonctionnant sous la haute direction de l'État. Le projet de M. Ricard, très bien étudié, nous servira sur bien des points de modèle. Il rappelle d'ailleurs le système suivi en Autriche, et rien ne s'op-

---

1. Puisque la plupart des projets comportaient pour l'industriel la possibilité de rester son propre assureur.

pose à ce qu'un système du même genre soit appliqué au fonctionnement des diverses catégories d'assurance : vie, incendie, etc...

CHAPITRE X

Notre projet d'organisation de l'assurance par l'État

Nécessité du monopole. — Pas de concurrence entre l'État et les Compagnies. — Autonomie des services d'assurances. — Nécessité de services techniques. — Décentralisation indispensable. — Création d'établissements régionaux d'assurance fonctionnant sous la garantie de l'État. — Office central d'assurance.

Nécessité du monopole. — On trouvera sans doute que nous avons donné assez de place à la critique et qu'il est temps de construire. Quel est le système d'assurance publique qui, substitué à l'assurance privée, remplirait mieux qu'elle ne le fait le service de prévoyance dont elle s'est chargée ? Telle est la question à laquelle nous allons répondre après avoir traité tout d'abord la question subsidiaire suivante :

« Peut-on laisser coexister l'assurance par l'État et « l'assurance privée ? »

Cette conception a en effet séduit quelques esprits. Puisque visiblement l'État peut donner l'assurance à meilleur compte que les Compagnies, pourquoi ne pas lui laisser faire une concurrence active aux Sociétés financières ? Celles-ci ne pourraient évidemment la soutenir et devraient disparaître. Le jour où la Caisse nationale des retraites supprimera sa réglementation qui limite à 1200 fr. la pension viagère annuelle sur une seule personne et à 500 fr. le maximum de cotisation annuelle, les Sociétés d'assurances sur la vie n'auront plus de clientèle du côté rentiers. Ceux-ci s'adresseront à la Caisse nationale, qui leur procure une économie de 10 % environ. Cette économie serait de 11 à 12 % pour l'assurance au décès.

Les Compagnies cessant peu à peu leurs opérations devant la concurrence de l'État, le problème de l'indemnité de rachat se trouverait résolu. Les Sociétés financières d'assurances n'auraient pas plus de droits à une semblable indemnité que ne peuvent en réclamer les diverses entreprises commerciales qui tous les jours cèdent la place à d'autres plus actives ou plus heureuses.

Sans examiner si cette combinaison ne serait ni loyale, ni probe, comme le pense M. Gauthier (de l'Aude), et si elle constituerait un danger permanent, comme le pense le même auteur, pour les finances publiques, cherchons à voir comment, dans la réalité, se traduirait la concurrence de l'État assureur et des

---

1. Article du *Journal*, 14 décembre 1909.

Compagnies. Si dans une pareille lutte l'État n'employait pas de courtiers, allant contrebalancer après des clients les propositions tendancieuses des agents des Compagnies, celles-ci seraient peut-être atteintes dans leurs bénéfices, mais elles subsisteraient victorieusement. L'expérience est faite à cet égard. Le public cède à la sollicitation du courtier, un peu par persuasion, un peu par ignorance, un peu par lassitude. Il y a plus, les bons risques seraient assurés par les Compagnies, qui feraient là-dessus de jolis bénéfices, les mauvais seraient portés à la Caisse d'État, qui accuserait des déficits. Le fait a été relevé dans plusieurs pays étrangers où coexistaient des caisses publiques et des entreprises privées d'assurance. Si, au contraire, l'État employait des courtiers, s'il était possible qu'il fît usage des mêmes procédés commerciaux que les Compagnies, il lui faudrait établir ses primes sur les mêmes bases qu'elles, partant il n'aurait aucune supériorité au point de vue de la concurrence, il n'y aurait qu'une Compagnie de plus, l'État.

D'ailleurs, en admettant que ce dernier doive finalement l'emporter dans cette guerre de tarifs, celle-ci aurait une durée plus ou moins longue, pendant laquelle les primes devraient être sacrifiées aux besoins de la concurrence, et les excédents de recettes, sur lesquels on voudrait compter, pour alimenter le Trésor en vue des retraites ouvrières, n'existeraient pas.

Il est donc impossible d'améliorer les conditions de l'assurance et de trouver des ressources nouvelles pour le Trésor, en organisant une concurrence entre l'État et les Sociétés financières. Il est absolument nécessaire de supprimer celles-ci et d'organiser le monopole.

Quelles sont les grandes idées directrices que la législateur doit suivre dans l'organisation de ce monopole, s'il veut éviter certaines critiques, en partie justifiées, qu'ont déjà formulées ses adversaires ? A notre avis, on peut les ramener à quatre :

Autonomie des services d'assurances ;
Décentralisation ;
Absence de politique ;
Suppression des procès et de tout contentieux administratif.

Autonomie. — La France est à l'heure présente, une des nations, les mieux unifiées. Cette unité a entraîné une concentration de la puissance publique, soit entre les mains d'un seul, soit dans les décisions d'une assemblée politique. Le pouvoir unitaire a conduit à une administration très centralisée et très hiérarchisée. C'est un bien pour tout ce qui regarde certaines questions d'ordre général, comme la sécurité publique, la justice, la défense nationale, etc... Mais, au fur et à mesure que le rôle de l'État grandit, que ses fonctions se multiplient, surtout au point de vue social, cette administration centralisée et hiérarchisée n'est pas sans entraîner de multiples inconvénients. Elle a en effet trop d'affaires à brasser, et elle est menacée par l'encombrement. La surveillance, le contrôle deviennent difficiles, sinon impossibles. L'autorité supérieure étend constamment son action, ne laissant aucune place à l'initiative des subordonnés ; ceux-ci cherchent à dégager à leur tour leur responsabilité en réclamant des instructions minutieuses de leurs chefs. Avec la multiplication des affaires se multiplient les degrés dans la hiérarchie, partant des lenteurs dans la transmission des ordres, des retards dans leur exécution.

Au point de vue budgétaire les inconvénients paraissent plus graves encore. Malgré le grand développement de ses attributions, l'État présente ses comptes sous la forme simpliste des recettes et des dépenses annuelles. Un budget de 4 milliards ou un budget de 4 millions, voire de 400.000 fr., sont établis dans les mêmes conditions. Les recettes et les dépenses y sont énumérées avec un grand soin de précision et d'exactitude, mais sans qu'on se préoccupe de montrer si les dépenses et les recettes ont un caractère annuel ou si elles embrassent une plus grande période. L'État, sous prétexte qu'il n'a pas de préoccupation mercantile, néglige de faire connaître son actif, d'indiquer s'il accroît ou s'il diminue. On ne sait jamais exactement s'il est en bénéfice ou en perte.

Puisque l'extension des obligations de l'État l'a conduit à se faire industriel quand il fabrique des allumettes ou du tabac, commerçant quand il se charge des transports de nos lettres et de nos colis, assureur quand il crée des Caisses Nationales d'assurances, il convient qu'il agisse comme un industriel ou un commerçant et qu'il puisse faire connaître chaque année le rendement de ses services industriels ou commerciaux. Il ne le peut qu'en donnant à chacun des dits services une autonomie financière, en exigeant qu'ils assument toutes les dépenses inhérentes à leur fonctionnement et qu'ils distinguent dans les dépenses celles qui n'incombent pas uniquement à l'exercice parce qu'elles correspondent à une augmentation du capital d'établissement.

Voici ce que disait à cet égard, fort justement, M. Jaurès :

« Toutes les dépenses de production de l'État sont « aujourd'hui plongées dans une espèce de chaos bud- « gétaire. Ainsi il est impossible de discerner dans la « plupart des budgets quels sont les travaux que l'État « fait directement et comment il les fait, quels sont les « travaux qu'il a confiés à l'industrie privée. Il est « impossible de savoir au juste comment fonctionnent « les services industriels de l'État, quel est le rende- « ment exact, quel est le capital de premier établisse- « ment, quels sont les frais de direction ou d'adminis- « tration, les frais de main-d'œuvre. Je crois qu'après « le discours de Groussier, un sérieux effort devra être « fait par les pouvoirs publics pour réorganiser dans « un esprit nouveau toute la comptabilité budgétaire « des grands services[1]. »

L'autonomie financière n'exige pas que l'État à côté d'organisations existantes en dresse d'autres destinées à faire des opérations similaires, ce qui serait le contraire d'une économie. Tel service public a-t-il à recevoir des fonds ou des paiements à effectuer, rien n'empêche qu'il utilise le réseau actuel des percepteurs

---

1. *Humanité* du 16 nov. 1909.

et payeurs publics sous la réserve que ces derniers exigent en échange de leurs bons offices une prestation, dans les mêmes conditions qu'un établissement de crédit l'exige des tiers dont il effectue les encaissements ou les paiements. Ce qui importe, c'est que l'autonomie financière des divers services soit rigoureusement établie et que les relations possibles entre eux soient bien déterminées.

En ce qui concerne particulièrement l'assurance, nous estimons qu'il n'y aurait aucun intérêt à faire procéder aux encaissements des primes par les percepteurs, sur rôles établis comme pour les contributions directes. Les frais de recouvrement sont en matière d'impôts assez élevés et représentent 5 à 6 % des sommes encaissées. Il serait beaucoup plus économique de faire exécuter ce service d'encaissement par l'Administration postale. Lorsque l'organisation des chèques et des comptes-courants postaux sera résolue, il est évident que cette Administration se trouvera dans les meilleures conditions pour effectuer rapidement ce genre d'opérations.

L'autonomie fera cesser cette situation budgétaire paradoxale et qui a été souvent signalée d'un service public qui ne peut obtenir que difficilement les crédits nécessaires à son extension, dans le moment même où le Trésor enregistre des plus-values qui accusent son développement.

Nécessité de services techniques. — Spécialisation nécessaire. — Il semble bien que les auteurs de quelques propositions de loi relatives à l'assurance d'État ont pensé l'organiser par le moyen des fonctionnaires ordinaires des finances : receveurs d'enregistrement, percepteurs, receveurs buralistes, etc...

Nous pensons que cette conception serait très préjudiciable aux intérêts du futur service. Le métier d'assureur exige certaines connaissances générales et spéciales, et il nous semble que l'État serait bien imprudent de ne pas les exiger de ses préposés, à l'exemple des Sociétés financières. S'agit-il de l'assurance sur la Vie, on sait que par les combinaisons variées auxquelles elle prête, elle réclame, au moins de certains agents, la connaissance approfondie de certaines branches des mathématiques : calcul des probabilités, théorie des erreurs, etc.. ; le métier d'assureur contre l'Incendie demande une science étendue de l'industrie de notre temps et une connaissance approfondie de l'importance relative des risques ; on doit en réclamer autant de l'assureur-accident. Quelle que soit la nature de l'assurance, l'application du tarif réclame un savoir-faire professionnel, et la vérification des risques appellera d'autant plus de soins dans l'assurance par l'État que nous espérons bien que celui-ci rompra avec les traditions des Compagnies, et cherchera plutôt à prévenir l'assuré fautif ou négligent qu'à le punir de déchéance après un sinistre.

Une spécialisation est donc nécessaire pour aboutir à de bons résultats, et ce serait courir au devant de mécomptes que de permettre aux agents des autres

Administrations publiques de chercher dans l'assurance une compensation ou un avancement.

Des mesures d'ordre préalables sont indispensables. Il faut éviter que l'organisation du nouveau service public ne soit considérée par le monde politique comme une source abondante d'emplois à offrir à des protégés, à des fils à papa, à des agents électoraux. Dans l'intérêts des assurés de même que dans l'intérêt du Trésor public, à qui iront la grosse part des bénéfices, il importe aussi que la Direction des Établissements d'assurance soit confiée à des hommes possédant les compétences et les capacités techniques nécessaires, et non à des vaincus de la bataille politique qui considéreraient ces postes comme d'honorables sinécures, accordées en récompense d'une belle attitude dans la vie publique.

Le premier recrutement du personnel des établissements publics d'assurance devra s'opérer parmi le personnel actuel des Sociétés. On ne voit pas pourquoi l'État irait demander leurs concours à d'autres citoyens alors qu'il a à sa disposition des hommes instruits dans leur profession et qui, ne pouvant continuer à l'exercer librement, se trouveraient tout à fait lésés par le changement de régime. Donc, inspecteurs, vérificateurs, comptables, calculateurs, passeront au service de l'État. Pourra-t-on appliquer la même règle aux Directeurs de Compagnies? Non, il y aurait là vraiment un grand péril pour la nouvelle institution nationale. Les Directeurs des grandes Sociétés d'assurance françaises reçoivent des émoluments qui peuvent varier de 5o.ooo à 2oo.ooo fr. Dans le monde des affaires, on considère de pareils traitements comme tout à fait normaux. M. Debrock nous cite un propos tenu par un Directeur, doté d'une participation dans les bénéfices qui avait fini par donner des résultats fabuleux. Devant son Assemblée Générale, au moment de l'allocation des tantièmes qui lui revenaient, il ne put s'empêcher de dire : « Messieurs, vous me comblez, c'est « trop, je vous prie de me donner moins. » On comprend aisément que des fonctionnaires, aussi puissamment récompensés, s'accommoderont mal des traitement qu'on accorde généralement dans nos administrations publiques aux fonctionnaires même d'ordre supérieur. Leur intérêt serait, trop visiblement, de conduire le plus mal possible la barque de l'État assureur, pour établir irrémédiablement son inaptitude, afin qu'on revienne bien vite à l'assurance privée dont ils retirent de si jolis profits. On avouera que le législateur commettrait une faute sans excuse, s'il confiait la direction de l'assurance d'État à des personnes ayant intérêt à ne pas la faire réussir.

Décentralisation. — Il y a en matière d'assurance actuellement une sorte de centralisation assez marquée. La plupart de grandes Compagnies ont leur siège à Paris, et aucune affaire ne se conclut, tant au point de vue des primes, que des sinistres, sans un ordre du Siège Social. Il faut remarquer toutefois que cette centralisation, quoique n'étant pas sans inconvénients, ne fait pas obstacle à une solution rapide des affaires, par suite du nombre de Sociétés distinctes, qui constituent autant d'administrations centrales différentes, d'où en somme une division du travail très accentuée.

D'ailleurs, si Paris est le centre d'affaires le plus considérable au point de vue asssurances, il y a en Province des foyers, peut-être moins importants, mais pas du tout négligeables. Les principaux sont : Lyon, Lille, Marseille, Nantes, Toulouse, etc... On a même remarqué, non sans raison, que l'installation du Siège Social en province était fort avantageuse pour une Société d'assurances à cause de la réduction possible des frais généraux : loyer, traitements du personnel, etc... Une grande mutuelle commerciale de l'Ouest déclare ouvertement qu'elle doit son succès à cette disposition. Aucun motif financier ou commercial ne vient donner à Paris l'avantage sur une ville de province au point de vue de l'emplacement du Siège Social, à moins que la Société n'ait presque uniquement sa clientèle dans la capitale ; mais l'étiquette parisienne exerce sur la plupart des trop naïfs habitants des campagnes une fascination telle, que tous les fondateurs des plus méchantes entreprises d'assurances trouvent préférable, pour assurer leur succès, de s'installer dans un galetas à Paris que dans une maison confortable dans les départements.

D'après certaines propositions de loi, la transformation de l'assurance privée en assurance publique ferait de l'Etat une grosse Compagnie ayant son Siège Social à Paris. Cette conception, si elle était possible, serait lamentable. Qu'on imagine la concentration de toutes les affaires d'sssurances en France dans une administration centrale unique. Quel sera l'effectif de l'armée d'employés qu'elle exigera ? Pour l'assurance Incendie, les Compagnies à primes fixes estimaient à 6.000 environ le nombre d'employés de leurs administrations centrales et elles n'assurent pas la totalité des risques-Incendie ; si on en compte autant pour les assurances « Accidents », et autant pour les assurances « Vie », nous arrivons à près de 20.000 employés, dont il faudrait diriger, surveiller et contrôler le travail. Il n'y a pas un Ministère qui puisse servir de modèle à une aussi vaste organisation bureaucratique. Il serait fort difficile d'obtenir d'elle une grande rapidité dans l'expédition des affaires ; or, cette rapidité est de rigueur en matière d'assurance, où tout retard peut être préjudiciable soit à l'Établissement assureur, soit à l'assuré.

Où est l'utilité, d'autre part, de faire décider à Paris de toutes les questions d'assurances qui peuvent intéresser la totalité des Français ? N'est-il pas beaucoup plus expédient et plus économique de créer des organismes régionaux aptes à résoudre sur place les difficultés de détail ? C'est la seule organisation pratique, la seule qui permette une division du travail adéquate à la nature des opérations. C'est une division de ce genre que nous trouvons à l'Étranger, seulement cette division n'a pas eu besoin, en général, d'être décidée par le législateur : la plupart des pays où l'on rencontre l'assurance par l'État étant plus ou moins des fédérations d'États jouissant d'une certaine autonomie administrative et qui ont entendu organiser eux-mêmes leurs services d'assurances. Ainsi l'assurance Incendie en Suisse est réalisée par des Caisses Cantonales, en Allemagne il existe une Caisse pour la Saxe, une autre pour le Wurtemberg, etc...; en Autriche l'assurance Accidents du travail est organisée au moyen de Caisses Régionales, etc... Il est vrai que l'Allemagne nous offre un autre exemple de division, dans l'organisation de l'assurance Accidents du travail par corporations professionnelles ; mais cette méthode, avantageuse peut-être au point de vue de la répartition équitable des charges dans chaque catégorie industrielle, n'est pas économique au point de vue des frais généraux. Il est préférable d'adopter le système de l'assurance régionale, d'autant plus que, grâce à une coordination de résultats de tous les établissements régionaux, il est facile d'obtenir une aussi équitable tarification des primes que dans l'assurance par corporations.

L'assurance mutuelle régionale doit encore compter au nombre de ses avantages la possibilité pour les assurés d'en surveiller et d'en contrôler l'administration, chose qui serait vraiment chimérique avec un établissement d'assurance unique englobant tous les risques. Cette surveillance est d'autant plus facile que l'étendue de la circonscription d'assurances est restreinte ; mais comme, d'un autre côté, il ne faut pas oublier que l'assurance n'est praticable qu'avec une mise en commun d'un nombre suffisamment grand de risques, pour qu'on puisse espérer que les réalisations s'écarteront peu des prévisions, d'après la loi des grands nombres, il convient de ne pas trop limiter l'étendue des circonscriptions. Nous avons vu que dans la proposition de loi de MM. Ricard et Guieysse, une circonscription d'assurances ne devait pas être inférieure à un département. Nous pensons qu'en groupant deux ou trois départements, on se trouvera dans d'excellentes conditions[1].

Les assureurs professionnels ont critiqué l'assurance locale. Pour eux l'assurance Incendie par les Cantons Suisses est effectuée dans de mauvaises conditions, parce qu'un sinistre très important peut épuiser les ressources de la caisse trop chichement alimentée par suite du faible nombre de cotisants. Cette critique est tout à fait justifiée : les petites mutuelles locales contre l'incendie, dont le gouvernement a encouragé la formation, n'ont qu'une puissance d'assurance très faible, et il ne faut pas regretter leur disparition. En assurance, notamment dans l'incendie, où la prime est faible par rapport au risque, il faut grouper un grand nombre d'assurés pour opérer avec sécurité. Mais l'assurance régionale que nous proposons sera supérieure en puissance à l'assurance par les mutuelles locales, dont l'étendue est trop restreinte, et il est d'ailleurs fort simple d'éviter tout danger pouvant résulter de la limitation du territoire d'une circonscription d'assurance, au moyen de la réassurance.

---

1. Les subdivisions administratives qui, d'après le projet Morlot, viendraient remplacer notre actuelle division en départements, conviendraient parfaitement pour délimiter les circonscriptions régionales d'assurances. (Voir le *Matin* du 24 décembre 1909).

Les Sociétés financières, pour régulariser leurs opérations, c'est-à-dire pour ne pas avoir certaines années malheureuses des chiffres énormes de pertes et dans d'autres plus heureuse d'exceptionnels bénéfices, trouvent tout à fait commode, par la réassurance, de répartir entre elles les gros risques pris en charge par une série. Le maximum qu'une Société assure, sans se réassurer, porte le nom de *plein*. Quand il s'agit de risques tout à fait considérables, un théâtre, une usine, etc..., l'assuré lui-même est mis au courant de cette cuisine intérieure, en ce sens qu'on l'oblige à traiter non avec un seul assureur, mais avec plusieurs mis en coassurance.

L'assurance Incendie par des établissements régionaux demande donc, pour être bien comprise, qu'ils puissent, eux aussi, jouer de la réassurance dans les mêmes conditions que les Compagnies actuelles. L'ensemble des établissements régionaux sera suffisamment puissant[1] pour garantir un risque, quelle que soit son importance, et nous ne voyons pas la nécessité de faire intervenir des réassurances avec les Compagnies étrangères. On a prétendu, en effet, qu'il y aurait là une impuissance fâcheuse de la part de l'État assureur qui ne pourrait pas, sans scandale, se réassurer à l'Étranger, après avoir supprimé les Compagnies Nationales.

---

1. L'ensemble des primes d'assurance contre l'incendie sera de 170 millions environ, alors que la plus forte Compagnie française : l'Union, n'encaisse que 20 millions de primes environ.

Établissements régionaux d'assurances et office central.

Nous concevons les établissements régionaux comme autonomes au point de vue financier, jouissant de la personnalité civile, pouvant ester en justice en cas de besoin, et fonctionnant sous l'autorité de l'État et avec sa garantie. Cette garantie remplacera, avantageusement et gratuitement, le capital social des Sociétés par actions et le capital de garantie des Mutuelles. Ces capitaux, actuellement immobilisés, deviendront ainsi libres et pourront être mis à la disposition de l'industrie. Espérons que le Sénat, qui a appréhendé si vivement, dans la discussion des accidents du travail, que l'industrie ne vienne à souffrir d'un manque de capitaux, trouvera fort séduisant ce résultat du monopole des assurances.

L'autonomie financière d'un établissement d'assurances devant être absolue, il devra produire une comptabilité indiquant, comme une Société privée, quels ont été les frais de premier établissement, dans quelles conditions ils doivent être amortis, quelles sont les charges qui peuvent ultérieurement le frapper, et avec quelles ressources il espère y faire face. Notamment, il devra assumer le service des pensions de retraite des employés de tous ordres qu'il occupera et constituer des réserves à cette fin.

Malgré l'autonomie concédée aux établissements régionaux, il ne saurait être question de leur accorder une liberté de fonctionnement absolue. Nous ne saurions oublier que l'assurance publique est faite pour réaliser

certains progrès d'ordre général, comme l'alimentation
de la Caisse des retraites ouvrières, et que tous les éta-
blisscments doivent y pourvoir d'un effort égal. D'autre part, il importe de régler les rapports réciproques
de ces établissements, de fixer les limites de leurs attributions, de déterminer les conditions d'échange des
risques ainsi que ceux du passage d'un établissement à
un autre. Il conviendra, en outre, que le pouvoir central
exerce son autorité sur des établissements qui fonctionnent avec sa garantie et qui seront, somme toute, une
émanation de lui-même : il doit vérifier leurs écritures,
réunir les statistiques, étudier les tarifs, et les remanier
pour arriver en cette matière à la plus grande équité
possible, c'est-à-dire proportionner rigoureusement la
prime à l'importance du risque.

Cette cohésion entre les divers établissements d'assurances sera obtenue au moyen d'un Office Central. Nous
retrouvons cet organe indispensable dans tous les pays
où fonctionne l'assurance publique : en Allemagne, en
Autriche, il constitue l'Office Impérial des Assurances ;
en Suisse c'est le Bureau Fédéral.

L'Office Central d'assurances permettra de faire bénéficier les assurés groupés régionalement des avantages
qu'auraient pu leur procurer leur groupement corpora-
tif. En effet, l'Office, en centralisant les résultats de
tous les établissements, pourra réunir l'ensemble des
sinistres qui ont frappé une corporation industrielle ou
commerciale, et en dégager la prime qui mesure l'importance du risque. Cette mesure, effectuée sur la totalité des entreprises du pays, aura un caractère de plus

grande certitude que celui qui pourrait résulter de la simple observation des risques dans un seul établissement, partant on pourra compter sur une fixation rationnelle des primes, et les assurés verront avec plaisir disparaître le système arbitraire et d'un grossier empirisme qui est actuellement en usage dans les Compagnies.

CHAPITRE XI

Notre Projet (suite). — Mécanisme financier des établissements régionaux d'assurance

Fonctionnement de l'établissement régional. — Direction et administration. — Chambres d'assurances. — Assurance obligatoire et assurance facultative. — Controverse. — Obligations pour l'incendie et les accidents du travail. — Les autres assurances doivent être facultatives. — Suppression des courtiers. — Comment les remplacer ? — Mutualité et prime fixe. — L'État opérera à la prime fixe. — Conditions des contrats. — Recouvrement des primes. — Tarification. — Recours. — On ne saurait assimiler les primes à l'impôt. — Placement des fonds.

Fonctionnement de l'Établissement régional. — Maintenant que nos lecteurs sont familiarisés avec l'importance des services bureaucratiques qu'exige l'assurance, ils ne seront nullement étonnés

si nous leur déclarons qu'à la tête de chaque établissement doit se trouver un directeur. Croire qu'il suffira de
charger une Commission élue de ranger dans diverses
classes les risques de toute une circonscription afin de
répartir ultérieurement les dépenses entre tous les assurés d'après la classe de leurs risques, c'est se faire illusion sur le mécanisme de l'assurance et le réduire à
une trop stricte simplicité. Jamais une assemblée, une
commission, un comité ne pourra faire autre chose
que prendre des décisions, poser des principes, jamais
il ne pourra être une organe d'exécution.

En matière administrative n'oublions pas la règle
indiquée par l'exposé des motifs de la loi du 28 pluviôse
an VIII, qui est encore la grande charte de notre administration départementale : « Agir est le fait d'un seul,
délibérer le fait de plusieurs. » Or, à la tête d'un établissement d'assurances il faut un organe d'action,
donnant l'impulsion au service, dirigeant les travaux,
stimulant le zèle des vérificateurs, poursuivant la fraude
des assurés, etc... C'est dire qu'un établissement d'assurances demande une direction compétente et avisée.
Qu'on n'aille pas confier ce service à un homme politique désabusé ou battu sur le terrain électoral, comme
on leur concède quelquefois des postes dans les Finances : perception, recette particulière, trésorerie générale. Ces emplois sont, non pas absolument si l'on
veut, mais presque, des sortes de sinécures où le chef de
l'emploi expose simplement une responsabilité pécuniaire. En fait, un grand nombre remettent à un fondé
de pouvoirs l'exercice de leurs fonctions et se bornent à

toucher leurs émoluments. La direction d'une entreprise d'assurances ne saurait, sans péril, être envisagée de la même façon. Elle réclame du savoir professionnel et de l'activité, et les qualités les plus brillantes, voire même une haute culture de l'esprit, ne sauraient suppléer aux connaissances nécessaires. Aussi conviendra-t-il que les règlements fixent impérieusement les conditions de recrutement des directeurs et des sous-directeurs des établissements et proscrivent absolument toute élévation à ce poste d'un homme politique.

Si les nécessités du bon fonctionnement technique des administrations régionales n'exigeaient rigoureusement cette exclusion, une autre considération serait absolument déterminante. Que reproche-t-on par avance à l'assurance publique ? D'introduire la politique dans cette institution et de faire dépendre le règlement de l'indemnité du plus ou moins de zèle que le sinistré pourra manifester pour les hommes au gouvernement. Bien que cette affirmation soit calomnieuse, il est quand même nécessaire d'éviter la critique et d'éloigner d'une administration où les intérêts privés de chacun sont seuls en jeu, tous ceux qui ont pris une part trop vive aux luttes électorales, et qui ont pu garder le ressentiment de certains échecs. Il faut, en définitive, dans ces directions, des fonctionnaires de carrière, sachant inspirer à tous les intéressés, à quelque parti qu'ils appartiennent, la plus grande confiance dans leur impartialité. Les règlements devront d'ailleurs fixer avec précision les conditions dans lesquelles ils pourront être obligés de cesser leurs fonctions afin qu'on se rende compte dans le public qu'ils ne dépendent pas de l'arbitraire gouvernemental.

S'il est rationnel de confier à un directeur le pouvoir d'exécution, il serait peut-être téméraire de le lui accorder sans contrôle. Le Ministre et l'Office Central, tout en exerçant sur l'établissement une tutelle administrative, ne peuvent en suivre les opérations dans tous leurs détails ; aussi conviendrait-il d'adjoindre au directeur un conseil, un comité chargé de délibérer sur toutes les questions secondaires et sur les modalités d'application des règlements, et à qui la directeur rendra compte des diverses mesures qu'il aura été amené à prendre. Ce conseil sera la représentation collective des assurés. Nous le désignerons par le terme de « Chambre d'Assurance, » par analogie avec le vocable « Chambre de commerce ».

Les membres des Chambres d'assurance seraient élus par les assurés et devraient être eux-mêmes des assurés, Les diverses assurances possibles formeraient quatre grandes divisions :

ASSURANCES SUR LA VIE,

ASSURANCES CONTRE L'INCENDIE,

ASSURANCES CONTRE LES ACCIDENTS DU TRAVAIL,

ASSURANCES CONTRE LES RISQUES DE TRANSPORT, les accidents de toute nature, et divers...

Les assurés éliraient des délégués pour chacune de ces grandes catégories, et les élus formeraient des sous-comités chargés d'étudier et de délibérer sur toutes les questions qui rentreraient dans la catégorie pour laquelle ils ont été élus.

Ici, comme dans le choix des directeurs, nous estimons qu'il convient d'éviter de faire entrer dans les Chambres d'assurance les élus politiques : conseillers généraux, députés, sénateurs. En dehors des raisons que nous avons déjà indiquées, nous pouvons ajouter qu'il importe que les membres de ces Chambres n'aient pas de trop multiples occupations, afin qu'ils puissent utilement collaborer à l'administration de l'établissement régional.

Une des plus importantes attributions de la Chambre d'assurances consisterait dans l'approbation et dans la vérification des comptes annuels.

Nous croyons tout à fait inutile d'imaginer des sortes d'administrateurs délégués, chargés, comme dans les Sociétés financières, de contresigner la plupart des actes des directeurs. Ces signatures mécaniquement apposées sur une multitude de documents ne représentent aucun travail utile. A quoi bon des machines à signer ? Il faut mettre en évidence les véritables responsabilités, et non les laisser s'abriter derrière le paraphe d'administrateurs qui ne peuvent être mis en cause que par une fiction.

L'établissement d'assurance doit avoir, en dehors d'une administration centrale, sise au chef-lieu de la circonscription d'assurance, des succursales dans les centres principaux. Il est indispensable en effet que l'établissement ait des représentants et des bureaux ouverts au public pour le renseigner et lui expliquer les différentes combinaisons qu'offrent les assurances et dans quelles conditions on peut y souscrire. D'autre part, à proximité des lieux ou des personnes assurées, il convient qu'il y ait des agents capables d'examiner les risques, de préparer la rédaction des contrats, do procéder à des enquêtes en cas de sinistres, etc... Il ne paraît nullement utile de donner à ces succursales un pouvoir administratif propre, on doit les considérer comme des organes auxiliaires se bornant à préparer ou à exécuter les décisions de l'organe central.

Pour n'indemniser les assurés qu'à bon escient, les Compagnies financières ont un service d'inspection qui après un sinistre important va vérifier les déclarations des assurés et qui, lorsqu'il peut en établir l'inexactitude, s'oppose au règlement de toute indemnité. Le service de la vérification aura plus d'importance dans l'assurance publique, parce que l'attitude de ce service vis-à-vis du public assuré devra être tout autre que celle des préposés des Compagnies. Au lieu de ne procéder à des vérifications qu'après sinistre, le contrôle devra fonctionner régulièrement et indépendamment de tout événement à indemniser. Les inexactitudes, les réticences de l'assuré seront punies d'amendes, car, comme nous l'avons expliqué, elles font du tort à la masse des assurés. Dans bien des cas, la faute est involontaire ; en appliquant la déchéance au moment du règlement, on ferait usage d'une sanction exagérée. La méthode de l'assurance publique, toute différente de l'assurance commerciale, devra donc consister, non pas dans la recherche des moyens d'éluder une indemnité, mais dans le développement d'un service de police, frappant de peines légères les assurés fautifs, mais leur évitant toujours la sanction autrement lourde de la déchéance tot....

Signalons à ce propos un avantage marquant de l'assurance publique sur l'assurance privée dans l'assurance contre l'incendie. On sait que l'assuré est tenu de faire des déclarations sur la nature des bâtiments voisins, sur ce qu'ils contiennent, sur les opérations qu'on y pratique, sur les aggravations possibles des dangers du feu qui peuvent y survenir à tout instant, etc... Ces indications sont indispensables pour bien tarifer le risque. Or, il est souvent bien difficile à l'assuré, et quelquefois même impossible, de connaître exactement ce qui se passe chez ses voisins. Fait-il une déclaration incomplète ou inexacte? Déchéance. Dans l'assurance publique il sera inutile de demander ces sortes de déclarations, puisqu'il n'y aura qu'un assureur, l'État, qui sera informé de la nature des risques voisins par ce fait qu'il les assurera.

Assurance obligatoire et assurance facultative.

— Cette question a soulevé d'innombrables controverses. Le camp des assureurs professionnels se montre nettement hostile à l'assurance obligatoire parce que, derrière l'obligation, il entrevoit l'organisation étatiste : « Assurance obligatoire, dit M. Thomereau [1], « c'est, qu'on le veuille ou non, l'assurance par « l'État. »

1. *Moniteur des assurances*, 15 mars 1897.

Cependant, lorsque les assureurs pensent que l'obligation ne les exclura pas et qu'au contraire on entend l'exercer avec leur concours, ils changent de méthode, et déclarent que cette obligation, considérée naguère comme néfaste et incompatible avec les principes de l'assurance, en est la solution la plus équitable. Nous avons déjà signalé, à ce sujet, l'opinion du directeur de la Bâloise-Incendie, qui estime que le moyen le plus rapide et le plus efficace d'organiser *l'assurance contre l'incendie*, c'est de proclamer l'obligation à l'assurance [1]. — Ajoutons pour situer cette opinion qu'elle a été émise à propos d'un projet d'organisation d'assurance obligatoire en Suisse par un Consortium de sociétés financières.

On ne peut donc attacher aucune importance à l'opinion des assureurs. Leurs idées sont fonctions de leurs intérêts. Ici ils seront pour l'obligation, parce qu'elle confirmera leur monopole et leur assurera des clients sans peine, là ils seront contre l'obligation parce qu'elle se fera contre eux par les soins de la collectivité.

A d'autres, l'assurance obligatoire a paru une monstruosité parce qu'elle porte atteinte à la libre initiative de l'individu. L'assurance, dit-on, est une mesure de prévoyance qu'on ne saurait trop encourager, mais si c'est une vertu que d'être prévoyant, on n'en peut faire une obligation. Vouloir contraindre l'individu par une décision autoritaire à devenir vertueux sans effort, c'est enlever à la prévoyance tout mérite moral, c'est même

1. *Argus* du 10 octobre 1909.

la rendre odieuse, comme tout ce qui est imposé. A cela, M. Maurice Block répond : « Ce n'est pas une « vertu privée, la prévoyance, que le législateur veut « inculquer, ce qui ne serait peut-être pas sa mission, « mais une mesure de police qu'il prend, comme lors- « qu'il borde la rivière d'un parapet. Si l'autorité publi- « que a le droit d'empêcher qu'on tombe dans l'eau, « pourquoi n'aurait-elle pas celui d'empêcher qu'on « tombe à la charge d'autrui ? » Ajoutons qu'il ne con- vient pas d'enlever tout mérite à une mesure de police semblable. Les actes d'une collectivité sont susceptibles d'une qualité morale comme ceux de l'individu. L'ef- fort vertueux personnel n'est pas annihilé, comme on le dit, il se transforme et on le retrouve dans la décision de chacun d'accepter l'obligation ou de la maintenir.

Quoi qu'il en soit, le problème soulève le douloureux conflit de la libre initiative individuelle et de la con- trainte sociale.

Qu'importe que l'obligation soit un bien, s'il est plus agréable à certains de courir le risque, imprudem- ment peut-être, mais en hommes libres, escomptant un sort favorable et n'entendant pas se soumettre en esclaves aux décisions de la société ?

C'est une bien grave affaire que de vouloir rendre les hommes heureux et sages malgré eux et, si nous en croyons Anatole France, elle préoccupait déjà le procu- rateur de Judée, Pontius Pilatus, lorsque, retiré des af- faires, il méditait sur l'hostilité des Juifs pour les bien- faits de la civilisation romaine. Elle excite en tous cas la rhétorique des économistes les plus calmes, et ce n'est pas sans surprise que nous avons entendu M. Cheysson prononcer la condamnation de l'assurance obligatoire en matière accidents du travail, parce qu'il ne fallait pas soumettre le monde industriel « au joug « de l'obligation avec ses formules implacablement « uniformes et ses désastres irréparables en cas d'é- « chec ».

Quel sombre tableau ! Cependant le patron allemand courbé sous le joug de l'assurance obligatoire paie une prime moyenne de 1,97 o/o des salaires, pendant que le patron français acquitte, dans le même temps, une prime de 20 o/o plus chère, 2,37 en moyenne, à l'assurance libre. Les formules sont-elles plus implacablement uniformes en Allemagne qu'en France ? La prétendue souplesse des combinaisons de l'assurance libre se traduit surtout par la multiplicité des types de Sociétés qui n'ont qu'un but : exploiter le plus possible l'assuré, mais il n'existe aucun moyen de supprimer les sinistres.

Quant aux désastres irréparables en cas d'échec, c'est un argument qui vient arrondir la phrase et qui peut impressionner le lecteur irréfléchi, mais on cherche vainement comment l'auteur pourrait le soutenir. Les désastres vraiment irréparables sont ceux qui résultent de la faillite d'une Société privée qui laisse des milliers d'infortunes sans réparation.

Il nous semble que la question de l'obligation ou de la liberté doit être envisagée à un point de vue très prosaïque, égoïste même. Si l'imprévoyant ne peut nuire qu'à lui-même, laissons-lui la liberté et bornons-nous à lui montrer où doit le conduire son intérêt bien entendu ; mais si le défaut d'assurance peut préjudicier non seulement à son auteur, mais encore à tous ceux qui l'entourent, n'hésitons pas à condamner la liberté et à faire appel à la contrainte. Nous pensons donc qu'il est sage d'adopter l'obligation lorsque se présente les deux circonstances suivantes : 1° Étant donnée la nature du risque, impossibilité d'y parer par la prévoyance individuelle ; 2° Lorsque le sinistre survient, il ne frappe pas que l'individu imprévoyant, mais il peut aussi causer des dommages à autrui.

Ces deux circonstances se rencontrent très nettement dans l'assurance contre l'incendie. Quel que soit l'esprit de prudence ou d'économie d'une personne, il lui est impossible de se prémunir absolument contre les terribles effets du feu ; quelle que soit sa fortune, il est inadmissible de dire qu'elle peut s'assurer elle-même. D'autre part, rien n'est plus contagieux que l'incendie, et l'on ne peut guère entrevoir comment, à défaut d'assurance, il serait possible à celui qui vient de perdre tous ses biens de réparer le dommage qu'il cause en même temps, volontairement ou non, aux autres.

L'assurance obligatoire contre l'incendie s'impose donc. C'est un principe qui a été admis déjà à l'étranger et qui ne peut guère trouver en France d'opposants que dans les Compagnies d'assurance. Qui pourrait-elle gêner ? Presque tout le monde est assuré. On estime seulement à 10 o/o du total le nombre de risques non assurés : les uns ne le sont pas, par négligence ; pour les autres, leurs propriétaires, sans doute victimes des procédés des Compagnies, se refusent à une opération actuellement incertaine. Qu'en conclure, sinon que la presque unanimité entend les bienfaits de l'assurance et qu'elle souscrira avec enthousiasme à l'obligation si celle-ci lui apporte en même temps des avantages très appréciables ?

L'assurance contre les accidents de travail nous paraît se présenter aussi avec des caractères qui méritent de la rendre obligatoire. La faute du patron imprévoyant qui, ne s'étant pas assuré, ne peut faire face à ses engagements, retombe uniquement sur autrui. Non pas sur l'ouvrier, puisque l'État règle toujours la pension qui lui a été concédée, mais sur tous les autres patrons, obligés de verser au fonds de garantie ce que le failli ne peut acquitter. La non-obligation conduit ici à ce résultat paradoxal que le prévoyant est puni, et l'imprévoyant avantagé : le premier acquitte des primes d'assurances, le second s'en dispense et les résultats sont identiques pour l'ouvrier. Cependant ici, on doit admettre un tempérament à l'obligation : tel gros industriel occupe un nombre suffisamment important d'ouvriers pour rester son propre assureur, ce serait le léser, en quelque manière, que de l'obliger à s'assurer alors qu'il peut organiser personnellement son service d'assurances, ce qui lui coûtera toujours moins cher. Reste à lui réclamer des gages de sa solvabilité, pour éviter que ses ouvriers blessés ne puissent jamais tomber à la charge de l'assurance commune. C'est, en somme, la règle qu'avaient adoptée MM. Ricard et Guieysse dans leurs projets de 1892.

On pourrait peut-être trouver que les accidents causés aux tiers, notamment par les voitures à chevaux, les automobiles, etc..., mériteraient d'être assurés obligatoirement. La question est d'autant plus intéressante qu'il y a peu de temps, M. Colin, professeur à la Faculté de droit de Paris, pensait que le meilleur moyen de réparer pécuniairement les accidents causés par ces chauffeurs qui abandonnent cyniquement leurs victimes, était de contraindre tous les automobilistes à alimenter une caisse commune qui prendrait à sa charge la réparation des accidents dont les auteurs demeurent inconnus. Cette solution comportait, en somme, une sorte d'assurance obligatoire. Mais, exception faite pour le cas de fuite, on peut dire que ces sortes d'accidents n'entraînent que bien rarement des indemnités dépassant les ressources des responsables, et ceux-ci peuvent en définitive rester leur propre assureur. Sans prétendre résoudre définivement la question, nous estimons que cette assurance doit rentrer dans la catégorie des facultatives.

Suppression des courtiers. — Comment les remplacer? — A entendre les assureurs et leurs amis, l'assurance par l'État, en supprimant les courtiers, annihilera complètement le recrutement des assurés. Ceux-ci ne céderaient, prétendent-ils, qu'aux sollicitations pressantes des agents, qui, sans se laisser rebuter, reviennent à la charge à plusieurs reprises et mettent à enlever une police autant d'obstination, de persévérance et de zèle, qu'un envahisseur à enlever les places ennemies. Lorsqu'il faudra, ajoutent-ils, que l'assuré aille au bureau officiel, il ne se dérangera pas, et l'État n'aura pas de clients.

Cette vue des choses, exacte en ce qui touche la ténacité publiquement connue des courtiers stimulée par l'importance des commissions, nous semble tout à fait fausse quant aux conséquences éventuelles de leur disparition. Si l'assurance est un bienfait, pourquoi veut-on que le public ne se décide à en profiter que sur les instances d'un courtier? Est-ce que l'économe ne trouve pas tout seul le chemin des Caisses d'Épargne? A-t-il besoin d'un guide pour aller dans les établissements de crédit faire des dépôts ou acheter des valeurs en Bourse? Sans doute il y a les « démarcheurs », mais leur marchandise est précisément de celles qu'on peut suspecter. Il ne serait peut-être même pas exagéré de prétendre que le zèle des courtiers fait du tort à l'assurance, car le public, qui en connaît les dessous intéressés, repousse souvent les promesses qui lui sont faites dans la crainte, fondée ou non, qu'elles ne soient un leurre destiné à déterminer son adhésion.

Le public, à la vérité, sait en gros ce qu'est l'assurance. Il n'a soif à ce sujet que d'indications et de renseignements précis. Il faudra que l'assurance d'État les donne avec abondance, que le mécanisme de son œuvre soit répandu partout, qu'elle n'imite pas l'attitude si discrète des caisses nationales actuelles qui n'osent faire de la réclame autour d'elles, probablement dans la crainte d'indisposer les puissantes dames de la finance. Il nous semble qu'il serait possible d'organiser une publicité vraiment effective en demandant à la presse quotidienne d'insérer dans ses colonnes les communications des établissements d'assurances moyennant un tarif réduit spécial. C'est un sacrifice qui serait demandé à la presse, mais elle est suffisamment avantagée par le Corps social, pour qu'elle ne trouve pas excessif de le consentir, d'autant plus volontiers que l'intérêt du public se confond ici avec le sien même.

On aurait tort de se montrer pessimiste au point de vue du développement de l'assurance et de redouter qu'il ne s'arrête avec l'assurance par l'État. L'institution des Chambres d'assurance doit rassurer pleinement, car nous sommes sûrs que les délégués élus des assurés, conscients de leurs devoirs et de leurs intérêts, donneront, aux services de propagande et de recrutement des adhésions, l'impulsion qu'ils ne recevraient peut-être pas d'une administration centralisée et hiérarchisée où tout vient du Ministre et où tout retourne. Comment ne pas croire qu'avec l'établissement régional, propriété collective de tous les assurés, ceux-ci n'auront pas autant de facilité qu'avec les Compagnies? En quoi est-il difficile d'imaginer des vérificateurs qui se rendront sur appel auprès des intéressés pour les renseigner et faire toutes les opérations propres à la souscription des contrats? La commodité, la sécurité, la facilité, la rapidité, seront donc plus grandes demain qu'elles ne le sont aujourd'hui. L'assurance, cessant d'être considérée comme la propriété de quelques-uns, deviendra le bien général, on l'enseignera dans les écoles, comme en Allemagne, elle fera le sujet de conférences post-scolaires, et les meilleurs citoyens ne craindront pas de la prôner, ce qu'ils n'oseraient faire aujourd'hui de peur de passer pour des courtiers. Est-il téméraire de croire que, dans ces conditions, elle sera appelée à une extension bien plus grande que si elle reste confiée aux entreprises privées ?

Mutualité et prime fixe. — Quel est celui des deux systèmes qu'il convient de préconiser pour le fonctionnement des établissements d'assurances ? Rappelons que dans le système de la mutualité, lorsque la liquidation d'un exercice laisse un déficit, on procède à un rappel de cotisations auprès des assurés ; dans le système de la prime fixe, il ne peut y avoir de rappel, mais si l'assureur n'a pas de fonds suffisants, il fait faillite.

En fait, nous avons montré que, dans les Sociétés fonctionnant régulièrement, mutualité et prime fixe revenaient sensiblement au même, au regard de la Société assureur qui équilibre toujours son budget en demandant aux assurés des primes un peu supérieures aux dépenses. Mais au regard de l'assuré, il n'est pas indifférent qu'il traite sous le régime de la prime fixe ou sous celui de la mutualité. Dans ce dernier système, il peut avoir à supporter les écarts occasionnés par des exercices plus lourds que la moyenne habituelle, tandis que dans le premier il appartient à l'assureur d'établir une compensation entre les exercices heureux et malheureux.

Ceci mérite une explication. Admettons que pour

assurer cent mille personnes contre l'incendie, les statistiques aient conduit à leur réclamer 5.000.000 fr. de primes, soit une moyenne de 50 fr. par tête. Pour rester plus simples, admettons un fonctionnement idéal où toutes les primes serviraient uniquement à indemniser les sinistrés. Les 5 millions de primes suffiront donc en moyenne habituelle. Mais dans certains exercices, les dépenses pourront atteindre 6 millions ; dans d'autres, 4 millions. Avec le système de la prime fixe, l'assuré ignore cette variation. Dans la mutualité pure on lui réclamera un excédent de cotisation de 1/5 pour l'exercice en déficit d'un million, et on lui en restituera par contre 1/5 lorsque l'exercice sera en excédent d'un million.

Or, au point de vue étroitement personnel de l'assuré, la prime fixe est plus avantageuse, parce qu'elle lui permet de connaître exactement d'avance l'étendue de ses charges, d'établir son bilan, de déterminer son bénéfice annuel, etc..., au lieu qu'avec la prime variable, tous ces résultats dépendent en partie des résultats de l'assurance, qui lui parviennent parfois tardivement. En matière commerciale, ou industrielle, la régularité des affaires est très appréciée, un rappel de primes est toujours mal venu.

L'assurance par l'État pourra-t-elle offrir aux assurés *la prime fixe,* ou devra-t-elle nécessairement fonctionner suivant le système de la mutualité ? Les établissements d'assurances pourront sans le moindre doute fonctionner avec des primes fixes. L'argument qu'on pourrait nous opposer qu'ils n'auront point de capital

social est purement théorique et ne s'applique pas en
fait. Si, en effet, il fallait avec les cotisations reçues
payer immédiatement des sinistres, le rappel serait
obligatoire au cas de cotisations insuffisantes ; mais les
échéances des indemnités sont lointaines[1] par rapport
à l'encaissement de la cotisation, qui se paie d'avance,
de sorte que l'établissement d'assurances a toujours
devant lui des disponibilités pour régler les sinistres et
qu'il peut, pour rétablir l'équilibre de son budget,
réhausser progressivement le taux des primes. C'est
sans doute un procédé empirique, mais il est fort pratique et suivi, en somme, par **toutes les Sociétés** :
par les primes fixes, parce que le prélèvement sur le
capital social n'est que théorique, et que, dès qu'elles
s'aperçoivent qu'elles demandent des primes trop faibles, elles en rehaussent les taux ; par les mutuelles,
parce que les besoins de la concurrence les poussent à
limiter la cotisation et elles se réclament en général de
la mutuelle à prime limitée ; et aussi par les Caisses
nationales actuelles, soit la Caisse des retraites, soit la
Caisse d'assurances au décès, soit la Caisse d'assurances contre les accidents du travail.

Cependant, lorsque l'assurance d'un risque est tout à
fait à ses débuts, lorsque aucune expérience ne permet
d'asseoir rationnellement le taux des primes, le principe
mutualiste avec rappel ou remboursement de primes
devient presque obligatoire. Aussi pensons-nous qu'il
conviendrait de ne pas fixer dans la loi le système qui

1. Notamment dans l'assurance sur la vie.

devrait être suivi par les établissements régionaux et qu'on pourrait réserver à l'Office Central d'Assurances le soin de réglementer sur les risques dont l'assurance pourra éventuellement faire l'objet de rappels.

Conditions des contrats. — La loi qui organisera en France l'assurance par l'État devra-t-elle en même temps indiquer quelles seront les nouvelles conditions générales des contrats? Oui, sans doute, si le législateur est animé du désir de faire ressortir les avantages que l'assurance nouvelle présentera sur l'assurance mercantile. Cette manière de procéder présenterait cependant nombre d'inconvénients. Tout d'abord une discussion relative à la nature des contrats viendrait obscurcir le véritable objet du débat, ensuite comme cette discussion serait assez longue et minutieuse, elle entraînerait à des textes législatifs d'une longueur inaccoutumée, au moins en France. Il paraît donc beaucoup plus expédient de confier à l'Office Central d'Assurance la charge d'établir les conditions générales des contrats, en fixant dans la loi seulement les principes généraux suivant lesquels elles seront rédigées, afin que le public voie bien que l'assurance par l'État ne sera pas l'assurance par les Compagnies.

Ces principes seront les suivants :

1° La déchéance totale contre l'assuré ne pourra être stipulée qu'en cas de dol ou de déclaration volontairement mensongère ou lorsqu'il aura déterminé par des manœuvres criminelles l'événement dont la réalisation met en jeu l'assurance;

2° Les erreurs, les réticences, les fausses déclarations dans les réponses aux questionnaires de l'administration d'assurance, lorsqu'elles auront été faites de bonne foi, n'entraîneront que des déchéances partielles et des amendes en rapport avec l'importance des infractions aux règlements ;

3° Il ne saurait être fait obstacle par l'assuré à la vérification des risques, quels qu'ils soient, sous peine de déchéance totale, cette opposition devant être considérée comme une présomption de fraude ;

4° Le retard dans l'acquittement des primes ne comportera déchéance pour l'assuré qu'après qu'il aura été mis formellement en demeure de s'acquitter dans un délai déterminé ; le retard sera seulement sanctionné par l'application de certaines amendes.

5° Enfin des retards dans les envois de documents quelconques n'entraîneront jamais déchéance, l'assuré sera seulement tenu des dommages que son impéritie aura pu causer à l'établissement régional.

Recouvrement des primes. — Les Compagnies d'assurances font recouvrer les primes par leurs agents, leur commission comportant d'ailleurs quelquefois une rémunération spéciale pour l'encaissement. Les courtiers ou les agents admettraient difficilement dans le système actuel tout autre procédé. Comme, en effet, ils ont droit à une commission pendant la durée de contrat, ils ont intérêt à surveiller le paiement régulier des primes, et en allant les quérir eux-mêmes, ils exercent la meilleure des vérifications. Ce moyen leur assure d'ailleurs un contact permanent avec leurs clients, l'assuré prend l'habitude de ne connaître que l'agent et d'imaginer qu'il joue dans le contrat un rôle prépondérant, qu'il peut se fier à ses affirmations, qu'en un mot, il traite avec lui. Ce sentiment est, bien entendu, exploité par ces intermédiaires pour conserver leur clientèle le plus longtemps possible et faire renouveler les contrats à leur expiration. Aussi n'est-ce pas sans quelque surprise que nous avons lu, à propos de la création des chèques et des comptes courants postaux, que l'Administration pensait avoir la clientèle de toutes les Sociétés d'assurances pour le recouvrement des primes. On se fait à cet égard une illusion absolue, parce que les agents entendront toujours procéder à l'encaissement des contrats qui forment leur portefeuille et prélever directement leur commission sur ces encaissements.

Les établissements publics d'assurance n'auront aucune de ces préoccupations. Ils pourront donc utiliser l'administration postale. Ce sera la voie la moins coûteuse et la plus pratique. Grâce à l'étendue de ses services, la Poste pourra aller encaisser les primes dans les bourgades les plus reculées. L'opération s'effectuera avec une rapidité qu'il est impossible d'obtenir des percepteurs. Et puis n'oublions pas qu'à l'heure actuelle la prime est quérable et que l'assuré ne verrait pas sans ennui la suppression de cette facilité et l'obligation d'aller porter la prime chez le percepteur.

On a dit : La prime se paiera en même temps que la contribution directe. Mais, prime ou impôts sont deux choses bien différentes. L'impôt est assis pour un exercice sur des bases bien déterminées et invariables, il se paie par douzièmes, et toutes modifications dans sa quotité entraînent des complications administratives et de très longs délais. La prime, au contraire, doit être souple et suivre les variations du risque. Le négociant qui augmente son risque pour quelques mois par l'introduction dans ses magasins de marchandises spéciales, se voit frapper d'une surprime : l'aggravation disparaissant, la surprime cesse. Un déplacement des objets assurés, un changement dans la disposition des locaux, des modifications dans les risques voisins, des ouvriers embauchés ou débauchés, etc..., entraînent des modifications de risques et des changements dans la prime qui doivent être régularisés préalablement à toute garantie, avec paiement de l'augmentation de prime s'il y a lieu. Comment suivre et réaliser ces variations avec le mode de perception par l'Administration des Contributions directes ?

Il n'y a de possible, comme conception adéquate aux nécessités du fonctionnement de l'assurance, que la fixation de la prime par l'Administration spéciale et son recouvrement automatique et rapide par un service d'encaissement qui en l'espèce se trouve tout indiqué dans l'Administration postale.

Bien entendu, étant donnés les principes d'autonomie que nous avons posés dès le début, les établissements régionaux d'assurances seront traités par l'Administration postale comme des clients ordinaires.

Ce serait une faute, nous y insistons, que d'assimiler

la prime à l'impôt. Les adversaires de l'assurance par l'État ne sont que trop portés à établir cette confusion pour discréditer la réforme dans l'opinion. Il faut repousser une analogie insoutenable, l'impôt est établi d'après les charges de l'État et les facultés des contribuables, la prime est calculée sur l'importance du risque garanti sans égard à la fortune de l'assuré.

Tarification des primes. — Exception faite pour les Sociétés d'assurance sur la vie, on peut avancer que la tarification des Compagnies ne repose pas sur une expérience statistique rigoureuse. Tous les hommes du métier le reconnaissent, et dans un récent article de l'*Argus*[1] nous en trouvons la confirmation, pour ce qui a trait à l'assurance incendie. Chaque Compagnie a sa statistique, mais celle-ci ne comporte qu'un nombre trop limité d'observations pour asseoir d'une manière précise les probabilités nécessaires au calcul des primes. Il faudrait que, par une entente entre toutes les Sociétés pratiquant les mêmes opérations, tous les résultats statistiques particuliers à chacune d'elles fussent réunis pour l'établissement d'une statistique plus large et qui comporterait des observations en nombre suffisant. C'est bien ainsi qu'ont procédé les Compagnies d'assurance sur la vie, qui se sont réunies au nombre de quatre pour établir les tables de mortalité propres à leur clientèle. Mais les autres Sociétés ne peuvent pas mettre en commun leurs résultats, dans la crainte de faire connaî-

---

1. *Fonctionnement de l'assurance-incendie*, par Boetzel, chef de bureau de l'Aigle. — *Argus* du 21 décembre 1909.

tre les risques qui leur assurent le plus de bénéfices et d'attirer sur eux une concurrence trop active ; aussi jusqu'à ce jour se sont-elles bien gardées de cet effort collectif qui aurait permis une détermination sérieuse et précise de la probabilité des sinistres et de la valeur de la prime.

Ce que les Compagnies n'ont point voulu ou pu faire, il sera très facile à l'État assureur de le réaliser, puisque les causes qui s'opposaient à l'établissement d'une large statistique portant sur la France tout entière auront disparu. Il est peu contestable qu'avec l'assurance d'État la tarification ne soit meilleure, plus en rapport avec l'importance du risque.

Mais la question qui se posera tout d'abord sera relative à la tarification qui devra entrer en vigueur dès l'application de l'assurance par l'État et avant qu'il ait été possible d'établir par expérience une tarification rationnelle. En présence des tarifs multiples, actuellement utilisés, quels sont ceux qu'il conviendra d'adopter ?

Nous pensons que les établissements d'assurances devront adopter les tarifs qui frappent le plus grand nombre d'assurés, c'est-à-dire ceux qui sont appliqués par les grandes Compagnies à prime fixe. Les assureurs, qui pressentent que ce sera dans cette voie que s'engagera l'État, en ont profité pour faire deux objections au monopole :

1° Le public ne gagnera rien à la transformation, puisque les tarifs généralement en vigueur seront maintenus ;

2° Les assurés des mutuelles qui ont un tarif inférieur à celui des Compagnies à primes fixes seront lésés, puisque l'État nivellera les primes.

Donc, disent-ils, inutile de faire le monopole puisqu'il ne profitera à personne.

Il est facile de réfuter ces prétendues objections. Tout d'abord la prime, dans l'assurance d'État, ne correspondra pas à la même garantie que celle qu'offrent les Compagnies. L'assuré ne se verra plus opposer ces nombreuses et impitoyables déchéances totales dont nous avons si souvent parlé, et il aura pour la même prime une garantie bien supérieure. Cet avantage à lui seul suffira à compenser le léger relèvement de prime qui pourra frapper certains mutualistes. Mais il y a plus : l'État, en maintenant le tarif des grandes Compagnies à primes fixes, réalisera d'importants bénéfices, que nous évaluerons ultérieurement, et ces bénéfices recevront une destination telle que tous les assurés en profiteront. Si, en effet, comme tout le laisse prévoir, les produits du monopole vont alimenter la ou les Caisses de retraite pour la vieillesse, ils viendront épargner au contribuable le paiement de nouveaux impôts.

Comment fonctionnera la tarification dans l'assurance d'État? Chaque établissement aura-t-il la liberté de fixer son tarif, ou devra-t-il se conformer à une règle commune à tous les établissements?

Si nous prenons en considération que l'État se porte garant des opérations de tous les Établissements d'assurances, il paraîtra tout à fait logique qu'il fixe le tarif suivant lequel ils devront opérer. On ne sera donc pas

choqué que, malgré l'autonomie financière de chaque
établissement, le pouvoir central, en l'espèce l'organe
qui exercera cette attribution sera l'Office Central des
Assurances, décide des tarifs qu'ils devront adopter.
Cela sera d'autant moins surprenant qu'en ce qui concerne l'assurance sur la vie, bien qu'il ne s'en porte
actuellement pas garant, l'État a fixé un tarif minimum,
au-dessous duquel il est interdit de pratiquer l'assurance et qui se trouve en fait le tarif uniforme de toutes
les Compagnies.

A un autre point de vue, il serait inadmissible que
chaque établissement puisse choisir un tarif à sa conve-
nance. Si en effet les bénéfices de l'assurance sont affectés aux retraites ouvrières, il importe qu'un établissement ne puisse pas diminuer par rapport à un autre
son apport bénéficiaire en adoptant un tarif plus
réduit.

La détermination par l'Office Central d'Assurances
d'un tarif uniforme applicable à toute l'étendue du territoire ne fera d'ailleurs pas obstacle à ce que, dans
certaines régions, certains taux de primes soient plus
élevés que dans d'autres, mais seulement lorsque la
nécessité d'une telle surprime sera scientifiquement
établie par des statistiques assez nombreuses et proban-
tes. Si par exemple il est démontré que l'incendie des
récoltes est plus fréquent dans les pays du Sud, au cli-
mat sec, que dans les régions humides de l'Ouest,
l'Office Central arrêtera un tarif différent pour les deux
régions. Il convient dans les différenciations de cette
nature d'être assez circonspect parce que les écarts pré-

sentés entre les résultats d'une région limitée et la moyenne générale peuvent être accidentels. La solution de ces questions assez délicates appartiendra à l'Office Central, qui les résoudra d'après les règles habituellement suivies en manière statistique.

La fixation des primes par l'Office Central d'après les résultats relevés dans toute la France permettra de fixer la prime afférente à une catégorie professionnelle avec autant de certitude que si on avait organisé une assurance d'État subdivisée par nature de risques, au lieu d'adopter une subdivision régionale. Au point de vue de la réduction dans les frais d'administration, ce dernier système nous paraît absolument préférable.

L'Administration des Compagnies financières décide souverainement de l'application du tarif à un assuré en particulier. Faut-il attribuer à l'administration des établissements d'assurance le même pouvoir ? Ce serait là un procédé nouveau dans notre droit administratif qui a toujours permis de déférer une décision de l'autorité à un tribunal administratif qui peut l'annuler ou la modifier. Il est d'ailleurs on ne peut plus équitable d'offrir un recours à l'assuré dont le risque aura été mal classé et qui aura payé une prime supérieure à celle qui réglementairement lui incombait. Mais on ne saurait faire juge de ce recours les tribunaux administratifs ordinaires.

Il s'agit en effet de questions d'ordre éminemment pratique et dont il convient plutôt de demander la solution à des praticiens de l'assurance qu'à des théoriciens du Droit. Aussi pensons-nous qu'un tribunal arbitral

composé de personnes ayant donné des preuves sérieuses de leur compétence en matière d'assurance sera la
meilleure assemblée capable de solutionner des différends de cette nature. Ce tribunal n'aura à intervenir
que d'une façon fort restreinte dans certaines catégories
d'assurances : vie, incendie, où l'application du tarif
ne donnera lieu à aucune difficulté. Il n'en sera pas de
même pour certaines assurances où la fixation de la
prime dépend d'un certain coefficient personnel inhérent à la chose assurée : par exemple, l'assurance-accidents du travail où la tarification dans une même profession varie avec la tenue de la maison, l'outillage, le
recrutement du personnel[1], etc... C'est dire que dans
certains cas l'Office Central des assurances devra
admettre dans sa tarification un minimum et un maximum. Quoi qu'il en soit, les décisions du tribunal d'arbitrage pourront toujours être portées en appel auprès
de l'Office Central des assurances.

Placement des fonds. — Les caisses nationales
d'assurance ne jouissent actuellement que d'une liberté
très restreinte en matière de placement. Prenons par
exemple la Caisse Nationale des retraites, qui est la seule
qui mérite de retenir l'attention par le chiffre important
de ses encaissements annuels. La loi du 20 juillet 1886
ne permet à la Caisse que d'acquérir des rentes sur
l'État, des valeurs du Trésor ou des obligations dépar-

---

1. En Allemagne et en Autriche, la prime est augmentée ou
diminuée d'après les résultats donnés par l'entreprise dans les
5 dernières années.

tementales et communales. L'actif de la Caisse des Retraites comprenait en 1907 pour 726 millions de rentes sur l'État et 580 millions d'obligations départementales et communales.

Si l'on étendait aux établissements régionaux d'assurances, dont nous proposons la création, le régime de la Caisse des Retraites, n'y aurait-il pas lieu de craindre que cette extension n'amenât une raréfaction sur le marché du 3 o/o français et des obligations départementales ou communales, par là une hausse de ces valeurs et comme conséquence une diminution du revenu de placement ?

Pour déterminer dans quelle mesure le placement de tous les fonds de l'Assurance publique en valeurs d'État pourrait influencer le marché de ces valeurs, il faudrait indiquer au regard du montant total des fonds d'État, emprunts départementaux ou communaux, les valeurs déjà en portefeuille dans les Caisses publiques ou dans les établissements privés qui obligatoirement doivent placer leur fortune en valeur de l'État. On n'ignore pas qu'un grand nombre de fondations immobilisent la rente et que cela restreint le marché. Ce travail dépasse de beaucoup nos moyens d'investigation, nous nous contenterons de citer quelques chiffres, d'ailleurs largement arrondis.

La rente 3 o/o perpétuelle et amortissable s'élève à 25 milliards, la dette communàle à 4 milliards, la dette départementale à 600 millions, soit, au total, près de 30 milliards.

Les fonds des Caisses d'Epargne privées qui sont

placés en grande partie en rente sur l'État s'élèvent à 3.5oo millions, la Caisse Nationale d'Epargne donne un chiffre de 1.3oo millions, la Caisse Nationale des retraites 1.3oo millions, la Caisse des Dépôts et Consignations 7oo millions, au total 6.8oo millions, soit à peu près le 1/4 de la Dette totale. Faut-il en conclure que les 3/4 de la Dette restent libres sur le marché ? Non, car il faut compter avec les acquisitions indispensables des Sociétés d'assurances, des Sociétés de bienfaisance, des fondations, etc..., qui immobilisent une partie de la Dette.

Quel serait le montant approximatif des fonds qu'auraient à placer les établissements régionaux d'assurance? On ne peut répondre à cette question qu'en raisonnant par analogie et en cherchant quel est actuellement l'ensemble des valeurs possédées par les Compagnies d'assurances. Les statistiques sont malheureusement bien incomplètes sur ce point. Quoi qu'il en soit, nous avons :

Pour l'assurance-vie (toutes sociétés) 2.5Io.459.611 [1]
Pour l'assurance-incendie (primes fixes) 237.663.263 [2]
Pour l'assurance-accidents (id.) 15o.ooo.ooo environ
Pour l'assurance grêle et divers (id.) 2o.ooo.ooo —

Une partie de ces valeurs est formée de fonds d'État, départementaux ou communaux, de sorte que la transformation de l'assurance privée en assurance publique n'entraînerait pas l'immobilisation d'un chiffre équivalent à 2.91o millions de ces fonds. Il faut reconnaître

1. *Journal officiel,* 17 octobre 1909.
2. *Journal des assurances,* 1908, p. 461.

néanmoins que s'il fallait ajouter aux 7 milliards (6.8 millions) que nous avons cités plus haut, près de 3 milliards immobilisés par les établissements d'assurance, les fonds publics se trouveraient considérablement réduits sur le marché.

Sans doute, il y aurait encore de la marge, mais est-il bien nécessaire que les établissements d'assurance placent leurs fonds uniquement en valeurs d'État ou valeurs similaires ? Peut-être l'État-débiteur y trouverait-il son compte, car la hausse sur le marché lui permettrait de nouvelles conversions. Mais il nous semble que l'État-législateur n'a pas à favoriser l'État-débiteur et qu'il rendrait un mauvais service à tous les citoyens en les contraignant à s'assurer à des établissements qui ne pourraient jouir dans leurs placements que d'un revenu inférieur à 3 o/o, ce qui amènerait fatalement une augmentation du prix de l'assurance lorsqu'elle a besoin d'immobiliser de gros capitaux (Assurance sur la vie, rentes viagères).

Les fonds publics offrent une grande sécurité, nous n'en disconvenons pas, mais ils ne sont pas les seuls et les valeurs qui composent le portefeuillle des grandes Compagnies d'Assurance offrent dans leur ensemble autant de sécurité que les fonds publics. D'ailleurs on sait bien que l'on peut arriver au tout repos en faisant une prudente variété dans les placements, on ne mettant pas, comme on dit, tous ses œufs dans le même panier. Pourquoi les établissements régionaux d'assurances ne pourraient-ils pas placer leurs fonds dans les mêmes conditions que les Sociétés

privées réglementées [1] ? Rien ne s'y oppose et comme il
faut que les fonds placés donnent un revenu moyen de
3,5o o/o, taux sur lequel on a établi le tarif minimum
des Compagnies d'assurances sur la vie, il faut per-

1. L'opinion que les établissements publics de prévoyance ne
peuvent effectuer que des placements en rentes sur l'État ou en
valeurs garanties par l'État vient d'être encore soutenue par
M. Camille Pelletan, dans un article récent du *Matin* (8 janvier
1910) :

« On a souvent essayé, dit-il, de laisser aux caisses d'épargne
« la faculté de placer leurs fonds en actions ou obligations de
« sociétés commerciales ou industrielles. *Le plus simple bon sens a*
« *fait repousser toutes ces tentatives.* Les retraites dues par l'État ne
« peuvent pas non plus être à la merci des risques que courent
« les entreprises privées. Je n'ai pas besoin d'expliquer pourquoi
« les titres des États étrangers devraient être également écartés ;
« cela va de soi.

« Ce serait donc de titres émis par l'État français ou garantis
« par lui, qu'il faudrait remplir la caisse des retraites ouvrières.
« J'écarte encore les derniers ; le régime des garanties d'intérêt ne
« durera pas indéfiniment. Dans une quarantaine d'années au
« plus tard nos grandes Compagnies de chemins de fer, en vertu
« de leur charte constitutive, auront terminé leur carrière, et
« tous leurs titres auront été amortis. C'est donc en rente fran-
« çaise qu'il faudrait capitaliser les pensions des travailleurs. »

Les arguments de M. Pelletan consistent simplement à invoquer le bon sens, et « cela va de soi ». Pour montrer combien son
opinion si restrictive dans le choix des placements est erronée, il
suffit de se demander ce qui serait arrivé si notre pays avait été
assez sagement administré pour n'avoir jamais eu besoin de
recourir à l'emprunt. Il n'y aurait pas de rente sur l'État et alors
il serait impossible de faire fonctionner les Caisses d'Epargne. Les
titres d'États étrangers n'offrent pas assez de sécurité, tandis que
ceux de l'État français par contre sont de tout repos. Si les étrangers sont du même avis, ils doivent n'accorder qu'un médiocre
crédit à notre 3 o/o. M. Pelletan a d'archaïques conceptions sur
les valeurs mobilières. M. Leroy-Beaulieu, dans son ouvrage
récent sur l'art de placer sa fortune, estime que les valeurs de tout
premier ordre, au point de vue de la garantie et de la sécurité,
sont les obligations des grands Chemins de fer américains, lesquels n'ont d'ailleurs aucune garantie d'État.

mettre aux établissements publics d'assurances d'effectuer les mêmes catégories de placement que les Sociétés financières. On peut juger d'ailleurs, par l'énumération qui suit, que les libertés qui leur ont été concédées à cet égard, leur imposent en même temps des limites fort prudentes, et qu'on peut être assuré que toute entreprise observant ces règles ne peut redouter aucune catastrophe financière. Les placements sont divisés en trois catégories [1] :

1° Valeurs de l'État français ou garanties par lui, obligations départementales et communales, obligations du Crédit foncier, obligations de Chambres de Commerce, prêts sur toutes ces valeurs, prêts hypothécaires en France sur la propriété bâtie;

2° Prêts aux départements, aux communes, aux Chambres de commerce de France, d'Algérie et des Colonies, achats d'immeubles en France, Algérie et prêts hypothécaires sur ces sortes d'immeubles;

3° Valeurs de toute nature, françaises ou étrangères, cotées à la Bourse de Paris, prêts sur ces sortes de valeurs jusqu'à concurrence de 75 o/o de leurs cours, — Immeubles dans les Colonies et prêts hypothécaires sur ces immeubles.

Les valeurs de la 3ᵉ catégorie ne doivent pas dépasser 1/4 de l'actif total, celles de la 2ᵉ doivent rester dans la proportion de 2/5.

1. Voir décret du 9 juin 1906.

CHAPITRE XII

Notre Projet (suite). — Arbitrages et Dispositions particulières

Règlement des sinistres. — Les tribunaux arbitraux. — Leur composition. — Dispositions spéciales à l'assurance sur la vie. — L'examen médical. — Dispositions particulières à l'assurance contre les accidents du travail. — Délégués ouvriers et médecins dans les chambres d'assurances. — Composition particulière de tribunaux arbitraux : patron, ouvrier, médecin, fonctionnaire. — Amélioration dans les traitements des blessés.

Règlement des sinistres. — Doit-on laisser aux tribunaux de Droit Commun le soin de trancher les litiges qui naîtront au moment des règlements des sinistres ? Sans doute, les établissements publics d'assurance, dont l'administration sera sous le contrôle permanent des assurés, agiront dans un état d'esprit bien différent de celui des Compagnies, ils ne chercheront pas, comme ces dernières, à multiplier les procès pour échapper aux règlements des sinistres, et il semble qu'il paraît inutile dans ces conditions de créer des juridictions spéciales et que le plus simple est de ne rien innover en cette matière. Quelques auteurs de projets de loi sur le monopole des assu-

rances ont, par contre, pour juger ces sortes de différends, attribué compétence aux Conseils de préfecture.
A quel parti convient-il de s'arrêter?

Le plus grand nombre des contestations portera certainement sur le montant des indemnités. Sauf, en
effet, en matière d'assurances sur la vie où la somme à
payer par l'assureur est stipulée au contrat, sans pouvoir faire l'objet d'une variation en plus ou en moins,
l'assurance a pour objet de réparer un dommage, et
dans chaque cas il convient de l'arbitrer. Les juges
ordinaires, s'en reconnaissant incapables, désignent
ordinairement des experts, qui deviennent les véritables
juges, car leur rapport est simplement homologué par
le Tribunal. Les parties ont donc à payer des frais de
justice, généralement assez élevés, alors qu'ils auraient
pu s'en dispenser en s'en rapportant aux experts.

Pourquoi mettre en mouvement l'appareil si compliqué de la procédure judiciaire, alors qu'il s'agit simplement d'arbitrer un dommage? N'est-il pas plus
simple de donner immédiatement à la décision des
arbitres l'autorité qu'elle n'acquiert qu'après l'intervention presque toujours de pure forme du tribunal? Cette
procédure serait plus rapide et plus économique
que celle qui est suivie actuellement. Tout le monde
connaît les lenteurs de la procédure ordinaire, même
quand le législateur a voulu les abréger et appliquer
les règles de la procédure, dite sommaire; tout le
monde connaît le prix de la justice, le coût élevé des
actes si nombreux qu'huissiers, greffiers, avoués sont
chargés d'établir pour les choses les plus simples en de

multiples expéditions. La juridiction arbitrale offre en matière d'assurance des qualités décisives qui doivent déterminer son adoption. Elle ne s'alourdit pas de formalités et elle est par conséquent rapide, ce qui a un très gros avantage dans une œuvre de prévoyance où il s'agit de réparer un dommage; elle juge plutôt en équité qu'en droit abstrait, ce qui est important en une matière où il s'agit moins d'établir des droits que d'agir avec justice et humanité.

L'idée de régler les différends d'assurances par l'arbitrage n'est pas nouvelle, et lors de la discussion de l'assurance contre les accidents du travail, la juridiction arbitrale a été votée en 1893 et en 1897 par la Chambre des Députés, et ce n'est que pour vaincre la résistance du Sénat à l'adoption de la loi que le gouvernement a proposé à la Chambre d'accepter la juridiction de Droit Commun. Peut-être l'opposition du Sénat s'explique-t-elle par la singulière composition des Tribunaux arbitraux. Dans la plupart des projets, ils étaient formés par la réunion des fonctionnaires les plus variés du Département : dans le projet Dron, l'ingénieur des Mines, le directeur de l'enseignement, l'inspecteur du travail voisinaient avec les conseillers prud'hommes et le président du tribunal civil. Dans celui du Comte de Mun, le directeur des contributions directes, l'ingénieur en chef des Ponts et Chaussées, se rencontraient avec des délégués élus des patrons et des ouvriers; dans celui de MM. Ricard et Guieysse, figuraient le sous-préfet, les ingénieurs des Mines et des Ponts et Chaussées, l'inspecteur des contributions directes, le Juge de Paix, deux patrons, deux ouvriers, etc...

Il est bien évident que l'introduction de ces fonctionnaires dans les tribunaux arbitraux ne fortifiait nullement les éléments désignés en raison de leur compétence technique ou professionnelle, et qu'il fallait craindre ou bien que ces fonctionnaires ne négligeassent leurs travaux habituels ou qu'ils n'apportassent au sein du tribunal qu'un concours apparent, comme cela se rencontre dans un grand nombre de commissions officielles à composition fortement panachée.

Nous estimons qu'il convient pour les tribunaux arbitraux de se rapprocher le plus possible d'un jury d'expertise, formé de personnes compétentes sur la valeur des dommages à arbitrer, sur les usages commerciaux ou industriels et sur les principes de l'assurance ; au lieu de faire appel à des fonctionnaires, il nous paraît plus expédient de remettre à la Chambre d'assurance le soin d'établir annuellement une liste de personnes qui par leur honorabilité et leur notoriété seraient capables de remplir les délicates fonctions d'arbitres. Cette liste serait très vaste et comprendrait des représentants de toutes les professions, propriétaires d'immeubles, cultivateurs, industriels, commerçants, etc... Tous ces noms seraient groupés en catégories, et lorsque le règlement d'un sinistre devrait être soumis à la décision des arbitres, on tirerait au sort dans la catégorie de l'assuré les membres du tribunal arbitral. On supprimerait ainsi les experts officiels désignés par le Président du Tribunal Civil, qui sont presque toujours les mêmes personnages, quelle que soit la nature des choses à arbitrer, et dont plus d'un n'est pas sans reproches, soit qu'il ait cédé à des sollicitations qui ne manquent jamais, en raison d'une désignation faite longtemps à l'avance, soit qu'il ait eu la faiblesse de trafiquer d'un rôle qu'il finit par exercer comme son unique métier.

Nous repoussons le principe de désignation des arbitres à l'élection, élection qui devrait se pratiquer dans chaque catégorie professionnelle, comme entraînant trop de complications pour un résultat dont on n'aurait pas toujours lieu de se féliciter.

Ce qu'on pourrait reprocher au tribunal arbitral, s'il ne comprenait que les membres dont nous venons de parler, ce serait de ne comprendre aucune personne compétente en matière d'assurances et sachant diriger les évaluations. Certains principes sont fondamentaux : la dépréciation par l'usage, la règle proportionnelle, etc... Aussi jugeons-nous indispensable d'adjoindre aux arbitres sus-désignés, un ou deux fonctionnaires de l'établissement d'assurance spécialisés dans ces questions et dont la désignation sera faite conformément aux dispositions d'un règlement général.

Les tribunaux arbitraux n'auront, bien entendu, à intervenir que si l'entente ne se fait pas amiablement entre l'assuré et l'établissement d'assurances. Dans certains cas, leur rôle ne se bornera pas à une estimation numérique de la valeur de l'objet détruit, mais ils auront encore à fixer dans quelle proportion l'assuré sera déchu du bénéfice de l'assurance, lorsqu'il aura commis quelque négligence dans ses déclarations, quelque manquement à ses obligations, etc... Les mêmes tribunaux auront qualité pour statuer sur la déchéance totale que l'assuré pourra mériter pour fraude ou déclaration mensongère, pour son refus à laisser vérifier ses risques, etc... Cependant ils ne sauraient connaître de tous les conflits qui peuvent surgir. En matière d'assurances sur la Vie, par exemple, nombre de procès sont motivés par des questions d'héritage, de faillite, de tutelle, ou par la qualité des personnes en cause, etc... ; il ne saurait appartenir qu'aux tribunaux civils d'en délibérer. Somme toute, on peut dire que tout ce qui dépend strictement de l'exécution du contrat doit regarder les tribunaux arbitraux et que ce qui regarde les conséquences de cette exécution doit rentrer dans les attributions de la juridiction ordinaire.

La décision du tribunal arbitral sera déférée au président du tribunal civil pour qu'il la revête de la formule exécutoire. Elle sera susceptible d'un appel devant un tribunal arbitral d'appel siégeant au chef-lieu de la circonscription d'assurance.

La procédure devant ces tribunaux devra être très simple. On ne peut songer à en prévoir ici les détails, mais elles ne sauraient comprendre ni ministère d'huissiers, ni ministère d'avoués. Les tribunaux arbitraux statueront surtout sur des documents écrits ; à l'exemple des conseils de préfecture, ils pourront entendre les intéressés, se transporter sur les lieux, ouïr les témoins sur simple convocation, par lettre recommandée. La juridiction arbitrale fonctionne en Allemagne et en Autriche à la satisfaction des intéressés pour les assurances contre les accidents du travail. Elle nous paraît devoir donner encore de meilleurs résultats dans les autres opérations d'assurances.

Dispositions spéciales à l'assurance sur la vie. — Le monopole de l'assurance va soulever ici une objection que les assureurs ne manqueront pas d'exploiter en exagérant son importance. — Qui assurera, diront-ils, ceux qui seront repoussés par l'établissement public régional ? Dans le système des Compagnies concurrentes, celui qui n'est pas accepté par une d'elles peut s'adresser à une autre, et être agréé parce que les médecins de celle-ci auront émis un avis différent de médecins de celle-là, au lieu qu'avec le système du monopole le refusé n'aura plus aucune chance de se faire assurer, quelque besoin qu'il en ait. L'assurance par l'État aura donc pour effet de restreindre le champ de l'assurance, à moins qu'on n'admette que l'État assurera tout le monde indistinctement, les malades comme les bien portants.

Il y a là de quoi retenir l'attention, mais nous ne pouvons croire qu'on y trouve un argument sérieux contre le monopole. Le fait que la rivalité des Compagnies serait favorable au public et permettrait de s'assurer à ceux que l'État refusera, est fortement contestable en pratique. Nous savons, en effet, que tout postulant doit indiquer dans sa proposition d'assurance à quelles Compagnies il est assuré ou a tenté de s'assurer ; s'il est refusé, il doit le faire connaître, le tout à peine de déchéance. En général, il est clair que celui qui a été refusé par une Compagnie l'est par toutes les autres, qui estiment que le premier refus n'a pas été décidé au hasard et se justifie par quelque circonstance défavorable à la santé de l'assuré, de sorte que, malgré la multiplicité des Compagnies, tout se passe comme s'il n'y en avait qu'une. Sans doute il y a quelques exceptions, et les recueils de jurisprudence nous montrent bien que l'échec dans une Compagnie n'est pas toujours un motif absolu d'exclusion dans les autres ; mais les exceptions ne forment pas une règle, et nous sommes autorisés à conclure, du questionnaire des Compagnies et de leurs usages, que le monopole ne restreindra pas beaucoup les prétendues facilités du public.

On peut légitimement penser, au contraire, que celui-ci trouvera dans le nouveau système des garanties contre le refus à l'assurance que ne lui offriront jamais les Sociétés financières. Rien n'est plus simple, en effet, que de soumettre la personne qui se plaint d'un refus d'assurance, à une expertise médicale, dont la décision sera acceptée par les deux parties intéressées. Les médecins des Compagnies ne font pas connaître les motifs de leur refus, par la raison, juste quelquefois, que la connaissance de leur état peut être, pour certains malades, la cause d'une aggravation dangereuse du mal. — Mais cette raison ne saurait faire obstacle à la communication de ces motifs à des médecins experts.

Ainsi, avec l'assurance par l'État, on ne sera plus à la merci de l'appréciation unique d'un médecin de Compagnie, mais l'état de santé d'un candidat sera déterminé avec les plus sérieuses chances d'exactitude.

Etant donné le rôle important joué par l'examen médical dans l'assurance sur la vie, il semble utile de le réglementer de manière à supprimer toute fraude possible des assurés et tout arbitraire de la part des examinateurs. Cette réglementation, sa mise à jour avec les découvertes de la science, exigent que les Chambres d'assurance comprennent des délégués du Corps médical. On pourrait en fixer le nombre à trois; ils seraient élus par les médecins de la circonscription d'assurance et ils auraient voix délibérative, au sein de la Chambre d'assurance, pour toutes les questions médicales ressortissant à l'assurance sur la vie. Comme certaines autres assurances peuvent demander un examen médical, assurances contre les accidents corporels, par exemple, il paraît naturel d'étendre la compétence des délégués à ces opérations.

Dispositions particulières à l'assurance contre l'incendie. — L'État assureur du risque incendie doit couvrir l'assuré de toutes les conséquences possibles du feu et non pas lui offrir cette garantie si bizarrement incomplète que lui offrent les Compagnies.

On concevrait mal que l'État, assureur d'office de la totalité des risques, aille limiter sa garantie en ce qui concerne le recours du propriétaire, ou des voisins, à un maximum égal à 15 fois le montant annuel du loyer. Nous avons dit dans quelle situation lamentable pouvait se trouver la victime d'un incendie, *régulièrement assurée*, lorsque certains dommages étaient mis à sa charge et dépassaient le maximum de couverture. Nous n'y reviendrons pas. Il suffit, pour faire cesser cette déplorable manière de comprendre l'assurance, de supprimer les articles 1733, 1734 et 1735 du Code civil, comme ils l'ont été, il y a déjà longtemps, en Suisse. Avec l'assurance obligatoire ces articles deviennent pour ainsi dire sans objet : propriétaires et locataires étant entièrement indemnisés, chacun respectivement pour les dommages qu'il aura subis.

Pour la suppression du recours des voisins, on ne peut songer à faire disparaître du Code civil les articles 1382, 1383 et suivants, étant donnée la généralité de leurs dispositions, mais il suffira d'indiquer que toutes personnes, ayant éprouvé des pertes dans un incendie, ne peuvent en réclamer la réparation qu'à l'établissement public d'assurances et qu'il leur est interdit d'actionner leurs voisins en raison des stipulations du Code civil. Les risques trop dangereux pour être assurés, comme les fabriques et dépôts de poudre et d'explosifs, les usines pour la rectification des pétroles, et tous autres similaires, qui ne sont d'ailleurs jamais assurés par les Compagnies, feront l'objet d'une énumération de la part de l'Office Central des Assurances. Tout risque non compris dans cette exclusion expressément limitative devra obligatoirement être assuré par l'État.

Dans l'assurance des immeubles, au cas où le propriétaire est convaincu d'avoir volontairement allumé l'incendie, la déchéance qui le frappe ne doit pas s'étendre au créancier hypothécaire. — C'est une disposition équitable qui est adoptée dans l'assurance Suisse.

Dispositions spéciales à l'assurance contre les accidents du travail. — Cette assurance mérite une attention toute spéciale de la part du législateur. Ce n'est pas que l'organisation régionale de cette assurance puisse soulever des difficultés, tous les bons esprits pensent que c'est là le système véritablement adéquat à ce risque, et nous pourrions citer notamment l'opinion de M. Paul Pic, professeur à la Faculté de Droit de Lyon, qui est très nettement partisan de mutualités obligatoires, englobant toutes les exploitations industrielles d'une même région et fonctionnant sous la direction de l'État, dans les mêmes conditions que les caisses régionales d'Autriche.

Ce qui doit motiver pour cette assurance des dispositions particulières, c'est son caractère propre qui la fait sortir du cadre de l'assurance habituelle. Dans l'assurance contre les accidents du travail, la personne qui bénéficie des indemnités n'est pas l'assuré, mais un tiers, l'ouvrier qui ne paie pas la prime. Si l'administration de l'assurance est entièrement entre les mains des patrons, il faut s'attendre fatalement de leur part à une défense très énergique de leurs intérêts et partant à un sacrifice, plus ou moins important, de celui des blessés. Il nous semble donc indispensable d'appeler l'élément ouvrier à collaborer à l'administration de l'entreprise d'assurance. Cette idée paraîtra sans doute fort révolutionnaire, étant donné que les ouvriers ne participent en aucune manière à la formation du fonds d'assurance, qui est entièrement constitué par les versements patronaux. Il semble donc que nous voulions les appeler à gérer un bien qui ne leur appartient pas. Quelque paradoxal que cela paraisse, nous prétendons que les cotisations des patrons, une fois qu'elles sont versées dans les caisses d'assurances, ne leur appartiennent plus et que les ouvriers auxquels elles sont destinées ont un intérêt primordial à en contrôler l'affectation. Peut-on dire, en effet, que c'est l'argent des patrons qui forme les primes ? Sans doute c'est à eux qu'incombe la responsabilité de leur paiement, mais les dépenses d'assurances rentrent dans les frais généraux, dans le coût de la main-d'œuvre, elles s'incorporent au prix des choses, et finalement le consommateur les rembourse au fabricant, en acquittant le prix d'acquisition. C'est donc un peu tout le monde qui paie les primes d'assurances, et les patrons ne sauraient seuls en surveiller la destination.

Que pourrait-on redouter d'ailleurs de la présence de l'élément ouvrier dans les assemblées qui discuteront des détails d'application de l'assurance ? Est-ce de les voir se décider de parti pris pour les solutions favorables à leurs mandants, sans égard à la répercussion qu'elles peuvent avoir sur le taux des primes, auxquelles ils restent indifférents ?

Cette crainte ne peut être que la contrepartie de celle

qu'il y aurait lieu d'émettre si les Chambres d'assurance ne comprenaient que des patrons ayant pour unique préoccupation de restreindre les allocations ouvrières. Ne semble-t-il pas que le meilleur moyen de concilier les intérêts opposés soit précisément de les mettre en présence. Leur choc ne créera pas nécessairement un antagonisme irréductible, souvent il s'en dégagera la manifestation d'une communion d'idées masquée par des désaccords apparents, et en tous cas, si l'entente ne naît pas d'elle-même, les autres éléments de l'assemblée viendront atténuer les heurts et arbitrer le conflit aux mieux du plus grand nombre.

Ceci nous amène à parler des autres éléments qui doivent entrer dans les Chambres d'assurance à propos des accidents du travail. Nous pensons qu'en premier lieu il conviendrait d'y appeler les fonctionnaires de l'inspection du travail, qui traiteraient le côté prévention, malheureusement si négligé dans la conception actuelle de l'assurance. Au même titre que les inspecteurs du travail, se rangeraient les ingénieurs et conducteurs des mines, ainsi que les ingénieurs et conducteurs des Ponts et Chaussées chargés de l'application des lois réglementant le travail. Un certain nombre de fonctionnaires dépendant de l'établissement d'assurance viendraient établir les liaisons indispensables entre des services disparates, en même temps qu'ils avertiraient la Chambre des erreurs techniques dans lesquelles elle pourrait tomber. Enfin, un dernier élément de la plus haute importance nous paraît destiné à jouer un rôle dans cette assemblée : c'est l'élément médical.

Le médecin chargé de donner ses soins à un blessé du travail devient un arbitre permanent entre les deux parties : ouvrier et patron. L'un fait appel à sa science, l'autre à son honnêteté. Son premier devoir est de ne rien négliger pour amener la guérison du patient qui lui a été confié sans avoir égard à sa qualité. S'il doit tenir en considération que ses soins ne vont pas à un privilégié de la fortune et qu'il serait mal venu de lui appliquer certaines cures, dont la valeur thérapeutique est sans rapport avec leur coût, il ne serait pas moins criminel de sa part de négliger quelques-unes des ressources de l'art médical moderne, sous le prétexte qu'elles pourraient être onéreuses pour la collectivité patronale. C'est assez dire que nous préconisons la méthode allemande, et que nous espérons que les établissements publics d'assurance se montreront généreux en moyens thérapeutiques et que nous ne les entendrons pas gémir, comme les assureurs actuels, contre les massages, les radiographies, les bains, le traitement électrique, etc... La remise du blessé dans le meilleur état possible sera toujours une économie fort appréciable pour l'assurance, soit parce qu'elle permettra, s'il est redevenu entièrement valide, de n'accorder aucune rente au blessé, soit parce qu'elle laissera espérer, s'il est resté infirme, que l'effet d'un traitement énergiquement réparateur déterminera l'amélioration progressive, qui lui redonnera toute sa vigueur et réduira la rente au minimum.

Or, le blessé est le plus souvent mal soigné à l'hôpital. Non qu'il nous vienne à la pensée d'émettre le moindre doute sur la valeur des maîtres qui dirigent nos services hospitaliers, mais ils ne peuvent tout faire et, après un conseil donné en passant, ils laissent l'accidenté entre les mains de jeunes gens encore peu expérimentés.

Puisqu'il ne faut rien négliger quant à la qualité des soins, nous verrions avec satisfaction les établissements régionaux créer, à l'instar des Caisses de maladies allemandes, des maisons de santé, sans luxe, sans frais, mais propres et hygiéniques, où les ouvriers se sentiraient chez eux parce que leurs délégués en seraient, en partie au moins, les administrateurs et les défenseurs de leurs droits. Là le blessé pourrait réclamer les soins de son médecin habituel, du médecin de sa famille qui connaît son tempérament, son passé, son hérédité, celui qui a sa confiance, et qui saura lui inspirer cette foi en la vie, cet espoir dans la guérison qui est, au dire de tous nos maîtres, la première des conditions pour sauver les malades. Leur assurer, dans un milieu où l'outillage médical serait porté à sa plus haute conception scientifique, les soins affectueux qu'ils recevraient à leur domicile en même temps qu'ils pourraient compter sur le secours de spécialistes tout particulièrement formés pour certaines applications, tel nous paraît être, non pas le rêve, mais la réalité possible qui sera édifiée par l'assurance de demain. En un mot, il y a une direction directrice médicale dans l'assurance contre les accidents du travail, et nous ne voyons pas très bien dans une administration composée seulement de patrons, d'ouvriers, de fonctionnaires, qui pourrait la donner si elle ne comprenait des médecins.

Les assureurs ont représenté les médecins comme

animés des plus vifs sentiments de cupidité, et ne cherchant dans l'accident du travail qu'à grossir leurs honoraires, par une entente avec l'ouvrier qui gagne, à ce jeu, une prolongation de chômage payé. Sans prendre la peine de relever cette calomnie, bornons-nous à rappeler que le législateur, sacrifiant les principes de la liberté commerciale, si souvent invoquée par les assureurs, a imposé au Corps Médical une tarification[1] des soins donnés aux blessés du travail, sur des bases plutôt modiques. Nous ne nous en plaignons pas, car toute réforme qui a pour objet une meilleure justice entre les hommes ne peut s'acheter que par une organisation sociale plus réglementée et par le sacrifice de quelques apparentes libertés ; mais nous pensons du moins que cela donne quelques droits aux médecins de se considérer comme des collaborateurs dans l'assurance et non comme de simples salariés dont on rémunérerait les services d'après la loi de l'offre et de la demande.

En somme, il nous semble que tous les intéressés à un titre quelconque dans les accidents du travail doivent se rencontrer dans les assemblées délibérantes chargées de régler dans les détails les mesures que comportent leurs conséquences pour les ouvriers. Nous sommes sûrs que l'on se rendra compte par de semblables groupements qu'il y a toujours un terrain où s'entendent les honnêtes gens, que les ouvriers délé

---

1. A rapprocher, en matière de limitation dans les prix, le tarif *minimum* des assureurs-vie, qui supprime pour eux toute concurrence à des prix inférieurs, du tarif *maximum* imposé aux médecins.

gués seront les premiers à signaler les fraudes possibles de la part de certains blessés, que les patrons dénonceront leurs collègues amis d'une réduction illicite dans les primes, que les médecins n'attendront pas les critiques du dehors pour rappeler à l'ordre les confrères qui s'écarteraient des règles de l'honorabilité médicale.

Y a-t-il des difficultés pratiques à la représentation des ouvriers ou des médecins dans les Chambres d'assurance? Pour les médecins, l'élection par l'ensemble des praticiens d'une circonscription d'assurance nous paraît assez simple, surtout si l'on admet le vote par correspondance. Pour les représentants ouvriers, la question est plus complexe, et le vote par correspondance peu pratique. On ne peut songer à mettre en avant les syndicats, sous peine de méconnaître les intérêts des non affiliés. Nous proposons une élection à deux degrés. Les électeurs ouvriers devraient remplir les conditions qu'on exige de ceux qui sont inscrits sur les listes électorales pour le conseil des prud'hommes ; pour être éligible au premier degré, il faudrait remplir les mêmes conditions que pour être conseiller prud'homme. Le collège électoral comprendrait les élus de toutes les villes de la circonscription d'assurance, le nombre des élus dans chaque ville étant en rapport avec la population.

Le règlement des indemnités dues aux ouvriers victimes d'accidents de travail serait retiré aux tribunaux ordinaires, tant pour ce qui concerne le paiement des demi-salaires, que pour ce qui a trait à la rente-infirmité. Les tribunaux arbitraux, chargés de terminer ces litiges, réclameraient une composition spéciale, en raison de la complexité du problème à résoudre.

On peut dire qu'entre autres défauts de l'assurance actuelle des accidents de travail, se révèle un certain arbitraire dans la fixation des rentes. Le principe général posé par la loi : La rente est égale à la moitié de la réduction que l'accident aura fait subir au salaire, est un principe et rien de plus. Comment l'appliquer? Il ne faut pas tenir compte de la réduction constatée entre le salaire ancien et le salaire actuel de la victime, réduction qui peut tenir à un placement heureux ou malheureux du travailleur, mais de la réduction potentielle que subit le salaire mesurée tant d'après la diminution physiologique des organes du blessé que d'après la nature des efforts que réclame sa profession. Telle est dans ses grandes lignes la doctrine de la jurisprudence. Elle paraît un minimum favorable à l'ouvrier.

Or, dans la pratique, l'expertise médicale ne se préoccupe que de déterminer la diminution de capacités de travail au point de vue fonctionnel ; quant à l'influence de cette diminution sur le salaire, influence qui dépend du genre de travail de l'ouvrier blessé, les experts ne peuvent que l'apprécier fort imparfaitement, étant peu éclairés sur la nature des mouvements et des efforts qu'exige ce travail. Une proposition de M. Basly, député, porte qu'un professionnel sera toujours adjoint aux experts. C'est là une idée fort sage et nous pensons qu'il convient de l'appliquer à la composition des tribunaux arbitraux. Un ouvrier, un patron, un médecin, un fonctionnaire, tels nous paraissent devoir être les éléments nécessaires à la formation de ce tribunal. Le médecin traitant et le médecin de contrôle de l'entreprise d'assurance seront entendus s'il y a lieu; mais ni l'un ni l'autre ne sauraient faire partie du tribunal arbitral. Il ne serait en rien dérogé aux règles déjà indiquées pour la désignation des membres du tribunal arbitral, qui résulterait toujours du tirage au sort de chacun des arbitres sur des listes établies par les soins de la Chambre d'assurance. Le tribunal arbitral pourrait toujours ordonner les expertises complémentaires nécessaires, les autopsies, et toutes enquêtes utiles à la manifestation de la vérité.

Qu'il s'agisse de travailler à la Chambre d'assurance ou de siéger au sein des tribunaux arbitraux, nous entendons bien que ces fonctions ne soient pas remplies gratuitement. On ne manquera pas d'en faire une critique à notre projet, en prétendant que la rémunération de toutes ces fonctions multiples ne pourra qu'être très onéreuse et qu'elle viendra augmenter le prix de l'assurance. Montrons qu'il n'en sera rien. Les errements que nous proposons n'alourdiront pas les charges par la raison que la plupart des fonctions que nous proposons existent à l'heure actuelle, en plus grand nombre même, et qu'elles sont très largement rémunérées : les membres de la Chambre des assurances ! Mais ils ont leur équivalent dans les membres des conseils d'administration de nos Compagnies financières qui touchent de beaux jetons de présence et des tantièmes sur les bénéfices ; les membres des tribunaux arbitraux ! Mais on ne les paiera jamais aussi cher que les avoués, les huissiers, les experts, etc... On ne saurait réclamer de quiconque un travail sérieux et attentif sans le rétribuer, et nous trouvons fort paradoxal qu'on veuille imposer aux ouvriers certaines fonctions gratuites, alors que, quand elles sont remplies par des hommes d'une autre condition sociale, elles sont largement rémunérées.

Ce que nous avons déjà dit de la question médicale, montre qu'à nos yeux, la création des établissements régionaux d'assurance ne saurait en rien toucher au principe du libre choix du médecin par l'ouvrier blessé. Nous considérons que c'est pour lui un véritable droit naturel dont la privation serait l'équivalent d'une contrainte physique. La nouvelle organisation n'empêchera pas nécessairement certaines difficultés entre les médecins traitants et l'établissement d'assurance au point de vue du règlement des honoraires. Ce sont là des questions de détail qu'il vaudrait peut-être mieux régler par une loi spéciale, nous pouvons dire cependant que la question médicale nous paraît se résoudre comme suit :

1° Obligation pour l'ouvrier de faire connaître à l'établissement régional qu'il est victime d'un accident du travail ;

2° Obligation pour le médecin traitant d'adresser une déclaration à l'établissement assureur ;

3° Contrôle du traitement par un médecin attaché à l'établissement assureur en présence du médecin traitant ;

4° Résolution des différends relatifs aux honoraires

par un tribunal arbitral composé de médecins désignés, d'un côté, par la Chambre d'assurance et, de l'autre, par les syndicats médicaux.

Le maintien du tarif actuel dit : « Tarif Dubief », nous paraît s'imposer. Nous avons démontré ailleurs qu'il ne charge pas outre mesure l'assurance, comme l'ont insinué sous toutes les formes les Sociétés financières, et qu'au point de vue médical et pharmaceutique le coût d'un accident est moins onéreux en France qu'en Allemagne. Au surplus, avec l'Assurance d'État, une expérience vraiment concluante pourra être faite sur les conséquences financières de l'application de ce tarif, car les établissements publics produiront leurs comptes avec une sincérité qui fait, à n'en pas douter, défaut aux entreprises mercantiles, visiblement préoccupées de faire retomber sur des tiers, sur les médecins en particulier, la responsabilité des lourdes dépenses qu'entraîne une organisation qui multiplie exagérément le nombre de ceux qui vivent de l'exploitation de l'assurance..

Lorsque l'assurance d'État nous aura fourni des chiffres très précis, il sera possible de remanier le Tarif Dubief en mesurant à l'avance la portée financière de telle ou telle modification.

CHAPITRE XIII

Le rachat et les profits probables du monopole

Les assureurs ont-ils droit à une indemnité ? — Sociétés qu'on
devra racheter. — Prétentions des assureurs. — Bases du rachat.
— Remboursement de la valeur des actions d'après leur cours
ou indemnité d'après le chiffre d'affaires. — Les idées de M. le
sénateur Gauthier. — Monopole de l'alcool et monopole de l'assurance. — Profits que l'État pourra retirer du monopole. — On
peut approximativement les estimer à 135 millions.

**Peut-on supprimer les sociétés d'assu-
rances sans indemnité ?** — Oui, suivant l'o-
pinion des socialistes. Le projet de loi Carlier ne
comporte en effet aucune indemnité au profit des assureurs : les contrats en cours au moment de la promul-
gation de la loi resteraient en vigueur jusqu'à l'expiration de leur durée[1], à ce moment ils ne pourraient
être renouvelés ni prolongés d'aucune manière et leurs
titulaires devraient avoir recours à l'assurance d'État.

Cette manière de procéder paraît quelque peu arbitraire et l'on songe immédiatement à lui opposer cet article de la déclaration des Droits de l'homme qui dit : « La
propriété étant un droit inviolable et sacré, nul ne peut

---

[1]. Cette méthode ne serait peut-être pas sans inconvénients en ce
qui concerne l'Assurance-Vie.

en être privé, si ce n'est lorsque la nécessité publique l'exige évidemment, et sous la condition d'une juste et préalable indemnité [1]. » Mais à la réflexion, ce principe naturel ne s'applique pas en l'espèce. Il ne s'agit nullement, en effet, d'ôter aux Sociétés d'assurances une propriété tangible : comme une partie du sol, lorsqu'il s'agit de construire des routes ou des chemins de fer ; comme des bâtiments, quand on veut réaliser certains plans d'alignements ; comme des usines, si l'État entend désormais les faire produire pour son compte. En instituant le monopole de l'assurance, on peut considérer que le législateur n'entreprend nullement une œuvre de dépossession et que l'opération peut, somme toute, s'analyser ainsi : la collectivité des assurés, mécontente du régime financier actuel de l'assurance, très onéreux et très incertain, décide de s'y soustraire et d'organiser directement ce service de prévoyance sur les bases de la mutualité pure [2]. Supposons que les deux ou trois cent mille assurés d'une grande Compagnie, après une entente commune, décident la fondation d'une mutualité pure, à laquelle ils adhéreront successivement au fur et à mesure de l'échéance de leurs contrats. Est-ce que ces 2 ou 300.000 assurés auraient une indemnité quelconque à verser à leur Compagnie? Est-ce que cette Compagnie pourrait prétendre qu'elle

---

1. Art. 17 de la Déclaration des Droits de l'homme et du citoyen de 1789.

2. Nous opposons la mutualité pure à la mutualité ordinaire où se manifeste le facteur commercial, grâce aux rémunérations de gestion ou aux droits des fondateurs.

a été dépossédée d'une parcelle quelconque de ses biens ? La nature de l'opération peut-elle changer, parce qu'elle portera sur l'ensemble des assurés du pays, manifestant leur sentiment par l'intermédiaire de leurs mandataires légaux, députés et sénateurs? Visiblement non. Donc, rigoureusement, on peut concevoir l'instauration du monopole sans allocation d'indemnité aux assureurs.

Sans doute on peut objecter que le vote des membres du Parlement ne sera pas unanime et que, par là, l'unanimité des assurés ne se sera point prononcée en faveur de la transformation de l'assurance. La minorité ne devrait-elle point, dira-t-on, avoir le droit de conserver pour son usage l'assurance privée, si elle le juge à propos ? Cet argument aurait une grande portée si nous étions accoutumés à voir les collectivités ne se décider que sur le vote unanime de leurs membres, mais il n'en est point habituellement ainsi. Dans les questions politiques ou financières, la majorité l'emporte toujours et fait la loi à la minorité. Dans une assemblée générale d'actionnaires, la majorité ne décide-t-elle pas souverainement des intérêts sociaux? Il n'y a donc rien de choquant à voir un vote majoritaire régler l'attitude de la collectivité des assurés et décider la formation d'une ou de plusieurs mutuelles nationales placées sous l'égide de l'État.

Malgré la rigueur de notre raisonnement, tout laisse supposer que l'institution du monopole des assurances comportera une indemnité au profit des assureurs. La plupart des projets la prévoient : M. Bourgeois (du

Jura) proposait le rachat obligatoire des actions, au cours moyen des dix dernières années; M. Couderc fixe l'indemnité à 500 millions, sans indiquer suivant quelles bases ils seront répartis entre les diverses Sociétés.

Comment fixer l'indemnité qui reviendra à chaque assureur ? Si son principe peut être l'objet de controverses et si l'on se décide finalement en faveur d'une indemnité plutôt par raison de sentiment que pour satisfaire à une obligation imprescriptible du Droit, la détermination de cette indemnité dans son quantum ne va pas aller, on le comprend aisément, sans quelques difficultés. Quand l'État exproprie un citoyen et lui enlève, dans l'intérêt général, une maison, des champs, etc..., il est facile d'estimer ce dont il le prive d'après la valeur des autres choses pareilles environnantes ; mais dans la transformation de l'assurance si l'on ne procède pas au rachat des actions, les Compagnies ne seront pas dépossédées de leurs biens, en l'espèce de leurs capitaux, elles seront appelées seulement à les faire fructifier autrement. D'abord, le monopole de l'État ne portera que sur un certain nombre de risques déterminés : Vie, Incendie, Accidents, Transports, Grêle, Mortalité du Bétail ; les Compagnies auront donc encore un champ assez vaste à exploiter ; elles auront surtout à mettre en valeur les risques nouveaux[1] qu'elles ne recherchent pas actuellement, aimant mieux jouir indolemment de leur superbe fortune, plutôt que d'aller à la découverte des besoins modernes du public ;

---

1. Assurances contre le vol, contre les pertes commerciales, contre la maladie.

ensuite, en admettant que le terrain de l'assurance devienne trop restreint, il n'est pas douteux, étant donnée la puissance dont les assureurs disposent, qu'ils ne trouvent dans l'industrie un emploi rémunérateur de leurs capitaux.

C'est en tenant compte de cette situation qu'il faudrait entreprendre l'étude de l'indemnité à leur allouer. S'il est immoral et contraire à l'ordre public, comme on le dit en doctrine, que l'assurance soit une source de bénéfices pour l'assuré, il serait scandaleux de voir sa réforme devenir pour les Sociétés financières une bonne affaire et ajouter à leur fortune déjà si considérable et acquise par des procédés, légaux sans doute, mais pas toujours à l'abri du blâme.

Il conviendrait donc d'allouer aux Sociétés d'assurances une indemnité raisonnable, mais ne comportant pas, comme d'aucuns l'ont soutenu, soit une majoration — par la raison qu'en matière d'expropriation le propriétaire est toujours avantagé — soit une consolidation perpétuelle du revenu des actionnaires sous forme d'une rente sur l'État.

Des Sociétés qui auront droit à l'indemnité. — D'après M. Couderc, deux catégories de Sociétés se trouveraient exclues du bénéfice de l'indemnité, à savoir les Sociétés mutuelles et les Sociétés étrangères. Pour les premières, M. Couderc pense que leur exclusion résulte immédiatement de la définition de l'assurance mutuelle, et voici celle qu'il emprunte au *Manuel* de M. de Courcy :

« Dans l'assurance mutuelle, chaque intéressé est à
« la fois assureur et assuré ; comme assureur, il est
« tenu de contribuer aux pertes de ses co-sociétaires ;
« comme assuré, il a, en cas de sinistre, une action
« contre la Société pour obtenir de chacun des mem-
« bres qui la composent le payement de leur part con-
« tributive, *sans qu'il puisse jamais en résulter un béné-
« fice quelconque pour la Société.* Dans l'assurance à
« prime, au contraire, l'assuré reste entièrement étran-
« ger aux autres associés. Il ne contracte d'obligation
« qu'envers l'assureur qui, moyennant le payement de
« la prime, le garantit des risques ; le but des assurances
« à primes est de réaliser des bénéfices. »

Oui, sans doute, les mutuelles fonctionnent, sans
rechercher un bénéfice pour l'ensemble des sociétaires,
mais les personnes qui administrent ou gèrent la
Société et les fondateurs n'ont agi que par intérêt, et cet
intérêt a été reconnu légitime par tous les tribunaux.
De sorte que, s'il est vrai que la constitution de l'assurance en monopole ne peut entraîner pour les mutuelles
la perte d'un bénéfice qu'elles ne recherchent point, il
n'en est pas moins que cette transformation fera perdre
aux organisateurs de ces Sociétés les profits qu'ils en
retiraient jusque-là. En quoi l'actionnaire d'une Société
par actions est-il plus fondé à réclamer une indemnité
que le fondateur d'une mutuelle puisque l'un et l'autre
arrivent à leurs fins par un prélèvement sur la prime ?
On dira peut-être que le premier a risqué des capitaux
et qu'il n'en est pas de même pour le second ; mais ceci
n'est pas toujours exact, car le ou les fondateurs d'une

mutuelle peuvent avoir formé de leurs deniers un capital de garantie rémunéré par un pourcentage de cotisations. Est-ce parce que ces bailleurs de fonds ont eu quelquefois moins d'exigence que les actionnaires d'une Société anonyme, qu'on les traitera avec plus de rigueur et qu'on négligera leurs intérêts ? Évidemment non. La solution de M. Couderc, au regard des mutuelles, ne peut donc viser que celles qui pratiquent la mutualité pure, ce sont les plus rares et elles sont trop peu nombreuses pour qu'il y ait lieu d'en faire état dans une étude générale.

Pour les Sociétés étrangères, M. Couderc pense qu'elles n'éprouveront, du fait de la cessation de leur industrie en France, aucune perte : elles ne seront plus admises à concurrencer l'État français.« Cette dis- « qualification des Sociétés étrangères ne peut, ajoute- « t-il, soulever d'objection, puisque c'est l'État qui « aura le monopole. Il en eût été peut-être différem- « ment si leur exclusion se fût produite en faveur « de particuliers. »

Il nous semble que les étrangers sont dans cette manière de voir traités avec désinvolture et un peu à la hussarde. Il n'est plus dans nos mœurs de traiter les étrangers autrement que les nationaux, et il n'y a plus dans nos prétoires, comme dans ceux de la Rome antique, un droit spécial applicable aux « Pérégrins ». En dehors de certaines formalités, du dépôt d'une caution, l'étranger peut trafiquer en France dans les mêmes conditions que le Français, ses biens y jouissent d'une égale sécurité, et il semble impossible qu'après l'avoir admis longtemps à pratiquer l'assurance au même titre que l'indigène, en trouvant peut-être avantageuse la concurrence qu'il lui faisait, on puisse le traiter différemment quand il s'agira d'apprécier les conséquences d'une transformation générale de l'assurance. Veut-on dire que les Sociétés étrangères ne cesseront pas d'exister par le seul fait qu'elles ne pourront plus opérer en France et qu'elles auront toujours leur développement à l'étranger, mais il peut en être de même pour la plupart de nos Sociétés nationales qui ont des agences à l'étranger qui peuvent ou qui pourraient subsister pour continuer ces sortes d'affaires.

La loi est toute-puissante, elle pourrait décider qu'aucune indemnité ne sera accordée aux entreprises étrangères sans que celles-ci puissent davantage se plaindre que les industriels qui se voient exclus de nos marchés par un tarif douanier prohibitif, mais une pareille décision aurait sa répercussion sur toute notre politique étrangère et il est à craindre, qu'à voir leurs nationaux mis en infériorité, les puissances voisines ne trouvent l'occasion d'exercer contre nous quelques représailles.

En résumé, nous pensons que, si l'on adopte le principe de l'indemnité, on ne peut équitablement laisser de côté certaines catégories d'assureurs : Sociétés mutuelles ou Sociétés étrangères.

Prétentions dés assureurs. — Les organes spéciaux d'assurance, qui sont les zélés défenseurs des Sociétés, ont fait connaître à maintes reprises les bases sur lesquelles devrait être calculée l'indemnité pour qu'elle donne satisfaction aux intéressés.

D'après eux, pour indemniser, par exemple, les 16 Compagnies anonymes contre l'incendie :

1° Il faudrait verser aux actionnaires le montant de leurs actions d'après les derniers cours constatés. L'évaluation faite pour l'ensemble des 16 Compagnies donne 363.350.000 francs environ.

2° Il faudrait indemniser les agents, dont la plupart ont acheté leur portefeuille, et on ne pourrait guère faire autrement que de leur allouer 5 fois le montant du revenu actuel qu'ils en tirent, soit $28.000.000 \times 5 = 140.000.000$ environ.

3° Il y aurait encore à indemniser les fonctionnaires et employés des administrations centrales, dont la carrière serait brusquement interrompue.

En négligeant ce dernier élément, l'indemnité globale s'élèverait à plus de 503.000.000 et demanderait pour son amortissement une annuité de 16.935.000 francs.

Ainsi, d'après les assureurs, ce ne serait pas suffisant d'allouer une indemnité aux propriétaires de l'entreprise financière qui se trouverait dépossédée par le monopole de l'État, il faudrait encore indemniser les agents et autres employés. Cette prétention est-elle justifiée ? M. Couderc ne le pense pas. « Nous pourrions « répondre, dit-il, que de nombreux arrêts de la Cour « de Cassation établissent que l'employé d'assurance ne « saurait être assimilé aux autres employés et qu'il « peut être renvoyé sans délai et sans indemnité.

« Ajoutons que c'est sur l'insistance des Compagnies
« elles-mêmes que cette jurisprudence léonine a été
« créée, et qu'aujourd'hui les Compagnies seraient
« bien mal venues à s'apitoyer sur le sort d'employés
« qu'elles ont si peu considérés puisqu'elles les ont
« placés dans une condition désobligeante et peu digne,
« au regard de tout le prolétariat, des sous-agents de
« toutes industries.

« Aussi bien n'est-ce pas de cela qu'il s'agit, puisque
« les Compagnies menacent la République d'une levée
« de boucliers de tout leur personnel. Il nous suffira de
« faire remarquer que l'État, s'il simplifie le rouage,
« aujourd'hui si compliqué et si horriblement chargé,
« des administrations d'assurance, sera quand même
« obligé de conserver un assez grand nombre d'employés
« qui deviendront ainsi des fonctionnaires et ne se
« plaindront pas de leur nouveau sort.

« Mais il y a mieux. Le jour où le Parlement établira
« le monopole des assurances, il n'aura garde d'oublier
« le personnel des Compagnies existantes, et la loi elle-
« même fixera le montant des indemnités qui seront
« dues par les Compagnies au moment de leur liquida-
« tion à leur personnel, gros et petit. En agissant dif-
« féremment, le Parlement ne ferait pas acte de pré-
« voyance et d'humanité vis-à-vis de travailleurs dignes
« du plus bienveillant intérêt, car il y aurait lieu de
« craindre que les actionnaires richissimes des Compa-
« gnies ne songent, au moment de la liquidation, plu-
« tôt à eux-mêmes qu'à leurs employés. »

Sans étudier, pour l'instant, le sort qui pourra être

fait dans le monopole aux employés d'assurances à tous les degrés, faisons simplement remarquer que dans l'hypothèse où l'État rembourserait aux actionnaires la valeur de leurs actions, aux cours actuels, il se trouverait purement et simplement substitué à eux comme propriétaire de l'entreprise d'assurances, qu'il jouirait de l'intégralité de leurs droits, entre autres, celui de licencier les employés qui se trouveraient en surnombre. Les agents sont-ils, comme on l'insinue, propriétaires de leur portefeuille, au même titre qu'un avoué, un notaire, un greffier l'est de sa charge ? Nullement, et les Compagnies ont toujours repoussé les prétentions de leurs préposés sur ce point. D'ailleurs l'agent ne saurait être propriétaire du portefeuille, puisqu'il n'apparaît pas comme partie au contrat, qui lie seulement la Compagnie et l'assuré. Obliger l'État à indemniser les actionnaires, puis les agents, c'est vouloir lui faire payer deux fois sa prise en charge des contrats, alors qu'il ne peut être tenu qu'une fois, et pas au delà.

Avant d'aller plus loin, il est bon de faire remarquer une erreur dans les calculs précédents. Lorsqu'on part de cette idée que le monopole ne peut se faire que par le rachat obligatoire des actions, on oublie de signaler que l'État, en acquérant la propriété entière des Compagnies, va entrer en possession des réserves considérables qu'elles ont accumulées, et qui viendront en déduction du prix d'acquisition. Ainsi, pour l'assurance-incendie l'État aurait à débourser, d'après les chiffres que nous avons cités, 363.350.000 fr. pour le rachat des actions. Mais il entrerait en possession de toutes les réserves des Compagnies : réserves statutaires, réserves de prévoyance, réserves pour fluctuation de valeurs, réserves immobilières, etc..., dont l'ensemble, au 31 décembre 1907, dépassait 108.000.000 de francs [1].

Ayant à donner d'une part 363.000.000 et recevant de l'autre 108.000.000, l'État n'aurait réellement à débourser que **255.000.000.** Pourquoi ne tient-on jamais compte de cette prise de possession des réserves par l'État ? Les actionnaires auraient-ils la prétention de se faire racheter intégralement leurs actions et de rester par surcroît propriétaires de l'actif de leur Compagnie ? On voit de si curieuses choses par le temps qui court, en matière de rachat, qu'il n'est peut-être pas mauvais de signaler la manœuvre, quelque inadmissible qu'elle paraisse. Si le rachat s'opère par voie du paiement de l'action au cours, l'État doit se considérer comme le propriétaire de toutes les Sociétés, prendre à son compte leur actif et acquitter leurs charges. Cette opération le rend propriétaire incontestable de toutes les réserves avouées ou cachées des Compagnies.

Si nous rapprochons le montant de la somme à débourser par l'État pour acquérir les actions du chiffre des primes encaissées dans une année par l'ensemble des Sociétés, nous voyons qu'un portefeuille de 139 millions de primes peut être acquis par l'État, moyennant un débours de 255 millions, soit 1,8 fois le

1. *Journal des Assurances,* année 1908, p. 474 et 475.

montant des primes, en tous cas moins de deux fois.

Bases du rachat. — Quelles sont les propositions qui ont été faites en dehors des assureurs ? M. Bourgeois, député du Jura, proposait, en 1894, de racheter les actions des Compagnies d'après la moyenne des cours des 10 années précédant le rachat. M. Couderc suggère de racheter l'action en supposant que le revenu soit capitalisé à 5 % ; ainsi toute action jouissant d'un revenu net de 5 fr. donnerait lieu à une valeur de rachat de 100 fr. Cette méthode présente un avantage sur celle de M. Bourgeois, celui de ne pas faire entrer en ligne de compte le cours des valeurs d'assurances, mais il semble que le taux de 5 % est insuffisant et que ces sortes de valeurs se négocient toujours à un taux de capitalisation plus élevé. Ainsi, en juin 1909, l'action Soleil-Incendie se cotait 3.200 fr. pour un revenu de 180 fr., soit 5,60 % ; l'Urbaine 1950 fr. pour un revenu de 110 fr., soit 5 fr. 70 %, etc...

Au taux de 5 %, le procédé de M. Couderc serait certainement moins avantageux pour l'État que celui de M. Bourgeois[1].

Dans un tout récent article du *Journal* (14 déc. 1909), M. Gauthier (de l'Aude), ancien ministre des travaux publics, s'exprime ainsi à propos de l'indemnité à accorder aux Compagnies : « Or, en matière d'expropria« tion une indemnité n'apparaît comme équitable que

---

[1]. M. Couderc a fort bien remarqué qu'en rachetant les actions des Compagnies, il faut au moins défalquer la portion d'actif qui restera liquide entre les mains des actionnaires.

« si elle est calculée sur la base du revenu net moyen
« annuel.

« Dans ce cas, l'État ne tirerait aucun profit immé-
« diat de l'expropriation ; il percevrait d'une main le
« bénéfice des assurances pour le verser de l'autre aux
« Sociétés expropriées.

« Son profit n'apparaîtrait qu'au jour lointain où
« l'annuité d'expropriation aurait été complètement
« amortie. »

Nous montrerons dans un instant, avec des chiffres,
l'erreur que commet l'honorable sénateur lorsqu'il
estime que l'État ne recueillera aucun bénéfice immédiat du monopole ; elle suppose essentiellement que
les frais d'exploitation resteront les mêmes et que l'indemnité consistera à transformer en rente perpétuelle
le revenu des actionnaires, deux choses absolument
inadmissibles. M. Gauthier pense que le monopole des
assurances ne peut être profitable pour l'État, mais
que par contre le monopole de l'alcool serait une
heureuse opération.

S'il y a là autre chose qu'une habile diversion, propre
à ménager la situation des assureurs en présentant en
holocauste une autre victime, nous tenons à signaler à
l'opinion publique le pénible rôle que jouera l'État
avec le monopole de l'alcool. Pourra-t-il en prôner la
consommation ? Osera-t-il, en présence des funestes
ravages de l'alcoolisme dans notre pays, qui le dégra-
dent et le placent dans une lamentable infériorité par
rapport aux nations voisines, vanter l'objet de son trafic
et inviter la population à boire le plus possible de la

malfaisante liqueur ponr augmenter le rendement du monopole? Allons-nous assister à ce spectacle : d'un côté l'État-savant, l'État-moraliste menant une campagne acharnée contre l'alcool et sa consommation sous toutes formes, de l'autre l'État-bistro faisant une réclame officielle aux marchands d'absinthe, de bitter, de vermouth et autres poisons généralement quelconques fabriqués désormais avec l'alcool de l'État et vendus sous sa garantie? Allons-nous tomber au-dessous de l'État Russe qui ne peut équilibrer ses finances qu'en empoisonnant le moujick ?

Tout autre est la situation morale de l'État avec le monopole des assurances. Avec lui, il peut, non seulement dans l'intérêt de son budget, mais encore et surtout par un haut devoir, pousser le public vers l'assurance parce qu'elle joue un rôle bienfaisant et que la développer sous toutes ses formes dans le pays, c'est en augmenter la prospérité, en stabiliser la richesse, en accroître la force de production, au lieu que multiplier l'usage de l'alcool c'est répandre partout la maladie et la mort. M. Gauthier, en tant que législateur, nous semble donc malheureusement inspiré, et nous espérons bien que sa proposition n'aura point d'écho.

Son article ne nous fournit pas de règle bien précise pour calculer l'indemnité qu'on accorderait aux assureurs : « elle doit être établie, dit-il, sur le revenu « moyen annuel ». Mais comment? Faudrait-il remettre aux actionnaires un chiffre de rentes sur l'État équivalent au revenu qu'ils retirent actuellement de leurs actions? Ce serait de la folie et ce serait payer celles-ci bien au-dessus de leur valeur[1]. Les revenus commerciaux et industriels sont en effet sujets à des fluctuations considérables. Certaines entreprises financières d'assurances sont aujourd'hui fort brillantes, mais leur situation peut changer considérablement dans dix ou vingt ans, sans intervention de l'État, et par le simple effet du jeu des lois économiques. Rendre perpétuels les bénéfices magnifiques qu'encaissent aujourd'hui les actionnaires, ce serait augmenter considérablement la valeur de leurs actions, et faire le jeu des détenteurs au détriment de l'intérêt public. Que deviendraient dans cette manière de voir les réserves extraordinaires accumulées par les Sociétés? M. Gauthier ne semble pas avoir de préoccupation à cet égard.

Examinons maintenant si le rachat des actions d'après leur valeur sur le marché est une opération équitable et si elle mesure convenablement l'indemnité qu'on peut accorder aux assureurs.

Tout d'abord il faut remarquer que le marché des assurances est assez restreint, le plus grand nombre des valeurs se négocie en banque, et l'on peut dire que les actions s'échangent plutôt dans un petit cercle de privilégiés que dans le grand public. Il en résulte que le cours de ces valeurs n'est pas rigoureusement fixé par la loi de l'offre et de la demande et qu'il a une tendance à être plus élevé que celui qu'il aurait sur un marché libre.

---

1. La rente se capitalise à 3 o/o, les actions des Compagnies de 5 à 6 o/o et au-dessus.

L'État risque donc de payer la clientèle des Compagnies plus cher qu'elle ne vaut. Cet inconvénient n'est que d'ordre commercial, et ce n'est pas le seul qui doit préoccuper l'État. Le souci de la justice et de l'équité doit l'intéresser davantage. Or, les Compagnies qui ont eu de larges profits et dont les actions sont très cotées, le doivent à des tarifs commerciaux très chargés, c'est-à-dire à des tarifs avec lequels l'assuré a été copieusement exploité. Celles qui ont eu des tarifs plus modérés, qui ont été moins âpres au gain, ont eu moins de bénéfices et leurs actions sont moins chères sur le marché. Ces dernières, qui somme toute sont plus intéressantes que les premières, toucheront une indemnité moins importante, et le rachat consacrera l'exploitation des assurés dans le passé.

Il est malheureusement difficile qu'il puisse en être autrement. Si, en effet, au lieu d'allouer à l'actionnaire la valeur approximative de son action, on ne lui en accordait qu'une partie sous prétexte que sa Compagnie n'a fait de si forts bénéfices que par des taux de primes abusifs, on n'en punirait pas l'auteur véritable qui a pu vendre son action, au moment où elle accusait une forte plus-value, au porteur actuel à qui elle n'a jamais procuré qu'un revenu honnête et ne comportant aucune exagération.

Peut-être pourrait-on racheter les Compagnies d'après la valeur commerciale de leur portefeuille ? Que faut-il entendre par là ?

Il arrive maintes fois dans la pratique des affaires qu'une Compagnie cède à une autre tout ou partie de sa clientèle. Cette opération s'effectue moyennant un forfait en rapport avec le chiffre des primes. Pourquoi n'indemniserait-on pas les assureurs sur ces bases ? Le difficile serait de trouver un taux de rachat qui ne méritât point d'être qualifié d'arbitraire. Que cette question soit ou non solutionnée, on ne pourra indemniser les Compagnies étrangères, qu'en se basant sur l'importance de leur chiffre d'affaires en France. En supposant qu'on puisse appliquer à un portefeuille en particulier une moyenne générale, telle que celle qui a été indiquée plus haut pour l'assurance-incendie, on voit qu'on pourrait déterminer l'indemnité propre aux Sociétés étrangères de même nature d'après 1,8 fois le montant des primes qu'elles réalisaient en France au moment du rachat.

Le rachat des mutuelles présentera sans doute de plus grandes difficultés. On ne saurait examiner cette question en général, tellement sont variables les statuts de ces Sociétés. Pourront réclamer des indemnités : les fondateurs, les directeurs statutaires ou gérants, les obligataires. Les avantages que se réservent les entrepreneurs de mutuelles sont souvent si léonins qu'il faudra probablement les réduire dans leurs conséquences pour n'avoir pas à allouer des indemnités exorbitantes.

Les profits du monopole. — Pour les établir, il faut admettre un mode de rachat. Celui-ci par exemple. Nous supposons que la loi accorde, aux porteurs d'actions, une indemnité égale à leur valeur sur le marché, d'après la cote officieuse des journaux d'assurance. L'État devient après ce versement le légitime propriétaire des entreprises. Il prend possession de toutes les valeurs composant leur actif, et tous ceux qui au moment du rachat sont débiteurs des Compagnies deviennent débiteurs de l'État. Par contre, tous les créanciers des Compagnies n'ont plus pour créancier que l'État, qui prend en charge tous les contrats en cours au moment du rachat. Ces contrats sont répartis entre les divers établissements régionaux d'assurance d'après la circonscription de l'assuré. En ce qui concerne les assurances sur la vie, dont les combinaisons donnent lieu à des réserves spéciales appelées mathématiques, chaque établissement reçoit les valeurs qui composent les réserves mathématiques des contrats dont il prend la charge.

La garantie générale de l'État étant substituée aux diverses garanties des Compagnies, et cette nouvelle garantie étant sans contestation possible de beaucoup supérieure aux anciennes, dans tous les cas[1] il devient inutile de conserver les réserves supplémentaires, dites réserves de prévoyance, réserves de portefeuille, réserves immobilières, etc... Les valeurs composant ces réserves sont remises, évaluées d'après les cours au moment du rachat, aux actionnaires à valoir sur le montant de leurs actions. Pour achever le paiement de l'indemnité, l'État effectue un emprunt, dont les divers

---

1. Les Compagnies possédant une quantité considérable de valeurs de l'État, il est évident que leur crédit repose sur celui de l'État.

titres seront remboursés par tirage au sort, de manière que l'amortissement en soit réalisé dans une période de 90 années. Bien que la rente 3 o/o soit très peu au-dessous du pair, nous admettons dans nos calculs que l'emprunt s'effectue au taux de 3,25 o/o.

Le service de l'annuité au moyen duquel serait assuré le paiement des intérêts et l'amortissement de l'emprunt, serait à la charge des établissements régionaux. Chacun d'eux assurera ce service proportionnellement aux chiffres des primes qui lui seront affectées au moment de la transformation. L'Office Central fixerait cette répartition. Pour nous, nous n'avons qu'à la calculer globalement. Nous allons déterminer d'abord les profits du monopole en supposant que l'opération soit limitée au rachat des Compagnies à primes fixes. Comme ces dernières n'absorbent pas toute la matière assurable, dont une partie s'adresse aux Sociétés mutuelles et aux Sociétés étrangères, nous n'aurons pas ainsi le total des résultats de l'assurance d'État, mais il nous sera facile d'étendre par analogie le chiffre des profits ainsi trouvé aux contrats qui passeront aux établissements publics et qui sont actuellement garantis par des mutuelles ou des Sociétés étrangères. Cette extension se trouve d'autant mieux justifiée que l'indemnité de rachat pour les Sociétés mutuelles ou les Sociétés étrangères sera moins onéreuse que pour les Sociétés anonymes françaises.

1° **Sociétés anonymes d'assurances sur la vie.** — Voici, d'après les cours enregistrés par l'*Argus*, vers le milieu de 1909, quel serait le montant du rachat des actions de ces sociétés :

COMPAGNIES	NOMBRE D'ACTIONS	COURS en juin 1909	TOTAL
Assurances Générales	20.000	7.150	143.000.000
Union-vie	2.000	5.600	11.200.000
Nationale	15.000	6.275	94.125.000
Caisse paternelle	16.667	110	1.833.370
Phénix	4.000	7.750	31.000.000
Urbaine	3.407 libérées	1.240	5.960.680
d°	8.593 non lib.	440	3.780.920
Monde	10.000	200	2.000.000
Soleil	12.000	205	2.460.000
Aigle	6.000	72	432.000
Confiance	6.000	115	690.000
Patrimoine	10.000	35	350.000
Abeille	4.000	730	2.920.000
France	10.000	425	4.250.000
Foncière	20.000	125	2.500.000
Nord	3.000	300	900.000
Total général :			307.401.970

L'État, moyennant l'acquisition de toutes les actions, deviendrait l'unique propriétaire de ces Sociétés, et il entrerait en possession de leurs réserves libres : réserves de prévoyance, réserves statuaires, réserves immobilières, réserves pour fluctuation de valeurs, etc..., et même des réserves non apparentes.

D'après les bilans de 1907, ces réserves s'élevaient à peu près aux sommes suivantes :

Assurances Générales	37.423.000
Union-Vie........................	8.147.000
Nationale........................	44.447.000
Phénix..........................	18.717.000
Caisse Paternelle...............	17.470.000
Monde	1.000 000
Urbaine-Vie.....................	2.730.000
Soleil..........................	560.000
Confiance.......................	50.000
Abeille.........................	2.300.000
France	4.067.000
Foncière........................	6.545.000
Nord...........................	400.000
Aigle..........................	562.000
Total.............	144.418.000 francs

L'État n'ayant nullement besoin de ces réserves pour inspirer confiance aux assurés, son crédit étant suffisamment établi par la recherche que font les grandes Compagnies financières de son estampille, il les utilisera pour acquitter une partie de l'indemnité. Il sera donc nécessaire pour le rachat de se procurer seulement

$$307.402.000 - 144.418.000 = 162.984.000 \text{ francs.}$$

L'annuité nécessaire au service des intérêts de l'emprunt équivalent à cette somme et à son amortissement en 90 ans s'élève à :

Intérêt à 3.25 %................	5.296.980
Amortissement à 0.19 %[1].......	309.670
Annuité.............	5.606.650

1. Moyenne entre les taux d'amortissement : 0.2256 % à 3 % et 0.1658 à 3.5 % fournis par les tables de Mathieu — annuaire du Bureau des longitudes — 1883.

Les Compagnies qui seraient ainsi rachetées ont encaissé en 1907, d'après le rapport publié au *Journal Officiel* le 17 octobre 1909, 252.156.743 fr. de primes. Les comptes d'assurance de ces Compagnies se soldent par un ensemble bénéficiaire de 39.267.418 fr. C'est le bénéfice industriel, il est plus élevé que le bénéfice définitif déclaré par les Sociétés et qui ne s'élève qu'à 19 millions environ, par suite des commissions considérables qui sont allouées aux courtiers, mais qui disparaîtraient, comme nous l'avons dit, dans l'assurance par l'État. Celle-ci, recevant 250 millions de primes, aurait donc un bénéfice de 39 millions, en supposant que les frais de gestion soient aussi élevés qu'avec les Compagnies. Sur les 39 millions il faudrait simplement prélever 5.607.000 fr. pour l'annuité afférente au service de l'emprunt de rachat, de sorte que le bénéfice des assurances d'État serait, pour un chiffre d'affaires de 250.000.000, de 33.393.000 fr. environ.

Mais l'ensemble des cotisations ou primes versées en France à des Sociétés d'assurances sur la vie dépasse 250 millions. Le rapport officiel cité plus haut nous donne :

Pour les Mutuelles..............	3.500.000
Pour les Sociétés Étrangères......	42.000.000
Pour les Sociétés Tontinières.....	41.000.000

En admettant que les Sociétés anonymes françaises fassent à l'Étranger un chiffre d'affaires égal à celui des Sociétés étrangères en France, on voit que le chiffre total des cotisations payées par des Français se rapproche sensiblement de 3oo millions ; le bénéfice que peut en attendre l'État, en l'estimant dans la même proportion que plus haut, serait *de 40 millions.*

2° Sociétés anonymes d'assurances contre l'incendie. — Nous allons effectuer les mêmes calculs pour les Sociétés anonymes pratiquant l'assurance contre l'incendie.

La valeur de rachat des actions aux cours constatés vers le milieu de 1909 serait :

NOMS DES COMPAGNIES	NOMBRES D'ACTIONS	COURS	TOTAL
Générale	10.000	4.950	49.500.000
Phénix	16.000	3.030	48.480.000
Nationale	20.000	2.350	47.000.000
Union	10.000	3.075	30.750.000
Soleil	12.000	3.200	38.400.000
France	10.000	1.300	13.000.000
Urbaine	10.000	1.950	19.500.000
Providence	10.000	960	9.600.000
Nord	2.000	3.375	6.750.000
Aigle	4.000	4.100	16.400.000
Paternelle	6.000	3.050	18.300.000
Confiance	20.000	570	11.400.000
Abeille	12.000	2.000	24.000.000
Monde	12.000	245	2.940.000
Foncière	20.000	1.100	22.000.000
Métropole	40.000	75	3.000.000
		Total :	361.020.000

Les réserves de prévoyance diverses sont les suivantes[1] :

---

1. *Journal des Assurances,* 1908, p. 475.

Générale....................	19.920.000
Phénix.....................	17.775.052
Nationale..................	9.750.000
Union.....................	9.435.000
Soleil.....................	9.738.372
France....................	5.506.228
Urbaine...................	5.500.000
Providence................	3.895.000
Nord.....................	3.007.010
Aigle.....................	2.687.500
Paternelle................	4.948.429
Confiance.................	2.885.000
Abeille...................	6.400.000
Monde....................	965.591
Foncière..................	4.805.750
Métropole.................	1.013.704
Total.........	108.232.636

Ces réserves étant inutiles à l'État pour consolider son crédit, l'emprunt qu'il lui faudra réaliser pour le rachat sera donc seulement de :

$$361.020.000 - 108.233.000 = 252.787.000 \text{ fr.}$$

Le service de cet emprunt exigera :

1° Pour les intérêts à 3.25 %..................	8.215.600
2° Pour l'amortissement à 0.19 % en 90 ans..	480.300
Total..............	8.695.900

Les Sociétés que l'État rachèterait ainsi ont encaissé en 1907 un chiffre de primes nettes de réassurance et d'impôts s'élevant à 138.335.441. Sur une pareille recette quelles seraient les dépenses de l'État après suppression des courtiers et réduction des frais généraux à un chiffre normal :

Sinistres[1]........... 52 % des primes... 72.101.432
Frais généraux.... 8 %.............. 11.066.835
Annuité de rachat..................... 8.695.900
                                          91.864.167

Primes.............. 138.335.441
Dépenses............ 91.864.167
Bénéfice............ 46.471.274

Bien entendu, ce bénéfice est établi en dehors des 25 ou 26 millions d'impôts que les Compagnies prélèvent pour le compte de l'État et que celui-ci pourrait continuer à prélever dans les mêmes conditions ou dans des conditions plus simples, avec le même rendement. Mais le chiffre des recettes en primes de l'ensemble des établissements d'assurance d'État contre l'Incendie sera supérieur à 138 millions. Quel sera très approximativement le chiffre des primes que réalisera le monopole ?

Les contrats d'assurance contre l'incendie sont soumis, entre autres taxes, à un droit d'enregistrement qui s'élève à 10 % de la prime pour la France territoriale et à 4,40 % pour l'Algérie. Or, le rendement de cette taxe en 1907 a été de 17.451.551 fr. 21. Nous ne savons pas le quantum qui affecte l'Algérie, mais il est certainement faible par rapport à l'ensemble et nous pouvons dans une première approximation admettre que la taxe est assise sur un taux général de 10 %. Ceci nous conduit à un chiffre actuel de primes, pour la France et l'Algérie très voisin de 170.000.000. L'assurance obligatoire augmenterait ce chiffre de 1/9, proportion

<hr>

[1]. L'État aura peut-être un peu plus de sinistres puisqu'il opposera moins de déchéances, mais il aura moins de frais de procès, et cela peut largement faire compensation.

admise pour les non-assurés, et l'ensemble des primes-incendie que recueillera l'État atteindra 189 millions environ.

Le bénéfice de l'État calculé sur ce chiffre, dans les proportions de 46.500.000 francs pour 138.336.000 francs de primes, sera donc de 63.000.000 de francs.

M. Bourgeois, député du Jura, avait *grosso modo* évalué ce bénéfice à 100 millions. Il ne justifiait d'ailleurs pas cette évaluation, au risque de donner un chiffre trop faible ; nous avons suivi pas à pas les comptes des Compagnies, bien que nous soyons convaincus qu'ils sont tendancieux, et que le fonctionnement du monopole révélera bien des surprises en faveur de l'État.

3° **Sociétés-Accidents.** — Voici quel serait le prix du rachat des principales Sociétés anonymes d'assurance contre les accidents, sur les mêmes bases d'évaluations que précédemment :

COMPAGNIES	NOMBRE D'ACTIONS	Cours au milieu de 1909	TOTAUX
Préservatrice	5.000	3.050	15.250.000
Soleil-Sécurité Générale	20.000	510	10.200.000
Compagnie Générale	12.000	75	900.000
Secours	20.000	130	3.600.000
Urbaine-Seine	24.000	650	15.600.000
Patrimoine	10.000	130	1.300.000
Paix	6.000	0	0
Abeille	8.000	760	6.080.000
Providence	10.000	830	8.300.000
Flandre	4.000	200	800.000
Prévoyance	4.000	1.500	10.000.000
Thémis			
		Total :	72.030.000

Les réserves qui peuvent être considérées comme des augmentations du capital social s'élèvent pour ces Sociétés à 20.450.000, savoir :

Prévoyance............	3.200.000
Urbaine..............	3.800.000
Secours..............	600.000
Soleil...............	3.000.000
Providence...........	2.200.000
Flandre..............	200.000
Abeille..............	1.450.000
Préservatrice..........	6.000.000
Total........	20.450.000

Le rachat exigerait donc un emprunt de 51.580.000 dont le service demanderait annuellement :

1° Pour les intérêts.........	1.676.350
2° Pour l'amortissement	98.000
Total......	1.774.350

Le chiffre des primes encaissées par les Sociétés rachetées a été en 1907 de 73.900.000 fr. environ, d'après « Paris-Assureur ».

Les sinistres représentent 68 % des primes, soit.....................	50.252.000
Le fonctionnement de l'assurance d'État avec suppression des commissions absorbera au grand maximum 10 % des primes................	7.390.000
Le service de l'emprunt exigera.....	1.775.000
Total des dépenses........	59.417.000

Bénéfice pour l'État 14.483.000

Quel sera le chiffre des primes que l'État pourra recueillir du fait des assurances-accidents ? Aucune statistique ne donne le montant des primes actuellement perçues à ce titre par l'ensemble des Compagnies. On sait que pour les accidents du travail le total des primes voisine 100.000.000, sur lequel 50 sont encaissés par les Sociétés anonymes françaises. On peut donc en doublant le chiffre de 73.900.000 avoir une idée approximative des primes-accidents. Elles laisseraient donc à l'État un bénéfice **de 28 à 29 millions.**

 4° **Assurances diverses.** — Que donneront les assurances contre la grêle, les assurances-transports, les assurances contre la mortalité du bétail ? Il est difficile de le prévoir, étant donnée l'absence des statistiques générales. Les statistiques de « Paris-Assureur » donnent :

Grêle..................	9.750.000
Transports.............	26.037.574
Bétail.................	3.044.325
Total........	38.831.899

mais elles ne comprennent que certaines catégories de Sociétés, et dans les assurances-transports il faut compter des assurances maritimes qui ne peuvent rentrer dans le monopole. En fixant à 20 millions le chiffre des assurances diverses on risque donc de commettre une erreur assez forte. En supposant pour l'État un bénéfice de 20 % des primes, analogue à celui qu'il recueillerait dans l'assurance-accidents, le rendement serait de 4 millions.

En résumé, on peut admettre que les profits du monopole seront les suivants :

Assurances–Vie	40.000.000
Assurances-Incendie	63.000.000
Assurances-Accidents	28.000.000
Assurances diverses	4.000.000
Total	135.000.000

Quel sera le chiffre total de l'emprunt qui sera nécessaire pour réaliser la transformation générale des assurances privées en assurances publiques ?

1° **Vie.** —. Pour racheter des entreprises réalisant environ 250 millions de primes nous avons vu qu'il faudrait un emprunt de 163 millions. Pour un ensemble de 300 millions de primes, l'emprunt calculé sur la même proportion devra être **de 196 millions.**

2° **Incendie.** — Les 138 millions de primes des Compagnies à primes fixes seront rachetées moyennant un emprunt de 253 millions. Le rachat de 170 à 174 millions de primes, actuellement payées en France et en Algérie, entraînera donc un emprunt d'environ **319 millions.**

3° **Accidents.** — Le rachat des 74 millions de primes des Compagnies anonymes s'effectuant au moyen d'un emprunt de 52 millions, on peut estimer **à 106 millions** le rachat des 150 millions des primes accidents, chiffre très approximatif des primes accidents payées en France.

L'ensemble de ces trois emprunts donne :

VIE	196.000.000
INCENDIE	319.000.000
ACCIDENTS	106.000.000
Total	621.000.000

En ajoutant 10 millions pour les assurances diverses,

nous arrivons à un total de **631.000.000.** Dans son projet de loi, M. Couderc, sans fournir des justifications de son estimation, prop~e d'ouvrir un crédit de 5oo millions pour indemniser les assureurs. Si on remarque que M. Couderc propose de racheter aussi les assurances maritimes, il apparaîtra que son estimation du montant du rachat est insuffisante.

L'emprunt devra d'ailleurs dépasser 63r millions, car il faut prévoir les frais d'installation des 26 établissements régionaux d'assurance. Un crédit moyen de 2 millions pour chacun d'eux nous paraît très large et supérieur aux besoins, au total 52 millions[1]. L'ensemble des disponibilités nécessaires et suffisantes pour la transformation s'élèvera donc à **682 millions.** Ce chiffre n'a rien d'excessif et un emprunt de cette importance serait facilement couvert en France surtout au taux de 3,25 o/o. Comme nous l'avons montré, le service de cet emprunt serait entièrement à la charge des établissements régionaux et ne saurait alourdir le budget. Bien entendu, l'emprunt serait effectué par l'État et comporterait sa garantie.

En définitive, la transformation intégrale du mécanisme financier des assurances, dites terrestres[2], est susceptible de rapporter au Trésor public une recette annuelle nette de **135 millions,** dont la plus grande partie pourra être affectée au service des retraites

---

1. Dont les intérêts et l'amortissement rentreront dans les frais de gestion, exactement comme dans une entreprise privée.

2. Par opposition aux assurances maritimes qui ne nous paraissent pas pouvoir faire l'objet d'un monopole d'État.

ouvrières, et l'opération comportera, si l'on décide d'indemniser les assureurs, un emprunt préalable de **682 millions** amorti en 90 ans.

Du sort des fonctionnaires, employés et agents d'assurances.

— Ils passeront pour la plupart au service des établissements régionaux d'assurance. En ce qui concerne les fonctionnaires des administrations centrales des grandes Compagnies, en dehors des grands chefs, ils ne sont pas tellement payés qu'il soit impossible de continuer à leur allouer le même traitement. Comme les établissements régionaux organiseront en leur faveur obligatoirement un service de retraites, la transformation sera pour eux avantageuse. Nous excluons, comme devant passer au service des établissements régionaux, les directeurs et les administrateurs des Compagnies rachetées.

Il faut noter toutefois qu'un grand nombre de petites entreprises n'ont de l'assurance que le nom, et vivent au jour le jour à la recherche de naïfs qui se laissent prendre au mirage de chimériques avantages. Les employés de ces respectables maisons sont des passe-volants, qu'il est absolument inadmissible de faire entrer au service de l'État. Aussi convient-il de spécifier les employés et agents qui auront droit à un poste dans le nouveau service public. Il nous semble qu'en exigeant au moins 5 ans de services dans une Compagnie honorable, le législateur ne peut encourir un blâme de sévérité.

Les agents, détenteurs de portefeuilles, entreront aussi au service de l'État de plein droit, s'ils peuvent justifier des mêmes conditions de service. Quant à leur allouer les mêmes traitements que ceux dont ils bénéficient actuellement avec les taux élevés des commissions, il n'y faut pas songer. Ces taux élevés de commissions constituent un abus, il doit disparaître purement et simplement. Les agents doivent se considérer comme suffisamment indemnisés en entrant au service de l'État. Quant aux simples courtiers, ce ne sont pas à proprement parler des agents ou employés d'assurances, ils pratiquent toutes sortes de courtages, font mille métiers divers, n'ont pas de compétence spéciale, et ne peuvent à aucun titre intéresser le législateur.

Dispositions transitoires. — Une transformation aussi complète que celle que nous proposons doit entraîner un grand nombre de dispositions transitoires destinées à ménager le passage de l'état ancien à l'état nouveau avec le minimum de perturbations. Nous ne saurions ici les envisager toutes, mais nous pouvons du moins les indiquer dans leurs grandes lignes. On ne peut admettre, en ce qui concerne les risques situés à l'Étranger, garantis actuellement par des Compagnies françaises dont l'État aura acquis la pleine propriété, que celui-ci s'en désintéresse et les considère comme résiliés par la transformation de l'assurance. Cette solution léserait les intéressés dans un grand nombre de cas, mais d'autre part il est difficile de penser que l'État français puisse faire commerce de l'assurance à l'Étranger. Le moyen le plus pratique consisterait à céder tous ces contrats aux Compagnies étrangères qui voudront bien les acquérir. Comme nous l'avons dit, une Compagnie peut céder à une autre l'ensemble de ses contrats ; cette opération s'appelle « cession de portefeuille ». Bien entendu, la Compagnie cédante vend sa clientèle à la Compagnie acceptante moyennant une indemnité. Rien de plus naturel que l'État, légitime acquéreur du portefeuille des Compagnies, liquide la partie de ce portefeuille qui regarde des risques situes à l'Étranger moyennant finances, au plus offrant et dernier enchérisseur. Il y aura là, pour lui, une recette impossible à chiffrer, mais qui viendra diminuer la coût du rachat. Au cas improbable où cette vente ne pourrait se réaliser faute d'acquéreurs, les contrats seront pris en charge par un certain nombre d'établissements d'assurances, choisis par l'Office Central et suivis jusqu'à leur résolutien.

Les contrats français, en cours au moment de la transformation, paraissent devoir subir des sorts différents, suivant qu'ils visent des assurances qui deviendront obligatoires ou des assurances qui resteront facultatives. Pour les premiers, ils seront annulés et remplacés immédiatement par des contrats d'assurance obligatoire ; pour les seconds, il suivront leur cours, à moins que leurs détenteurs ne préfèrent leur substituer les contrats nouveaux délivrés par les établissements régionaux. Cette faculté permettra au public de bénéficier tout de suite des conditions générales des polices, qui seront plus favorables aux assurés que les anciennes rédigées par les Compagnies.

La prise en charge des contrats en cours par les établissements régionaux d'assurance conduit à attribuer à ceux-ci les réserves qui correspondent à cet contrats et qui seront détenues par les Compagnies au moment du rachat. Aussi est-il indispensable que l'État prenne toutes précautions pour réaliser l'actif de toutes les Sociétés dont il se sera rendu acquéreur. Un administrateur séquestre devra être nommé à cet effet. Il devra s'assurer, dès son entrée en fonctions, de l'exactitude des comptes publiés par les administrateurs. Dans le cas où ceux-ci auraient dissimulé une partie des charges de leurs Compagnies, ces dissimulations seront imputées, à due concurrence, sur le montant du rachat des actions.

Il convient de laisser à l'autorité administrative le soin de régler la répartition de tous les employés et agents d'assurances entre les divers établissements régionaux. Cette répartition devra s'effectuer suivant les capacités techniques de chaque agent et d'après les besoins des nouveaux établissements publics. Ces fonctionnaires seront régis par un statut édicté sous la forme d'un Règlement d'administration publique, qui fixera les conditions de leur service, de leur avancement, en même temps qu'il indiquera les garanties qui leur seront accordées contre toutes mesures disciplinaires qui pourraient être arbitraires.

Conclusion

Dans les pages qui précèdent nous avons examiné sans parti pris les questions que soulève la transformation de l'assurance, nous croyons n'avoir omis aucune objection, négligé aucun argument, masqué aucune des difficultés du problème.

L'assurance doit cesser d'être une exploitation privée pour devenir un service public, cela nous semble hors de doute, et si on peut retarder la marche de cette évolution nécessaire, on ne saurait prétendre dresser contre elle une insurmontable opposition. Il nous paraît, et nos lecteurs partageront notre avis, que les impossibilités dont on s'est plu à entourer cette réforme, n'existent pas. Elle paraît même si simple, si aisée, si naturelle, qu'on se demande comment elle n'est pas encore réalisée.

Instrument de haute prévoyance, l'assurance ne saurait être ni un objet de commerce, ni une matière à spéculation. Sous peine de perdre tout son mérite, elle ne peut pas être susceptible d'une fraude quant à sa qualité, pas plus qu'elle ne doit inspirer de crainte quant à sa sécurité. Le monopole d'État seul permet de réaliser ce double objectif. Grâce à la grande lumière qu'il projettera sur toutes les opérations d'assurance, elles s'effectueront désormais avec plus de justice, plus de modération, plus d'humanité. L'esprit de philanthropie et de généreuse fraternité n'est pas inconciliable avec le mécanisme ponctuel de l'assurance, et lorsque celle-ci sera confiée à des mains moins avides, on disputera moins âprement à de malchanceuses victimes l'indemnité réparatrice qui leur est due.

Le monopole des assurances est-il un leurre, comme on l'a dit à maintes reprises, et suffira-t-il à l'État de se substituer aux entreprises privées pour voir les bénéfices s'évanouir ? Nos chiffres prouvent le contraire. La gestion de l'État est moins onéreuse que celle des Compagnies et elle n'est pas moins vigilante.

Avantages pour l'assuré, qui cessera d'être le jouet de chicaneurs trop habiles ; profits pour le Trésor, qui encaissera un supplément de recettes d'environ 135 millions, tel sera le bilan immédiat de la réforme.

Ce n'est pas tout. L'organisation régionale de l'assurance, l'autonomie des établissements constitués, et la vie qui les animera donneront un grand essor à l'assurance sociale et sur le même plan nous verrons prendre naissance et se développer un grand nombre d'œuvres dont la nécessité est reconnue de tous, mais qui semblent ne pouvoir éclore faute d'un cadre propre à leur constitution, comme l'assurance contre la maladie, l'invalidité, la vieillesse, le chômage.

Il est temps pour la République de montrer qu'elle n'est pas incapable, comme on l'a insinué, de ces grandes réformes sociales accomplies à l'Étranger. Les prolétaires qui ont mis en elle leur confiance et leur espoir finiraient par éprouver une cruelle déception et lui retirer leur affection s'ils ne pouvaient obtenir de nos assemblées démocrates ce que leurs frères des pays voisins obtiennent des gouvernements monarchiques et autoritaires.

Il n'y a pas qu'une question de gros sous, il n'y a pas qu'une question de moralité, il y a aussi une question de haute politique qui est en jeu dans cette réforme de nos institutions d'assurance. C'est au Parlement d'y songer.

TABLE DES MATIÈRES

Imprimerie E. AUBIN. — LIGUGÉ (Vienne).